KB001096

조셉 머피
잠재의식의 힘

JOSEPH MURPHY

조셉 머피
잠재의식의 힘

조셉 머피 지음 | 조율리 옮김

삶의 기적을 일으키는 내면의 보물창고

The Power of
Your Subconscious
Mind

최고의 것을 얻고 있는가

삶은 한 편의 모험이어야 한다. 그저 숨만 쉬며 존재하는 것이 아니라 하루하루 충만하게 살아야 한다. 하지만 대부분의 사람은 아등바등 고군분투하며 살아가느라 삶의 경이를 느낄 여유가 없다. 사람들은 하나님이 선사한 기쁨과 만족의 극히 일부만을 경험한다.

우리 각자의 삶을 변화시키고 활기를 되찾는 방법은 분명 존재한다. 조셉 머피 박사는 '잠재의식의 힘' 운동을 창시하여, 지루하고 단조로우며 근근이 이어 나가던 삶을 생기 넘치고 의미 있으며 보람찬 삶으로 전환하도록 도왔다. 전 세계의 수많은 철학자와 심리학자, 성직자와 작가들도 잠재의식의 힘 운동에 참여했다.

머피 박사는 예로부터 내려오는 영적인 지혜와 과학에 기반한 분석법을 결합하여 잠재의식의 영향력을 설명한다. 또한 마음가짐을 하나의 도구로 활용하여 일상생활을 개선할 수 있도록 간단하고 실용적이며 효과적인 연습법을 제시한다. 이 책은 도움을 주는 실제

성공 사례를 소개하고, 어떻게 하면 마음이 다음과 같은 노력을 통해 성공으로 향할 수 있는지 알려 주는 귀중한 안내서다.

- 자신감 쌓기
- 체력 키우기
- 동료, 친구, 가족과의 관계를 한 차원 더 높이 끌어올리기
- 간절하게 바라던 승진을 이루거나 일터에서 인정받기
- 배우자 또는 연인과 더 돈독한 관계 맺기
- 좋은 습관은 끌어당기고 나쁜 습관은 끊어 내기

머피 박사는 목사였기에 종종 성경의 내용을 언급하고 구약과 신약을 인용한다. 하지만 머피 박사의 원리들은 하나의 신앙이나 종교에 국한되지 않고 보편적인 진리를 담고 있다. 그의 주장은 모든 종교와 국가를 아우르는 고대와 현대의 예언자, 신학자, 철학자의 사상과 개념에 기초하므로 특정 사상에 구애받지 않고 우리 모두에게 적용될 수 있다.

이 책은 머피 박사의 작품을 공식적으로 관리하는 머피 트러스트 Murphy trust의 공인을 받아 출간된 독점 개정판이다. 21세기를 살아가는 독자들에게 머피 박사의 메시지가 좀 더 친근하게 다가갈 수 있도록 약간 다듬었고, 머피 박사의 기존 출간작 및 출간되지 않은 다양한 글에서 발췌해 본문의 핵심 내용을 뒷받침했다.

열린 마음으로 이 책을 읽어 보자. 머피 박사의 가르침은 단순한

이론이 아니라 오랫동안 실생활에서 검증된 개념임을 이해할 것이다. 수많은 사람이 머피 박사가 소개한 원칙을 삶에 적용했고, 결국 인생에서 최고의 것을 얻었다.

책을 따라 머피 박사의 가르침을 배우고 실생활에 적용하다 보면 어느새 더 나은 방향으로 삶이 나아가고 있음을 느낄 것이다.

편집자 아서 펠 박사

내 인생에 기적을 일으키는 법

나는 전 세계 각계각층의 사람들에게서 기적이 일어나는 모습을 보았다. 잠재의식의 마법을 사용한다면 그런 기적은 누구에게나 일어날 것이다. 습관적으로 떠올리는 사고와 이미지가 한 사람의 운명을 빚고 좌우함을 알리기 위해 나는 이 책을 썼다. 잠재의식에 있는 생각이 그 사람이 어떤 사람인지를 정한다. 이 사실을 명심하라.

답을 알고 있는가?

왜 어떤 사람은 슬픈데 어떤 사람은 행복할까?

왜 어떤 사람은 늘상 즐겁고 하는 일마다 잘 풀리는데 어떤 사람은 늘 가난하고 불행할까?

왜 어떤 사람은 신념과 확신에 차 있는데 어떤 사람은 두렵고 불안할까?

왜 어떤 사람은 아름답고 호화로운 집에서 사는데 어떤 사람은 빈민가에서 겨우 입에 풀칠만 하면서 살아갈까?

왜 어떤 사람은 눈부신 성공을 이루고 어떤 사람은 참담할 정도로 실패할까?

왜 어떤 사람은 일을 놀랍도록 천재적으로 해내고 어떤 사람은 몸만 고되고 실질적인 성취는 없을까?

왜 어떤 사람의 불치병은 치유되고 어떤 사람은 병 때문에 평생 고통 받을까?

왜 어떤 사람은 행복한 결혼 생활을 하는데 어떤 사람은 좌절감을 느끼는 걸까?

왜 어떤 사람의 강연은 군중의 눈에 띄고 엄청난 인기를 누리는 반면 어떤 사람의 강연은 다른 강연들에 묻혀 전혀 인기를 얻지 못할까?

왜 어떤 사람은 선하고 타인에게 아량을 베푸는데도 정신적, 육체적 고통을 받고 어떤 사람은 부도덕한데도 성공하고 번영하며 건강한 삶을 사는 걸까?

이 질문의 답을 현재의식과 잠재의식에서 찾을 수 있을까?

물론이다. 나는 앞서 던진 질문들에 대한 답을 발견했고, 그 답을 다른 사람들도 꼭 알았으면 하는 마음에 이 책을 썼다.

우리의 마음이 작동하는 근본 원리를 아주 쉽게 풀어 쓰려고 노력했다. 생명의 법칙은 삶의 기본이며 생의 바탕을 이루는 원리이기에 일상 언어를 사용해도 그 뜻이 충분히 전달되리라 믿는다. 그래서 어려운 용어보다는 신문과 잡지, 회사, 집, 학교 등 일상에서 주로 쓰는 말을 사용해 설명했다.

《조셉 머피 잠재의식의 힘》을 읽고 공부하면서 이 책에서 소개하는 기법들을 실천하기를 강력히 권한다. 그렇게 하면 잠재의식의 기적적인 힘을 통해 혼란스럽고 불행하고 우울하며 실패로 점철된 삶에서 벗어날 수 있을 것이다.

잠재의식은 우리가 마땅히 있어야 할 곳으로 인도한다. 문제를 해결해 주고 정서적·육체적 속박에서 벗어나게 해주며, 자유와 행복 그리고 마음의 평화에 이르는 왕도로 이끈다. 또한 잠재의식의 기적적인 힘은 질병을 치유하고 활기차고 튼튼한 삶을 살아가도록 돕는다. 우리는 내면의 힘을 사용하는 방법을 배움으로써 두려움이라는 감옥에서 해방되어 영광된 자유를 얻을 수 있다.

잠재의식의 힘을 깨우는 법

잠재의식의 힘을 가장 설득력 있게 보여 주는 증거는 질병의 치유다. 몇 년 전 나는 잠재의식의 치유력을 사용하여 의학 용어로 육종肉腫이라고 하는 악성 종양을 치유한 적이 있다. 그리고 잠재의식의 힘 덕분에 지금까지도 내 생체 기능은 원활하게 유지되고 있다.

내가 활용한 기법은 이 책에 상세하게 소개되어 있다. 이 책의 친절한 조언을 따르면 누구나 잠재의식의 심연에 깃든 무한한 치유의 힘을 사용할 수 있다. 장기와 육체를 만들고 심장을 뛰게 한 창조적 지성은 당연히 자신의 창조물을 치유할 수도 있다. 이 사실을 나는 어느 순간 깨달았다.

효과적인 기도만이 기적을 일으킨다

이 책은 인생에서 진정으로 원하는 것을 얻을 수 있도록 내면의 무한한 힘을 일깨우는 과학적인 기도 방법을 알려준다. 과학적인 기도란 현재의식과 잠재의식이 조화를 이루어 구체적인 목표를 향하게 하는 것이다.

우리는 지금보다 더 행복하고 충만하고 풍요로운 삶을 살기를 원한다. 기적을 일으키는 힘을 사용하면 일상에서 일어나는 일들을 순조롭게 풀어 나가고 사업상의 문제를 해결하며 가족 관계를 개선할 수 있다.

이 책은 반드시 여러 번 읽어야 한다. 반복해서 읽다 보면 놀라운 잠재의식의 힘이 어떻게 작용하는지, 잠재의식이 내면의 영감과 지혜를 어떤 식으로 끌어내는지 이해할 것이다. 잠재의식에 아이디어를 각인하는 간편한 기법을 배워 보자. 참신하고 과학적인 방법을 따른다면 무한한 보물창고의 문을 열 수 있다.

이 책을 주의 깊고 진지하게, 애정을 기울여 읽다 보면 잠재의식의 힘으로부터 도움을 받는 일들이 생길 것이다. 이 책이 인생의 터닝포인트가 되리라고 확신한다.

효과적으로 기도하는 방법을 알고 있는가? 기도가 일상의 일부가 된 지는 얼마나 되었는가? 보통 기도는 위급한 상황에 부닥쳤을 때, 문제가 생겼거나 질병에 걸렸을 때 또는 눈을 감을 날이 다가올 때만 쏟아져 나온다. TV 뉴스만 봐도 그렇다. 사람들은 전 세계 곳곳에서 불치병에 걸린 아이를 위해, 국가 간의 평화를 위해, 갱도에 갇힌 광부들을 위해 기도한다.

물론 어려운 상황에 부딪힐 때 기도를 하면 마음에 안정이 찾아온다. 하지만 왜 지금 당장 기도를 삶의 일부로 만들지 않고 문제가 터져야만 하나님을 찾는가?

기도에 응답을 받은 일화는 신문의 머리기사를 장식하거나 기도가 정말 효과가 있다는 증거로 사용된다. 그럼 자녀들을 위한 일상적인 기도나 매일 식탁에서 드리는 감사 기도, 하나님과 교감하기 위한 신실한 기도에는 어떤 가치가 있을까?

사람들과 소통하는 일을 업으로 삼은 나는 기도를 다양한 관점으로 연구하기 시작했다. 기도의 효과를 본 많은 사람과 이야기를 나누고 함께 일했고, 나 역시 기도의 힘을 직접 체험했다. 하지만 어떻게 기도해야 하는지 다른 사람에게 전하는 건 쉬운 일이 아니었다. 사람이 곤경에 처하면 합리적으로 생각하거나 행동하기 어려워지고, 문제에 압도되어 다른 사람의 말을 듣고 이해하기도 벅차기 때문이다. 그래서 따라 하기 쉽고 한눈에 봐도 실천할 수 있을 것 같은,

간단명료하면서도 구체적인 기도법을 고안했다.

이 책은 일상생활에서 쉽게 활용할 수 있는 기법과 공식을 배울수 있다는 점에서 매우 현실적이고 실용적이다. 나는 세계 곳곳의 사람들에게 이 책에 나오는 아주 간단한 기법을 가르쳤다. 책을 읽다 보면 그동안 수백 번이나 기도했는데 왜 기도한 내용과 정반대의 결과를 얻게 되었는지 자연스레 느낄 것이다.

나는 전 세계 사람들에게서 "그렇게나 열심히 기도했는데 왜 하나님은 응답을 주지 않는 걸까요?"라는 불평 섞인 질문을 수도 없이 받았다. 그런 의문을 품었던 적이 있는 사람이라면 이 책에서 답을 찾을 수 있을 것이다. 잠재의식에 아이디어를 스며들게 함으로써 적절한 답을 구하는 여러 가지 방법을 설명한 이 책은 어려울 때 한 줄기 빛이 되어 줄 것이다.

잠재의식은 믿음에 반응한다

사람들은 신앙심이 있어야만 기도에 응답을 받는다고 생각한다. 하지만 그렇지 않다. 한 개인이 마음속으로 생각하거나 떠올린 이미지에 잠재의식이 응답할 때 기도의 답은 주어진다. 전 세계 모든 종교의 뒤에는 '믿는 게 곧 현실이 된다'는 '믿음의 법칙'이 자리 잡고 있다.

불교, 기독교, 이슬람교, 유대교 등 각 종교의 교리에 차이가 있어도 '믿음'을 가지고 있는 모든 이는 기도에 응답을 받는다. 어떻게 이런 일이 생기는 걸까? 종교, 종파, 의식, 전례, 신앙 형식, 기도문, 주술, 희생, 제물, 신조와는 아무 관련이 없다. 믿는 이 모두가 기도의 응답을 받는 이유는 자신이 기도하는 것에 대한 믿음을 가지고 있고, 기도한 것을 마음속으로 굳게 받아들이기 때문이다.

생명의 법칙은 곧 믿음의 법칙이다. 믿음이란 마음속에 드는 생각이다. 정신과 육체 그리고 주변 환경은 그 사람이 생각하고 느끼고 믿는 바를 따라간다. 내가 지금 무엇을 하고 있는지, 또 왜 이 일을 하는지 이해하는 것에서 시작하면 삶의 좋은 것들을 잠재의식에 새기는 데 도움이 될 것이다.

기도의 응답을 받는다는 것은 마음속 소망을 실현하는 것과 근본적으로 같다. 소망이 곧 기도다. 누구나 건강하고 행복하며 안전하길 바라며, 마음의 평화를 얻고 진정한 자신을 표현할 수 있길 바란다. 하지만 이런 목표를 달성하는 사람이 우리 중 몇이나 될까?

한 대학 교수는 내게 이런 고백을 했다.

"생각하는 패턴을 바꾸고 마음을 고쳐먹었다면 심장병이 나아졌을 겁니다. 생각을 바꿔야 한다는 건 알고 있는데, 어떤 기법을 사용하고 어떤 절차를 따라야 하는지 몰라서 문제예요. 내 앞에 놓인 문제를 어떻게 해결해야 할지 갈피를 못 잡겠습니다. 참 답답하고 불행합니다. 패배감도 느껴지고요."

그는 최상의 건강을 누리고 싶었다. 그에게 필요한 건 마음이 어떻게 작용하는지 그 방식을 아는 것이었다. 교수는 내 책을 읽고 책에 나온 치유 기법을 실천했다. 그는 소원대로 완전하게 건강한 삶을 살 수 있었다.

기적을 일으키는 잠재의식의 힘은 우리가 태어나기 전부터 존재했고, 세상이 발전하고 교회가 세워지기 전부터 실재했다. 즉 시대를 초월한 인생의 진리와 원칙은 종교가 탄생하기 이전에도 있었다는 뜻이다. 이런 관점으로부터 출발하여 독자들이 이 책을 읽고 삶을 바꾸는 경이롭고 신비로운 힘을 손에 넣었으면 한다. 잠재의식의 힘은 정신적, 육체적 상처를 치유하고 마음을 두려움에서 헤어나게 하며 가난, 실패, 불행, 결핍, 좌절이라는 족쇄에서 우리를 완전히 해방할 것이다.

이제 우리가 해야 할 일은 정신적, 정서적으로 자신의 소망과 하나가 되는 것이다. 그렇게 하면 잠재의식의 창조적인 힘이 소망에 반응한다. 지금부터 이 책을 따라 인생에 기적을 일으켜 보자.

잠재의식을 움직이는 반복의 힘

잠재의식은 외부 세계의 삶을 현상하는 거대한 암실에 비유할 수 있다. 이름이나 옷차림, 어떤 차를 모는지, 어떤 부모나 이웃을 두었는지로 내가 어떤 사람인지 판정하지 않는다. 내면의 암실에서 믿음은 빛과 그림자를 모아 이미지별로 각각 다른 형태를 만든다.

잠재의식은 어떠한 도덕적인 평가도 내리지 않는다. 나 자신이나 다른 사람이 내 습관을 좋게 바라보든 나쁘게 바라보든 중립적인 자세를 취한다. 그렇기에 부정적인 생각을 내면의 암실에 아무런 고민 없이 들인다면, 시간이 지날수록 부정적인 생각이 일상의 경험과 관계로 표출되는 경험을 하고 충격을 금치 못할 것이다. 나에게 일어나는 일 중 저절로 일어나는 일은 아무것도 없다.

자신의 세계를 바꾸려면 내면을 변화시키는 것에서부터 출발해야 한다. 잠재의식은 내면의 암실과 같다는 개념을 이해한다면 잠재의식의 힘을 발견하는 여정에 즐겁게 임할 수 있다. 일단 생각을 품으면 인생을 변화시키는 게 그리 힘든 일이 아님을 깨달을 것이다. 지금 마음에 품고 있는 이미지를 새로운 이미지로 대체하는 건 그리 어렵지 않기 때문이다. 이런 원리를 이해하면 아등바등 애쓰지 않고도 삶에 긍정적인 변화를 불러올 수 있다.

어린 시절에 형성된 믿음과 성향이 지금까지 지속되어 내 삶에 영향을 끼친다는 걸 알면 놀랄지도 모른다. 여태까지 있는지도 몰랐던 그 믿음과 생각들은 사실 어린 시절부터 내면에 자리 잡아 잠재의식이라는 암실의 깊은 곳에 숨어 있다. 이런 원리를 깨우치고 나면 왜 생각에 주의를 기울여야 하는지 자연스레 알게 된다.

선풍기 근처에 앉으면 목이 결린다고 믿는 할아버지의 예를 보자. 그의 잠재의식은 선풍기를 목을 결리게 만드는 물건으로 볼 것이다. 불편한 기운을 조성하고 목을 결리게 하는 건 선풍기 주위에서 빠르게 진동하는 에너지의 분자들이 아니라 그릇된 믿음이다. 에너지의 분자들도 선풍기도 인간에게 해를 끼치지 않는다.

사무실에서 누군가가 재채기를 하면 나한테 감기가 옮지는 않을까 걱정하는 사람이 있다. 두려움은 마음을 움직여 두려워하는 일을 실제로 일어나게 만든다. 반면 자신은 건강하고 감기에 걸리지 않을 거라고 믿는 사람은 실제로도 감기에 잘 걸리지 않는다.

한편 치유 능력은 어디서 나오는 걸까? 기적적인 치유 능력 역시 잠재의식에서 나온다. 내면의 암실을 위대한 진리로 채운다면 내면의 진리가 외면으로도 드러날 것이다. 잠재의식은 이러한 진리를 받아들여 병을 고치고, 평화로운 상태에 머물고 싶은 충동에 사로잡히게 한다. 사과를 먹으면 살과 피로 변하듯, 건강하고 평화롭게 살고 싶다는 생각을 마음속에 품으면 삶에 영향을 끼친다.

특정 생각을 몇 번이고 반복하면 마음에 스며들어 제2의 본성이 된다. 걷거나 수영하거나 춤추거나 피아노 치는 법을 배우는 것과 다를 바 없다. 이게 바로 기도이자 잠재의식이 작동하는 고차원적인 원리다. 휘발유를 넣는다고 바로 차가 굴러가는 게 아니다. 먼저 휘발유를 태워서 증기로 변환해야 한다. 마음도 마찬가지다. 마음가짐을 바꾸어야만 자신의 세계를 원하는 방향으로 움직일 수 있다.

잠재의식의 암실은 몸과 마음을 치유하는 공간이자 부富가 생산되는 곳이다. 그러니 가장 먼저 해야 할 일은 삶에서 풍요를 찾기 전에 잠재의식을 먼저 풍요롭게 만드는 것이다.

마음의 법칙을 공부하다 보면 재정 상황이나 주식 시장의 변동, 파업, 대공황, 전쟁 등 어떤 조건과 상황 속에서도 물질적으로는 부족하지 않으리라는 믿음이 생긴다. 부자가 되리라는 메시지를 잠재의식에 보냈기 때문에 내면의 암실은 부의 이미지로 채워질 것이고, 결국에는 충분한 돈을 가진다. 또한 돈이 계속해서 흘러들어 오고 항상 돈이 넘칠 거라는 생각이 마음속에 각인되어, 내일 당장 나라에 위기가 닥쳐 가진 돈이 모두 종잇조각에 불과해질지라도 계속해서 부를 끌어당기고 위기를 무사히 넘길 것이다.

잠재의식이라는 암실은 위대하고 신선한 아이디어로 가득 차 있다. 당장 낡은 아이디어를 버리고 새로운 아이디어를 취해야 할 것 같은 걱정은 접어도 괜찮다. 지금 바로 진실하고 사랑스럽고 고매한 것을 떠올려 보라. 내 주변에도 이러한 것들이 존재한다는 걸 자연스레 알 것이다. 좋은 것들이 내면과 주변에 넘친다고 생각하기 시작하면 이런 사고방식이 건강하고 건전한 생각을 배양하여 나를 상상 속의 피해자가 아닌 능동적인 주체로 변화시킨다.

차례

제1부   시대를 초월한 엄청난 비밀, 잠재의식

제 2 부 나를 위한 최고의 인생은 이미 준비되어 있다

시대를 초월한 엄청난 비밀, 잠재의식

The Power of
Your Subconscious
Mind

JOSEPH MURPHY

1

내면의 보물창고를 열어라

❧

마음이 원하는 것의 답을 내면에서 살펴보라. 보물창고는 우리 내
면에 있다.

우리 주변에는 부가 무한하게 펼쳐져 있고 손을 뻗기만 하면 잡
을 수 있다. 부를 손에 넣기 위해 내가 해야 할 일은 마음의 눈을 뜨
고 내면에 있는 무한한 보물창고를 들여다보는 것이다.

마음속에 있는 보물창고에는 삶을 멋지고 즐겁고 풍요롭게 하는
요소가 저장되어 있다. 원하는 것은 모두 그곳에서 가져다 쓸 수 있
다. 사람들은 무한한 지성과 끝없는 사랑이 넘치는 보물창고가 내면
에 있다는 걸 모른다. 그래서 자신에게 어떤 잠재력이 있는지 알지
못한다.

자석은 자신의 무게보다 열두 배 무거운 물체도 들어 올릴 수 있
다. 하지만 자성을 잃으면 가벼운 깃털조차 들어 올릴 수 없다. 사람

도 마찬가지로 두 부류가 있다. '자성'이 있는 사람은 자신감과 믿음으로 가득 차 있다. 그들은 성공하고 승리하기 위해 이 세상에 태어났다는 걸 알고 있다.

하지만 대부분의 사람은 자성을 잃고 두려움과 의심으로 가득 찬 삶을 살아간다. 기회가 눈앞에 펼쳐졌을 때도 이런 사람은 '실패하면 어떡하지' '돈을 잃을 수도 있어' '남들의 비웃음만 살 거야'라고 생각한다. 이들은 인생에서 거두는 결실이 적다. 앞으로 나아가기를 두려워하기에 항상 제자리에 머물러 있다.

'시대를 초월하는 엄청난 비밀'을 발견하고 일상생활에 적용한다면 나도 자성을 띤 사람이 될 수 있다. 누군가가 시대를 초월하는 엄청난 비밀이 무엇이냐고 묻는다면 뭐라고 답하겠는가? 원자 에너지? 우주 여행? 블랙홀? 이 중 어느 것도 아니다.

과연 엄청난 비밀은 무엇이고 어디에서 찾을 수 있을까? 그 비밀을 어떻게 해석해야 하고 어떻게 하면 비밀스러운 힘을 발휘할 수 있을까?

답은 매우 간단하다. 시대를 초월하는 비밀이란 바로 잠재의식에 깃들어 있는 힘, 다시 말해 기적을 일으키는 잠재의식의 놀라운 힘이다. 아마 시대를 초월하는 엄청난 비밀에 관해 알고 있는 사람이 얼마 안 되는 이유는, 잠재의식에 비밀이 깃들여 있다고 생각하는 사람이 거의 없기 때문이다.

숨어 있는 잠재의식의 힘을 느끼고 이를 사용하는 법을 알면, 지금보다 더 활력 넘치는 삶을 살고, 더 많은 재물과 건강 그리고 행복과 기쁨을 누릴 것이다.

잠재의식의 놀라운 힘

잠재의식의 힘을 우리는 이미 가지고 있다. 그러니 잠재의식의 힘을 얻으려고 따로 애쓸 필요가 없다. 하지만 그 힘을 어떻게 사용하는지는 지금부터 배워야 한다. 잠재의식의 힘을 삶의 모든 국면에 적용하기 위해서는 먼저 그 본질을 이해해야 한다. 이 책에서 설명하는 간단한 기법과 절차를 따르면 잠재의식에 관한 지식을 쌓고 이해도를 높일 수 있다. 참신한 시각으로 삶을 바라봄으로써 영감을 얻고, 잠재의식의 힘을 사용하여 모든 소망과 꿈을 실현할 수 있다. 잠재의식을 통해 지금 당장 현재의 삶을 더 위대하고 풍요로우며 다채롭고 고결하게 변화시킬 수 있다.

잠재의식의 심연에는 무한한 지혜와 힘 그리고 내가 필요로 하는 모든 것이 숨어 있다. 단지 그러한 자질이 계발되고 발현되기만을 기다리고 있을 뿐이다. 이러한 잠재력이 마음속 깊은 곳에 있다는 걸 인식하기만 하면 곧 형태를 갖추어 바깥세상으로 드러날 것이다.

만약 새로운 것을 쉽게 받아들이고 사고방식이 편협하지 않은 사람이라면, 잠재의식 안에 있는 무한한 지성이 언제 어디서든지 내게 필요한 정보를 알려 줄 것이다. 새로운 생각과 아이디어가 떠올라

발명이나 발견을 할 수도 있고, 참신한 예술 작품을 창조할 수도 있다. 잠재의식 안의 무한한 지성은 예전에는 생각하지 못했던 새로운 지식을 선사한다. 마음을 열고 견문을 넓히면 잠재의식을 통해 얻은 지식이 내가 있어야 할 바로 그 자리에서 발휘될 것이다.

잠재의식의 지혜를 활용하면 이상적인 반려자뿐만 아니라 마음이 맞는 동업자나 사업 파트너를 만날 수 있다. 또한 필요한 돈을 마련하고 재정적인 자유를 누리며 마음이 이끄는 대로 사는 방법을 터득하게 된다.

우리는 모두 내면의 생각과 감정, 힘 그리고 빛과 사랑, 아름다움을 발견할 권리가 있다. 비록 눈으로 직접 볼 수는 없지만 내면의 힘은 위대하다. 모든 문제에 대한 답과 결과에 대한 원인이 잠재의식에 숨어 있다. 숨겨진 이 힘을 외부로 끌어내는 법을 배운다면 풍요롭고 안정되며 즐거운 삶의 주인으로 살 수 있다.

나는 사람들이 잠재의식의 힘을 이용하여 위기를 딛고 일어나 온전하고 강인하게, 활력 넘치게 살아가는 모습을 봤다. 행복하고 건강한 삶을 살고 유쾌한 경험을 하도록 잠재의식이 마음의 길을 열어 준 것이다.

또한 잠재의식에는 괴롭고 상처 입은 마음을 치유할 수 있는 힘이 깃들어 있다. 잠재의식의 치유력을 사용한다면 자신을 얽매는 내면의 모든 것뿐만 아니라 물질적, 육체적 속박에서 벗어날 수 있다.

믿음의 법칙을 따르는
잠재의식의 작동 원리

무슨 일을 하든 그 분야에서 진전을 이루기 위해서는 꼭 거쳐야 하는 단계가 있다. 바로 기초를 쌓는 것이다. 같은 맥락에서 잠재의식을 자유자재로 사용하려면 우선 잠재의식이 작동하는 원리를 이해해야 한다. 작동 원리를 이해하면 어떤 결과물을 얻을지 확신하면서 달성하려는 구체적인 목표와 목적에 잠재의식의 힘을 적용할 수 있다.

나는 한때 화학 관련 일을 했다. 그때 배운 내용이 수소와 산소를 2 대 1의 비율로 결합하면 물로 변한다는 것이었다. '가끔' 물이 되거나 '대부분' 물로 변하는 게 아니라 '언제나' 물이 되는 만고불변의 진리였다. 마찬가지로 산소와 탄소 원자를 1 대 1로 결합하면 일산화탄소라는 유독가스가 생성된다. 하지만 산소와 탄소를 2 대 1로 결합하면 동물에게 해를 끼치지 않으면서 동시에 식물에게 꼭 필요한 이산화탄소가 발생한다. 이렇게 보편적이고 변하지 않는 사실을 우리는 '원리'라고 부른다.

화학, 물리학, 수학의 원리와 잠재의식이 작동하는 원리는 근본적으로 다를 바 없다. 화학적 힘이나 물리적 힘을 활용하려면 화학과 물리학의 원리를 배워야 하듯 잠재의식의 힘을 사용하고 싶다면 잠재의식의 원리를 깨쳐야 한다.

'물은 낮은 곳으로 흐른다'라는 원리를 생각해 보자. 물이 높은 곳에서 낮은 곳으로 흐르는 건 사람들 모두가 받아들이는 보편적인 원리다. 어떤 종류의 물이든 상관없이, 모든 액체는 물과 같은 성질을 띤다. 고대 이집트인들은 이 원리를 알고 있었다. 그리고 물이 높은 곳에서 낮은 곳으로 흐르는 원리를 이용하여 피라미드의 토대를 완벽하게 쌓았다. 오늘날 엔지니어들은 물이 낮은 곳으로 흐르는 원리를 이용하여 관개 시설부터 수력발전소까지 다양한 물 관련 시설을 설계한다.

또 다른 예시로 '물질에 열을 가하면 부피가 팽창한다'라는 원리를 살펴보자. 이 원리는 언제 어디서나 적용된다. 쇠붙이를 가열하면 부피가 팽창한다. 쇠가 중국에서 왔든 영국이나 인도에서 왔든 아니면 궤도를 선회하는 우주 정거장에서 왔든 관계없다. 물질에 열을 가하면 부피가 팽창하는 것은 보편적인 진리다. 마찬가지로 잠재의식에 새긴 메시지가 조건, 경험, 사건으로 발현되어 우주라는 스크린 위에 펼쳐지는 것도 보편적인 진리다.

기도의 응답을 받는 건 기도가 잠재의식의 원리에 지배를 받기 때문이다. 여기서 원리란 작동 방식을 의미한다. 예를 들어 전류가 고전위에서 저전위로 흐르는 건 전기의 기본 원리다. 전등을 켜거나 전자레인지에서 요리한다고 해서 전기의 원리가 바뀌지는 않는다. 전기의 원리를 '사용'할 뿐이기 때문이다. 이렇게 전기의 성질을 이용하여 위대한 발명품이 탄생했고 새로운 발견을 할 수 있었으며 인류는 셀 수 없이 많은 혜택을 누렸다.

잠재의식도 믿음의 법칙에 따라 작동하는 일종의 원리다. 그래서 믿음이란 무엇이고, 어떤 원리로 기능하며, 왜 믿음의 법칙이 작동하는지 알아야 한다. 성경은 이를 간단명료하면서도 아름다운 방식으로 설명한다.

"내가 진정으로 너희에게 말한다. 누구든지 이 산더러 '번쩍 들려서 바다에 빠져라' 하고 말하고, 마음에 의심하지 않고 말한 대로 될 것을 믿으면 그대로 이루어질 것이다. 그러므로 나는 너희에게 말한다. 너희가 기도하면서 구하는 것은 무엇이든지 이미 그것을 받은 줄로 믿어라. 그리하면 너희에게 그대로 이루어질 것이다."(마가복음 11장 23~24절)

마음의 법칙은 곧 믿음의 법칙이다. 즉 마음이 작동하는 방식을 믿는 것이고, 믿음 그 자체를 신봉하는 것이다. 여기서 믿음의 개념은 마음에서 일어나는 생각으로 좁혀질 수 있다.

우리가 겪는 모든 경험과 사건뿐만 아니라 조건과 행동은 생각에 대한 잠재의식의 반응이다. 어떤 종교를 믿느냐가 중요한 게 아니라 마음속에 깃든 믿음이 결과를 좌우한다는 걸 잊어서는 안 된다. 인간을 괴롭히는 그릇된 믿음을 갖거나 자신만의 지론이나 미신을 믿지 말고 공포를 떨쳐 버려야 한다. 절대 변하지 않는 영원한 삶의 진실과 진리를 믿기 시작하면, 나는 점점 뻗어 나가며 하나님을 향해 나아갈 것이다.

이 책을 읽고 잠재의식의 원리를 삶에 충실하게 적용한다면 자신과 타인을 위해 과학적이고 효과적으로 기도할 수 있다. 잠재의식은 '작용과 반작용'의 보편적인 법칙에 따라 기도에 응답한다. 먼저 일어나는 작용이 생각이라면, 반작용은 생각의 본질에 맞게 잠재의식으로부터 나오는 응답이다. 같은 원리로 마음을 조화로운 상태에 놓고 건강과 평화, 선의로 채우면 삶에서 기적이 일어난다.

마음은 하나지만 둘로 나뉜다

마음은 하나지만 각기 다른 특징과 기능을 지닌 두 부분으로 나뉜다. 마음을 연구하는 사람들은 마음을 두 부분으로 나누는 구분선을 알고 있다. 마음의 두 기능은 본질적으로 다르고 각각의 기능에는 개별적인 속성과 힘이 있다.

이러한 두 기능을 구분하기 위한 용어는 많이 존재한다. 객관적인 마음과 주관적인 마음, 현재의식과 잠재의식, 깨어 있는 마음과 잠자고 있는 마음, 표면적인 자아와 심층적인 자아, 자발적인 마음과 비자발적인 마음, 남성적인 마음과 여성적인 마음 등이 모두 마음의 두 기능을 통칭하는 용어들이다. 어떤 의미를 내포하든 이 용어들은 마음의 본질이 이중적이라는 관점에서 출발한다.

이 책에서 나는 마음의 이중성을 드러내기 위해 '현재의식'과 '잠재의식'이라는 단어를 사용한다. 개념을 파악하기에 더 쉬운 용어가 있다면 다른 말로 대체해도 관계없다. 요점은 마음의 이중성을 인식하고 인정하는 것이다.

마음을 정원에 빗대어 생각하면 마음의 두 가지 기능을 더 쉽게 파악할 수 있다. 나는 정원사다. 나는 온종일 잠재의식에 생각의 씨앗을 뿌린다. 이러한 생각의 씨앗은 습관적인 생각을 기반으로 하기에 대부분의 시간에는 생각의 씨앗을 뿌리는지조차 모른다.

잠재의식에 뿌린 씨앗대로 몸과 환경은 열매를 거둔다. 어떠한 씨앗이든 싹을 틔우고 무럭무럭 자라도록 돕는 비옥한 토양이 잠재의식이다. 씨앗의 질이 좋든 나쁘든 상관없이 비옥한 토양에서 식물이 자란다. 그런데 가시나무 씨앗을 뿌린 곳에 포도가 나고 엉겅퀴를 뿌린 곳에 무화과가 날 수 있을까? 이렇듯 모든 생각은 원인이고 모든 상황은 그 결과다. 그래서 나 자신이 생각의 주인이 되어야만 원하는 상황을 만들 수 있다.

지금부터 평화와 행복, 번영의 씨앗을 심고 행동거지를 올바르게 하며 선의를 실천하자. 내가 뿌린 씨앗이 열매를 맺으리라고 확신하면서, 이런 생각을 현재의식 또는 이성적인 마음에 완전하게 받아들이자. 훌륭한 생각의 씨앗을 마음의 정원에 꾸준히 심으면 눈부신 수확을 거둘 것이다.

마음이 올바르고 진리를 이해하며 잠재의식에 있는 생각이 건설적이고 조화롭고 평화롭다면, 기적을 일으키는 잠재의식의 힘은 그 생각에 반응한다. 상황을 조화롭게 꾸리고 주변 환경을 적절하게 조성하여 최선의 결과를 가져다줄 것이다. 사고 과정을 제어하기 시작하면 문제나 어려움에 부닥쳐도 잠재의식의 힘을 사용할 수 있다. 우리는 만물을 지배하는 무한한 힘과 전능한 신의 섭리에 따라 의식적으로 행동한다.

주변을 둘러보자. 어디에 거주하든, 사회의 어떤 부류에 속하든 대부분의 사람들은 '외부' 세계에 살고 있다. 그러나 깨달음을 얻은 사람들은 '내부' 세계, 즉 내면을 적극적으로 돌본다. 내면이 외면을 '창조'한다는 걸 깨달았기 때문이다. 생각, 감정, 시각화된 이미지나 조직 원리가 경험을 구성한다. 창조력은 내부 세계에만 있다. 삶에서 겉으로 발현되는 것은 결국 내부 세계가 의식적으로 또는 무의식적으로 만들어 낸 창조물이다.

현재의식과 잠재의식 간의 상호작용에 관해 배우면 삶을 통째로 변화시킬 수 있다. 외부 상황을 바꾸고 싶다면 상황의 원인을 손봐야 한다. 대부분의 사람들은 외부적인 조건과 상황에 변화를 줌으로써 현재의 조건과 상황을 바꾸려 한다. 원인이 있었기에 현재의 상태에 이르렀다고는 생각을 하지 못하고 시간과 노력을 어이없게 허비한다.

삶에서 갈등과 혼란을 지우고 부족한 상태에서 벗어나 한계를 뛰어넘으려면 그 원인을 제거해야 한다. 여기서 원인이란 현재의식을 사용하는 방법이자 현재의식에 떠오르는 생각과 이미지다.

원리는 아주 간단하다. 원인을 바꿔야 결과를 바꿀 수 있다.

우리는 풍요가 끝없이 펼쳐진 깊은 바다에 살고 있다. 잠재의식은 현재의식의 생각에 반응하고, 현재의식의 생각은 무한한 지성과 지혜, 생명력, 에너지가 잠재의식에서 외부 세계로 흘러나오는 통로를 만든다. 잠재의식 안에 있는 지성과 지혜, 생명력과 에너지가 긍정적인 방향으로 흐를 수 있도록 통로의 방향을 잡는다면 무한한 에너지가 나 자신에게 돌아와 이득을 안겨 줄 것이다.

이 책의 각 장은 마음의 법칙을 적용하는 방법을 상세하고 구체적으로 소개한다. 이러한 기법을 익히고 나면 삶에서 가난 대신 풍요를, 미신과 무지 대신 지혜를, 내면의 불화 대신 평화를, 실패 대신 성공을, 슬픔 대신 기쁨을, 어둠 대신 빛을, 불화 대신 조화를, 두려움 대신 믿음과 확신을 경험할 것이다. 이보다 더 놀라운 축복이 어디 있겠는가?

위대한 과학자나 예술가, 시인, 가수, 작가 그리고 발명가 대부분은 현재의식과 잠재의식이 작동하는 방식을 아주 잘 이해하고 있다. 역사적 위인들은 잠재의식 덕에 목표를 달성할 수 있었다.

유명한 테너 엔리코 카루소는 한때 무대 공포증에 시달렸다. 무대에 오르는 게 너무 두려웠던 나머지 목이 조여 왔다. 성대는 마비된 것처럼 아무런 구실을 못 했다. 의상을 입고 무대 뒤에 서 있을 때면 얼굴에 땀이 줄줄 흘렀다. 몇 분 후에는 무대에 올라 수천 명의 관중 앞에서 노래를 불러야 했는데도 말이다. 카루소는 공포에 사로잡혀 몸을 벌벌 떨면서 말했다.

"도저히 입이 떨어지지 않아. 사람들은 날 보고 비웃을 거고, 난 다시는 무대에 오르지 못할 거야."

다시 분장실로 돌아간 그는 느닷없이 소리를 질렀다.

"내 안의 '작은 나'가 '큰 나'의 목을 조르고 있군!"

그리고 무대를 향해 몸을 돌리고 고개를 빳빳하게 세운 뒤 '작은 나'에게 호령했다.

"여기서 썩 나가! '큰 나'가 노래를 부르고 싶다잖아."

여기서 카루소가 말한 '큰 나'는 잠재의식의 무한한 힘과 지혜를 뜻한다. 그는 호통을 치기 시작했다. 카루소가 입 밖으로 "나가, 나가라고! '큰 나'가 노래한다잖아!"라고 외치자 잠재의식은 내면에서 활력을 내뿜으며 메시지에 응답했다.

자신의 차례가 됐을 때 그는 무대 위로 걸어 나갔다. 위엄 있고 위풍당당하게 노래를 불렀으며 청중의 마음을 사로잡았다. 여태까지 배운 내용에 비추어 볼 때 카루소는 마음의 두 가지 차원, 즉 현재의식과 잠재의식, 이성과 비이성을 이해하고 있었다.

잠재의식은 생각의 본질에 맞게 반응하고 작용한다. 현재의식(카루소의 '작은 나')이 두려움, 우려, 걱정, 부정적인 감정으로 가득 차 있으면 이러한 감정이 잠재의식('큰 나')에 발산되어 잠재의식을 공포와 불길한 예감, 절망으로 도배한다. 만약 나에게도 비슷한 일이 생긴다면 카루소가 쓴 방법을 실천해 보자. 마음 깊은 곳의 비이성적인 감정을 향해 단호하고 위압적으로 이렇게 말하자.

"가만히 있어. 조용히 해. 내가 주인이니 내 명령에 따라 움직여. 애초에 네가 낄 자리도 아닌데 나한테 이래라저래라 하지 마."

잠재의식에서 어떤 일이 일어나는지 명확히 알고 잠재의식의 힘에 매료되면, 마음 깊은 곳에서 꿈틀대는 비이성에 권위적이고 확신에 찬 어조로 말함으로써 마음은 더 조화롭고 평화로워질 것이다. 잠재의식은 현재의식의 지배를 받는다. 그렇기에 잠재적이라거나 주관적이라고 표현하는 것이다.

잠재의식은 현재의식의 명령에
의문을 품지 않는다

현재의식은 배의 조타실을 지휘하는 선장이나 항해사에 빗대어 설명할 수 있다. 선장은 배를 운항하고 기관실의 선원들에게 지시를 내린다. 선원은 보일러나 기구, 측정기 등을 제어한다. 엔진룸에 있는 사람은 배가 어디로 향하는지 모른 채 선장의 지시를 따른다. 만약 조타실을 지휘하는 선장이 나침반, 육분의 등의 기구에서 얻은 정보를 바탕으로 잘못된 지시를 내리면 배는 좌초할 것이다. 하지만 배를 지휘하는 사람은 선장이기에 엔진룸에 있는 사람들은 선장의 명령을 따른다. 선장은 어떤 상황에서 무엇을 해야 하는지 알고 있으므로 선원은 선장에게 말대꾸하지 않고 조용히 지시를 따른다.

선장은 배의 주인이고 선원은 선장이 지시하는 바를 수행한다. 현재의식은 육체, 환경 그리고 나에게 일어나는 모든 일이라는 배를 운항하는 선장이자 주인이다. 잠재의식은 현재의식이 참이라고 믿고 받아들이는 것들에 기초하여 내가 내리는 명령에 따른다. 명령에 의문을 품지 않은 채 그대로 따르는 것이다.

혼잣말로 "그 물건을 살 여유가 없어"라고 계속 되뇐다면 잠재의식은 내가 한 말을 그대로 받아들이고 결국 그 물건을 사지 못할 처지에 놓일 것이다. "저런 차를 사거나 저런 여행을 가거나 저런 집에서 살 여유가 없어"라고 한다면 잠재의식은 내가 내리는 명령을 따를 것이다. 그런 차나 집, 휴가를 누려 보지 못한 채 상황이 여의찮았을 거라고 믿으며 평생을 살아갈 것이다. 이런 상황을 내가 직접 만든 건 아니다. 그런 일은 일어나지 않을 것이라는 부정적인 생각이 그런 결과를 초래했을 뿐이다.

어느 크리스마스이브, 서던캘리포니아대학교에 다니는 대학생 니나는 베벌리힐스의 쇼핑가를 거닐고 있었다. 그녀는 뉴욕주 버펄로에서 가족과 크리스마스를 보내리라는 기대감에 잔뜩 부풀어 있었다. 상점 앞을 지나가다가 쇼윈도에 진열된 아름다운 스페인산 가죽 숄더백이 눈에 들어왔다. 너무 갖고 싶었지만 가격표를 보자 숨이 턱 막혔다.

'이렇게 비싼 가방을 살 여력이 없어'라고 말하려던 참에 니나는 내 강의에서 들은 말이 생각났다고 한다.

"절대로 부정적인 말을 하지 마십시오. 지금 당장 생각을 바꾸면 인생에서 기적이 일어납니다."

쇼윈도를 쳐다보며 니나는 다음과 같이 되뇌었다.

저 가방은 내 거야. 팔려고 쇼윈도에 내놓은 거고 나는 마음으로 저 가방을 받아들이고 있어. 잠재의식은 내가 저 가방을 꼭 가질 수 있도록 도와줄 거야.

그날 저녁 니나는 뉴욕으로 떠나기 전 약혼자를 만나 저녁 식사를 했다. 그는 고급스럽게 포장된 꾸러미를 들고 나타났다. 니나는 숨을 죽인 채 포장을 풀었다. 그날 아침 내 것이 되리라고 말했던 가죽 숄더백이 눈앞에 놓여 있었다. 니나는 저 가방이 내 것이 되리라는 기대를 하면서, 그 생각이 마음속 깊은 곳의 잠재의식에까지 뻗어 나가도록 했다. 잠재의식은 원하던 바를 성취하는 힘을 가지고 있다. 나중에 니나는 내게 이렇게 말했다.

"그때는 가방을 살 돈이 없었는데 결국 제 것이 됐어요. 돈을 비롯해 필요한 것들을 어디에서 구할지 이제는 알아요. 내면에 영원의 보물창고가 있더라고요."

보물창고는 마음속에 있다

어느 날 내 강의를 들은 적 있는 루스의 편지를 받았다. 편지에는 이렇게 적혀 있었다.

"남편을 잃은 뒤 혼자 자녀들을 키워 출가시켰습니다. 저는 지금 75세이고 약간의 연금과 사회보장기금을 받으며 혼자 살고 있지요. 희망을 잃은 채 메마른 삶을 살고 있었는데 어느 날 잠재의식의 힘에 관한 머피 박사님의 강연 내용이 떠올랐어요. 믿음과 기대를 품고 같은 생각을 반복하면 그 생각이 잠재의식에 도달한다고 하셨지요. 사실일지도 모른다는 생각에 실천해 보기로 했어요. 어쨌든 저는 잃을 게 없거든요. 감정을 최대한 실어 반복해서 말했습니다."

사람들은 나를 원하고 나는 사랑받고 있습니다. 나는 친절하고 사랑과 영성이 넘치는 남성과 행복한 결혼 생활을 하고 있으며, 안정적이고 충만한 삶을 살아갑니다.

"2주 동안 하루에도 여러 차례 이 말을 되뇌었습니다. 그러던 어느 날 은퇴한 약사를 소개받았어요. 그는 친절하고 이해심이 깊고 신실한 사람이었습니다. 제 기도에 완벽한 응답을 주신 거지요. 일주일이 채 되지 않아 저는 프러포즈를 받았습니다. 지금은 유럽에 신혼여행을 왔어요. 잠재의식에 내재하는 지성이 부부의 연을 맺어 준 거라고 생각해요."

그녀는 마음속에 보물창고가 있다는 사실을 알았다. 그녀의 기도는 마음에 진심으로 와닿았고, 확언은 잠재의식에 스며들어 창조적인 매개체 역할을 했다. 자신이 원하는 것을 잠재의식에 새긴 순간 끌어당김의 법칙에 따라 잠재의식은 기도의 응답을 가져다주었다. 지혜와 지성이 충만한 잠재의식이 하늘의 뜻에 따라 인연을 점지해 준 것이다.

- 보물창고는 마음속에 있다. 마음이 원하는 것에 대한 응답을 받으려면 내면을 살펴보자.

- 시대를 막론하고 위인들의 비밀병기는 잠재의식에 접근해서 그 힘을 펼치는 능력이었다. 우리도 똑같이 할 수 있다.

- 잠재의식은 모든 문제에 해답을 제공한다. 잠들기 전 잠재의식에 "내일 아침 여섯 시에 일어나야지"라는 메시지를 보내면, 내일 아침 여섯 시에 눈이 저절로 떠지는 경험을 할 것이다.

- 잠재의식이 육체를 만들어 냈기에 치유도 할 수 있다. 밤마다 마음을 차분하게 가라앉힌 후 온전한 건강을 누린다고 생각하면, 충실한 종인 잠재의식은 그 생각을 따를 것이다.

- 모든 생각은 원인이 되어 상황이라는 결과를 낳는다.

- 책이나 각본을 멋지게 쓰거나 청중을 말로 사로잡고 싶다면 정성과 진심을 담아 아이디어를 잠재의식에 닿게 하자. 그러면 잠재의식이 아이디어에 응답할 것이다.

- 나는 항해 중인 배의 선장이다. 선장이 올바른 지시를 내리지 않으면 배는 난파한다. 인생도 마찬가지다. 모든 경험을 제어하고 주관하는 잠재의식에 올바른 지시(생각과 이미지)를 내려야 한다.

- '그럴 여유가 없다' '이건 못 한다' 같은 표현은 절대 쓰면 안 된다. 잠재의식은 그 말을 그대로 받아들여 원하는 것을 할 수 있는 돈이나 능력을 갖추지 못하게끔 한다. "잠재의식의 힘을 활용하면 못 할 게 없어"라고

단호하게 말해 보자.

- 생명의 법칙은 믿음의 법칙이다. 믿음이란 마음속에 있는 생각이다. 나
  에게 해를 끼치거나 상처 주는 것들을 믿지 마라. 육체와 정신을 치유하
  고 영감을 주며, 힘을 북돋우고 삶을 꽃피우는 잠재의식의 힘을 믿어라.
  믿는 대로 이루어진다.

- 생각을 바꾸면 운명이 바뀐다.

2
생각이 현실로 이루어지는 원리

❧

최종 결과를 마음속에 그리면 잠재의식이 응답하여 마음속 내용을
실현해 줄 것이다.

내가 가진 것 중 가장 소중한 건 바로 마음이다. 마음은 항상 나와
함께하지만 마음의 놀라운 힘은 내가 그 힘을 사용하는 방법을 배울
때만 온전히 내 것이 된다. 앞에서 살펴보았듯 마음은 현재의식과
잠재의식, 이성과 비이성이라는 두 가지 차원으로 나뉜다. 사고의 과
정은 현재의식에서 이루어지지만 습관적으로 하는 생각은 잠재의식
에 도달하여 생각의 성질에 따라 무언가를 창조한다. 잠재의식에는
감정이 담겨 있고 창조력이 깃들어 있다. 그러므로 좋은 일을 생각
하면 좋은 일이 생기고 나쁜 일을 생각하면 나쁜 일이 생긴다. 이것
이 바로 마음이 작동하는 원리다.

반드시 기억해야 할 점은 일단 잠재의식이 어떤 아이디어를 받아

들이면 그 아이디어가 실현된다는 것이다. 해로운 아이디어에도 잠재의식의 법칙이 언제나 작용한다는 건 놀랍고도 묘하다. 부정적인 아이디어에 잠재의식의 법칙이 적용되면 실패와 좌절, 불행이 생겨난다. 하지만 습관적인 사고가 조화롭고 건설적이면 아주 건강하게, 성공과 번영을 누리며 살 수 있다.

바르게 생각하고 느끼기 시작하면 마음의 평화와 건강한 육체를 얻는 건 시간문제다. 무언가를 온 마음을 다해 진정으로 바란다면 잠재의식은 소망을 받아들여 경험으로 발현한다. 잠재의식이 아이디어를 받아들이게만 하면 잠재의식의 법칙은 건강과 평화 그리고 번영을 가져다줄 것이다. 지시나 명령을 내리면 잠재의식은 지시와 명령에 담긴 아이디어를 충실하게 재현할 것이다. 마음의 법칙이란 바로 이런 것이다. 현재의식의 생각이나 아이디어의 성질에 따라 잠재의식의 반응이나 응답이 달라진다.

생각이 잠재의식에 도달하면 그 생각은 뇌세포에 각인된다. 무의식은 아이디어를 받아들이자마자 즉시 결과로 표출해 낸다. 그리고 잠재의식이 아이디어를 결합하고 지금까지 살아오면서 축적한 온갖 지식을 동원해서 목적을 달성한다. 한마디로 내면의 무한한 힘과 에너지 그리고 지혜를 끌어당기는 것이다. 잠재의식은 목적을 이루기 위해 모든 자연의 법칙을 동원한다. 잠재의식은 눈앞에 닥친 문제를 즉각 해결해 주기도 하지만, 며칠이나 몇 주 혹은 그 이상의 시간이 걸릴 때도 있다. 잠재의식의 힘은 너무 깊어서 헤아리기 어렵다.

현재의식과 잠재의식의 차이

현재의식과 잠재의식은 개별적으로 분리된 마음이 아니라는 것을 명심해야 한다. 하나의 마음에서 작용하는 두 영역에 불과하다. 현재의식은 논리적인 마음으로 어떤 생각이나 행동을 의식적으로 택할 수 있다. 예를 들면 책이나 집, 배우자를 선택하는 건 현재의식이다. 하지만 삶에서 결정을 내리는 건 잠재의식이다. 생체 기능을 유지하는 것도 잠재의식이다. 의식적으로 결정을 내리지 않아도 심장 박동이나 소화, 순환, 호흡 등 중요한 생체 기능은 계속해서 돌아간다. 현재의식과는 무관하게 잠재의식의 통제를 받는 것이다.

잠재의식은 현재의식의 믿음에 깔려 있는 메시지를 받아들인다. 잠재의식은 현재의식처럼 사물을 판단하지 않고 논쟁하지 않는다. 그래서 잠재의식은 좋든 나쁘든 모든 씨앗의 싹을 틔우는 토양과 같고, 생각은 생명력을 불어넣는 씨앗에 비유할 수 있다. 부정적이고 파괴적인 생각은 잠재의식에서 부정적으로 작용하여 머지않아 외부 세계의 경험으로 표출된다.

잠재의식은 지금 하는 생각이 좋은지 나쁜지 진실인지 거짓인지 판별하는 데는 관심이 없다는 걸 명심하자. 그 생각이 시사하는 바에 따라 반응할 뿐이다. 예를 들어 현재의식에서 어떤 생각을 사실이라고 가정한다고 치자. 그 생각이 실제로 사실이든 거짓이든 관계없이 잠재의식은 이를 사실이라고 받아들여 그에 합당한 결과물을 반드시 도출해 낸다. 생각을 사실이라고 믿기 때문이다.

잠재의식은 모든 것을 받아들인다

여러 학자들이 최면 상태에 있는 사람을 대상으로 수많은 연구를 해왔다. 연구 결과에 따르면, 무언가를 판단하는 데 잠재의식은 선택하거나 비교하는 능력이 없다. 암시하는 내용이 거짓일지라도 잠재의식은 곧이곧대로 받아들인다. 그리고 암시를 받아들이자마자 암시의 성질에 맞게 반응한다.

잠재의식이 얼마나 암시에 걸리기 쉬운지 살펴보기 위해 예를 하나 들겠다. 숙련된 최면술사가 피술자에게 나폴레옹 보나파르트라든가 고양이 또는 개라고 말하면, 피술자는 부여받은 역할에 맞게 행동한다. 스스로를 최면술사가 암시한 대상이라고 믿고, 그렇게 행동하는 것이다.

숙련된 최면술사가 네 명의 제자에게 최면을 걸어 각기 다른 대상을 암시했다. 한 사람에게는 등이 간지럽다고 했고, 다른 한 사람은 코피가 난다고 했다. 또 다른 사람에게는 대리석상이라고 했고 다른 한 사람에게는 기온이 영하이며 너무 춥다고 했다. 그러자 제자들은 지금 어디에 있는지 감쪽같이 잊어버리고 자신에게 부여된 암시에 따라 행동했다.

이런 간단한 예만 봐도 현재의식과 잠재의식의 차이를 구별할 수 있다. 현재의식이 의식적이고 판단하는 마음이라면 잠재의식은 의지를 개입시키지 않고 어떤 선택도 하지 않은 채 있는 그대로 받아들이는 마음이다. 그렇기에 축복이 넘치고 마음을 치유하며 영감을 주고 영혼에 기쁨을 불어넣는 생각과 아이디어를 의식적으로 선택해야 한다.

객관적 마음과 주관적 마음

현재의식은 외부 세계의 대상을 다루기에 '객관적인 마음'이라고 불리기도 한다. 객관적인 마음은 신체의 오감을 통해 객관적인 세계를 관찰하고 인식한다. 그리고 바깥 환경과 접촉할 때 길잡이 역할을 해서 나아가야 할 방향을 제시한다. 또한 오감을 이용해 지식을 얻고, 관찰과 경험, 교육을 통해 지식을 습득한다. 앞서 말했듯이 객관적인 마음의 가장 중요한 기능은 논리적으로 판단하고 추리하는 능력이다. 그랜드캐니언을 보러 갔다고 상상해 보자. 협곡의 아득한 깊이와 기암괴석, 여러 지층이 만든 색의 향연을 보고 그랜드캐니언이 세계적인 자연경관이라는 결론을 내릴 것이다. 이게 바로 객관적인 마음이 작동하는 방식이다.

한편 잠재의식은 종종 '주관적인 마음'이라고 불린다. 주관적인 마음은 주변 환경을 인식하는 데 오감이 아닌 직관을 이용한다. 잠재의식은 감정을 보관하고 기억을 저장하는 장소다. 주관적인 마음은 객관적인 감각이 작동하지 않을 때 최고의 기능을 발휘한다. 다시 말해 객관적인 마음이 잠시 기능을 멈추거나 잠들거나 졸린 상태일 때 잠재의식의 지성이 드러나는 것이다.

주관적인 마음은 시각 기관을 사용하지 않고도 외부 세계를 볼 수 있다. 초인적인 투시력과 투청력을 가졌기에 다른 곳에서 일어나는 일을 보고 들을 수 있다. 주관적인 마음은 육체를 떠나 먼 나라에 가서 가장 정확하고 진실한 정보를 가지고 올 수 있다. 또한 다른 사람의 마음과 밀봉된 봉투 속의 편지도 읽을 수 있다.

객관적인 마음과 주관적인 마음이 상호작용하는 원리를 알면 제대로 기도하는 법을 배울 수 있다.

잠재의식은 현재의식처럼
논리적으로 사고하지 못한다

잠재의식은 어떤 말이 틀렸다고 논쟁하거나 이의를 제기할 능력이 없다. 그래서 잘못된 정보를 주어도 사실이라고 받아들인 후 정말 사실로 만든다. 거짓된 암시를 주더라도 그 암시를 상황이나 경험, 사건으로 바꾸어 놓는다.

나의 모든 일은 내가 특정한 생각을 품었기 때문에 일어난 것이다. 생각이 믿음이 되어 잠재의식에 각인되었기에 그러한 일이 발생했다. 그러니 잠재의식에 잘못되거나 왜곡된 개념을 전달했다면 빨리 바로잡는 것이 급선무다. 잠재의식에 건설적이고 조화로운 생각을 반복해서 보내는 게 잘못된 생각을 바로잡는 가장 확실한 방법이다. 습관은 잠재의식에서 싹튼다. 긍정적인 생각이 잠재의식에 반복해서 들어오면 잠재의식은 긍정적인 생각을 받아들여 건전한 생각을 하고 건강한 삶을 사는 습관을 만든다.

현재의식의 습관적 사고는 잠재의식에 깊이 파고든다. 습관적 사고가 조화롭고 평화로우며 건설적이라면, 잠재의식은 조화롭고 평화로우며 건설적인 환경을 조성한다. 두려움이나 근심에 사로잡혀 있거나 파괴적인 생각이 마음을 좀먹고 있는가? 잠재의식에 자유와 행복 그리고 온전한 건강에 대해 명령을 내리면 부정적인 생각을 고칠 수 있다. 잠재의식은 창조력과 신이 내린 능력을 발휘하여, 진심으로 원했던 자유와 행복을 나에게 선사할 것이다.

현재의식은 마음의 문지기다

앞서 살펴본 바와 같이 현재의식은 마음의 '문지기' 역할을 한다. 한마디로 현재의식의 가장 중요한 기능은 잘못된 메시지가 잠재의식에 각인되지 않도록 잠재의식을 보호하는 것이다. 잠재의식을 보호하는 게 왜 중요한지 이해하려면 우선 '잠재의식은 암시에 매우 민감하다'라는 마음의 법칙으로 되돌아가야 한다.

잘 알다시피 잠재의식은 비교 또는 대조를 하거나 논리를 찾거나 스스로 생각하는 능력이 없다. 이런 능력을 갖춘 건 현재의식이다. 잠재의식은 현재의식이 잠재의식에 각인해 놓은 메시지에 반응할 뿐이다. 잠재의식은 어떤 행동을 취할지 선택하지 못하고 그저 주어진 메시지만 받아들인다.

암시는 엄청나게 강력한 힘을 지니고 있다. 풍랑에 흔들리는 배에 타고 있다고 가정해 보자. 겁을 먹은 듯한 승객에게 다가가서 "저런, 안색이 좋지 않네요. 얼굴이 파랗게 질리셨는데요! 뱃멀미를 할지도 모르는데 선실로 모셔다드릴까요?"라고 말했다고 치자.

승객의 얼굴은 창백하게 변할 것이다. 이미 가지고 있던 공포와 불길한 예감에 뱃멀미를 할지도 모른다는 암시가 더해져, 내 부축을 받아 선실로 내려갈 것이다. 그리고 선실에 도착하자마자 내가 건넨 부정적인 암시는 현실이 된다.

같은 암시라도 사람들은 다르게 반응한다. 개인마다 잠재의식의 조건과 믿음이 다르기에 반응도 다르다. 배의 승객이 아니라 선원에게 다가가 "저기요, 안색이 안 좋아 보여서 그런데 혹시 뱃멀미가 나려는 게 아닌가요?"라고 말한다고 가정해 보자. 선원의 성격에 따라 다르겠지만 어처구니없는 농담으로 생각하고 웃어넘기든가, 그냥 가던 길이나 가라고 버럭 소리를 지를 것이다. 암시는 효과가 없을 것이다. 선원은 정신적으로 뱃멀미에 면역돼 있기에 공포나 두려움이 일기는커녕 자신만만한 태도를 보일 것이다.

암시의 사전적 의미는 '무언가를 마음속에 넣는 행위나 사례'다. 암시란 특정한 생각이나 아이디어를 마음속에 품으면 마음이 그 아이디어를 받아들여 효력을 발휘하는 정신적인 과정이다. 암시한 내용이 곧바로 잠재의식에 각인되는 건 아니다. 잠재의식에 암시를 불어넣으려는 의지가 현재의식에 있을 때만 잠재의식은 암시에 반응한다. 현재의식은 암시를 거부하는 능력이 있다.

선원은 뱃멀미를 두려워하지 않는다. 뱃멀미는 수없이 겪어 봐서 아무것도 아니라고 생각하기에 부정적인 암시가 먹히지 않는다. 하지만 다른 승객들은 내가 말을 걸기 전부터 뱃멀미를 하지나 않을까 걱정하고 있다. 암시의 위력이 더 잘 발휘되는 것이다.

누구든지 내면에는 두려움과 믿음, 의견이 자리하고 있다. 그리고 마음이 품는 생각이 인생을 지배하고 좌우한다. 암시 그 자체에는 어떠한 힘도 없지만, 암시하는 내용을 정신적으로 받아들이는 순간 암시는 위력을 발휘하기 시작한다.

부정적인 암시를 삼가라

나는 지난 몇 년간 내가 세운 캑스턴 홀에서 런던 진리 포럼을 주최했고 정기적으로 강연했다. 그 시절 소장을 맡은 에블린 폴리트 박사에게 들은 이야기다.

어린 딸을 둔 한 남성이 있었다. 딸은 나이가 어리지만 류머티즘성 관절염으로 다리를 절고 건선으로 피부가 상해 힘들어했다. 온갖 치료법을 동원해 봤지만 아무런 효과를 보지 못했고, 세상이 무너지는 것만 같았다. 그는 항상 "딸의 병을 고칠 수만 있다면 내 오른팔을 주어도 좋아"라고 말하곤 했다.

그러던 어느 날 가족끼리 드라이브를 갔다가 사고를 당했다. 차

사고로 아버지는 오른팔을 잃었다. 그런데 병원에서 돌아오자 딸의 류머티즘성 관절염과 건선이 깨끗하게 나아 있었다.

이 일화에서 볼 수 있듯 잠재의식에 암시를 보낼 때는 세심한 주의가 필요하다. 병을 고치고 축복하며 기분을 좋게 하고 영감을 줄 수 있는 암시만 해야 한다. 잠재의식은 농담과 진담을 구분하지 못한다는 걸 기억하라. 잠재의식은 모든 말을 있는 그대로 받아들인다.

자기 암시로 두려움을 없애라

자기 암시란 자신에게 뚜렷하고 자세한 내용을 암시하는 것을 뜻한다. 여느 도구와 마찬가지로 잘못 사용하면 해가 될 수 있지만, 올바르게 사용하면 도움이 된다.

재닛은 재능 있는 젊은 가수로, 어느 날 오페라 오디션에 참가하라는 연락을 받았다. 중요한 역할을 맡을 수 있다는 기대에 오디션을 보고 싶은 마음은 굴뚝같았지만 걱정이 눈앞을 가렸다. 전에 세 번이나 오디션을 봤는데 단 한 번도 통과하지 못했기 때문이다. 실패에 대한 두려움이 너무 큰 탓에 오디션을 꺼리게 되었다. 은쟁반에 옥구슬 굴러가듯 고운 목소리를 가졌지만 자신감이 부족했다.

"노래할 때 내 목소리는 끔찍해. 그 역할을 결코 따내지 못할 거야. 심사위원들은 나를 마음에 들어 하지 않을 테고, 이런 목소리로 어떻게 오디션을 볼 생각을 했는지 고개를 갸우뚱할지도 몰라. 오디션을 보러는 가겠지만 떨어질 게 분명해."

잠재의식은 이런 부정적인 자기 암시를 일종의 요구로 받아들여, 암시한 내용을 외부 세계로 표출하고 경험으로 바꾸어 놓았다. 오디션에 떨어진 원인은 무의식적인 자기 암시였다. 두려움은 감정으로 바뀌었고 주관적인 생각은 현실로 나타났다.

하지만 재닛은 긍정적인 자기 암시를 통해 부정적인 자기 암시의 위력에 맞서 싸울 수 있었다. 하루에 세 번씩 조용한 방으로 들어가, 의자에 편안하게 앉아 몸의 긴장을 풀고 눈을 감았다. 가능한 한 몸과 마음을 차분하게 유지했다. 마음이 고요할 때 몸은 암시를 더 쉽게 받아들이기 때문이다. 두려움과 부정적인 자기 암시를 극복하기 위해 자신에게 말했다.

나는 침착하고 자신감이 넘치며 내 마음은 평온해. 내 목소리는 아름답고 나는 무대에 오를 준비가 됐어.

의자에 앉을 때마다, 느리고 차분하게 감정을 실어 이 문장을 다섯 번에서 열 번씩 반복했다. 낮에 세 번, 잠들기 전에 한 번 자기 암시를 했다. 그렇게 일주일 동안 실천하자 더는 무대에 오르는 게 두렵지 않았고 자신감이 충만했다. 이윽고 운명의 날이 되었을 때 오디션에서 아주 멋지게 노래를 불렀고 배역을 따낼 수 있었다.

부정적 사고를 멈추고 관점을 바꾸다

기억력이 좋다고 언제나 자신만만하게 말하던 75세의 여성이 있었다. 여느 사람들처럼 가끔 사소한 일을 잊어버리기도 했지만 그다지 개의치 않았다. 하지만 나이가 들면서 까먹는 일이 잦아지자 은근히 걱정되기 시작했다. 무언가를 잊어버릴 때마다 "나이가 들어서 기억력이 떨어지나 보네"라고 혼잣말을 했다. 부정적인 자기 암시의 결과로 지인의 이름이 갑자기 떠오르지 않거나 어제 무슨 일이 있었는지 까먹는 일이 더 많아졌다. 기억력이 좋아질 일은 없다고 체념했다.

다행히 이런 부정적인 자기 암시가 얼마나 유해한지 깨달은 후 다른 관점에서 생각해 보기로 했다. "기억력이 떨어졌네"라고 하고 싶을 때마다 잠시 멈추고 관점을 바꾸었다. 그리고 하루에 여러 번씩 긍정적인 자기 암시를 했다.

오늘부터 기억력이 전반적으로 좋아질 거야. 언제 어디서든 필요한 걸 기억해 낼 수 있어. 항상 뚜렷하게 기억에 남는 인상을 받을 것이고, 인상이 자동으로 기억에 새겨질 거야. 기억해 내고 싶은 게 뭐가 됐든 정확하게 떠올릴 수 있어. 하루가 지날 때마다 기억력이 향상될 거고 내 인생 그 어느 때보다 기억을 잘할 수 있어.

3주 후 이 여성은 예전만큼 기억력을 되찾았다.

하루 세 번 자기 암시

어느 날 가정과 직장 양쪽에서 모두 어려움을 겪고 있는 휴라는 남성이 찾아왔다. 그는 수시로 욱했고 성말랐다. 자신의 성격에 문제가 있다는 생각은 있었지만 누군가가 이에 관해 이야기하려고 하면 불같이 화를 냈다. 그는 모든 사람이 자신을 비난하며, 남들의 비난으로부터 스스로를 보호해야 한다고 끊임없이 되뇌었다.

나는 그에게 부정적인 자기 암시를 물리치기 위해 긍정적인 자기 암시를 해보라고 조언했다. 매일 아침과 점심, 잠자리에 들기 전 그는 반복해서 확언을 했다.

지금부터 나는 무던하고 원만한 사람이 될 것입니다. 내 마음은 언제나 기쁨과 행복, 유쾌함으로 가득 차 있고, 나는 나날이 사랑스럽고 이해심이 깊은 사람이 되어 갑니다. 주변 사람 중에 가장 유쾌하고 남들보다 먼저 선의를 실천하는 사람이 되어 긍정적인 분위기를 만들 것입니다. 평소에도 행복하고 기쁘며 유쾌한 사람이 되고 있습니다. 정말 감사합니다.

한 달 후 그는 아내와 동료들이 그와 시간을 보내는 것을 예전보다 훨씬 편안해한다고 말했다.

타인의 암시에서 내 마음의 주도권을 되찾아라

타자 암시란 다른 사람에게서 암시를 주거나 받는 것을 의미한다. 모든 시대와 장소를 통틀어 암시의 힘은 삶과 인간의 생각에 지배적인 역할을 했다. 타자 암시의 힘이 있었기에 정치적 신념, 종교적 믿음, 문화적 관습이 꽃피우고 뿌리를 내렸다.

암시는 자신을 훈련하고 통제하는 도구로 사용되지만 마음의 법칙을 모르는 사람들을 통제하고 지휘하는 데도 사용된다. 타자 암시가 건설적으로 사용되면 큰 효과를 발휘한다. 하지만 부정적으로 사용되면 마음이 반응하는 패턴을 망가뜨려 불행과 실패, 고통, 질병, 재난이라는 패턴을 영구적으로 고착시킨다.

타인에게서 부정적인 암시를 받아 본 적 있는가? 태어난 순간부터 우리는 끊임없이 타인으로부터 부정적인 암시를 받아 오고 있다. 하지만 부정적인 암시에 어떻게 대응해야 하는지 모르기 때문에, 부정적인 암시를 무의식적으로 받아들이고 그 내용을 실제로 경험한다. 다음은 부정적인 암시의 예다.

- 못 해.
- 성공하기는 글렀어.
- 그렇게 하면 안 돼.
- 실패할 거야.
- 그런 좋은 기회는 없어.

- 다 네 잘못이야.

- 어디에다가 쓰려고 그래?

- 아무리 똑똑해도 인맥이 없으면 말짱 헛것이지.

- 어차피 세상이 망할 건데, 뭐.

- 아무도 신경을 안 쓰는데 무슨 소용이니?

- 그렇게 노력해 봤자야.

- 나이가 너무 많아.

- 상황이 점점 나빠지고 있어.

- 인생은 끝없는 고통이야.

- 사랑이 밥 먹여 주니?

- 어차피 못 이기는 싸움이야.

- 끔찍한 병에 걸릴지도 모르니 조심해.

- 검은 머리 짐승은 거두는 게 아니야.

이러한 타자 암시를 받아들이면 타인이 암시한 일이 실제로 일어
난다. 어린 시절 나에게 중요한 사람이 부정적인 암시를 하면 듣고만
있어야 했다. 아는 게 아무것도 없었기 때문이다. 현재의식이든 잠재
의식이든, 마음은 미지의 영역이었고 마음의 힘이 궁금하지도 않았
다. 하지만 성인이 된 지금, 부정적인 암시를 받아들일지 말지는 나
에게 달려 있다. '재조건화 요법'이라고도 불리는 건설적인 자기 암
시를 통해 과거에 받은 암시를 바꿀 수 있다.

우선 해야 할 일은 어떤 타자 암시가 나에게 영향을 미치고 있는

지 아는 것이다. 아무런 판단 없이 받아들인 타자 암시는 행동 패턴으로 고착돼, 사생활과 사회생활에서 실패를 거듭하는 요인으로 작용한다. 반대로 건설적인 자기 암시를 사용하면 부정적인 말의 향연에서 벗어날 수 있다. 부정적인 언어는 삶의 패턴을 망가뜨리고 좋은 습관을 갖는 것을 방해해서 끝내 부정적인 조건을 형성한다.

부정적인 암시는 물리칠 수 있다

신문을 펴거나 TV 뉴스를 켜면 두려움, 근심, 불안을 불러일으키거나 무의미하거나 곧 세상이 멸망할 것 같은 수십 가지 이야기가 쏟아져 나온다. 만약 그런 이야기를 받아들이거나 그렇게 되리라고 믿으면 기운이 빠져 살아갈 의욕을 잃는다.

하지만 그런 부정적인 이야기를 받아들이지 않아도 된다는 걸 이해하면 선택권은 나에게 주어진다. 잠재의식에 건설적인 자기 암시를 하고, 나아가 잠재의식의 힘을 사용함으로써 파괴적인 생각들을 떨쳐 버릴 수 있다.

다른 사람이 어떤 부정적인 암시를 주고 있는지 주기적으로 생각해 보자. 더는 파괴적인 타자 암시에 휘둘릴 필요 없다. 우리는 모두 어린 시절과 사춘기에, 심지어 성인이 돼서까지 부정적인 타자 암시 때문에 상처를 받는 일이 많다. 과거를 되돌아보면 부모님, 친구, 친척, 선생님 그리고 동료가 얼마나 많은 부정적인 암시를 줬는지 느낄 것이다. 그들이 말한 내용을 곰곰이 생각해 보고 근본적인 의미를 면밀하게 살펴보면, 대부분의 부정적인 암시는 자신의 주장을 선전하는 것 그 이상도 이하도 아니며, 공포심을 심어 상대방을 통제하려는 목적이 숨어 있다는 걸 알 것이다.

타자 암시는 가정과 직장, 일터뿐만 아니라 사교 모임 등 시간과 장소를 가리지 않고 일어난다. 설령 의도하지 않았다고 할지라도, 자신이 바라는 대로 다른 사람이 생각하고 느끼며 행동하게 함으로써 자신에게 유리한 상황을 만들려는 것이다. 암시하려는 내용이 그 사람에게 해로울지라도 말이다.

암시는 사람을 죽일 수도 있다

나의 먼 친척은 인도에서 용하다는 점술가를 찾아가 수정 구슬로 자신의 미래를 점쳐 달라고 부탁했다. 점술가는 친척에게 심장이 안 좋다고 말하며 다음 초승달이 뜰 때 세상을 떠날 것이라고 예언했다. 친척은 새파랗게 겁에 질린 채 온 가족에게 전화를 걸어 다음 달에 죽는다는 이야기를 들었다고 전했다. 그리고 변호사를 만나 유언장을 새로 작성했다. 나는 그러지 말라고 친척을 설득하려 했지만, 그는 점술사가 워낙 신통하기로 유명하고 좋은 일이든 나쁜 일이든 일어나게 할 수 있다고 철석같이 믿었기에 설득은 헛수고로 돌아갔다. 친척은 자신이 죽으리라고 확신했다.

초승달이 뜰 때가 다가오자 친척의 마음과 몸은 점점 더 위축되었다. 한 달 전만 해도 행복하고 건강하며 활력이 넘치고 튼튼했는데 말이다. 한 달 전 모습은 그 어디서도 찾아볼 수 없었다.

세상을 뜨리라고 점술가가 예측한 바로 그날, 친척은 심장마비로 사망했다. 자신의 믿음이 죽음을 초래했다는 사실을 모른 채 세상을 떠난 것이다.

아마 비슷한 이야기를 들은 적이 있을 것이다. 이 세상이 불가사의하고 통제할 수 없는 힘으로 가득 차 있다는 생각에 몸이 떨릴 것이다. 세상이 일종의 힘으로 가득 차 있다는 건 맞는 말이지만, 그렇다고 그 힘이 기묘하다거나 통제할 수 없는 건 아니다. 친척은 암시가 잠재의식에 스며드는 걸 내버려 둠으로써 스스로 생을 마감하고 말았다. 그는 점술사의 힘을 믿었고, 예언을 전적으로 받아들였다.

잠재의식의 작동 방식을 알면 무슨 일이 일어날까? 잠재의식은 현재의식과 이성이 믿는 것을 그대로 받아들이고 실행에 옮긴다. 친척이 점술사를 만나러 갔을 때 친척은 암시에 걸리기 쉬운 상태였다. 점술사는 부정적인 암시를 걸었고 친척은 암시를 받아들였다. 그는 겁에 질렸고, 다음 초승달이 뜰 때 죽을 거라는 이야기를 굳게 믿고 여러 차례 되새겼다. 모든 사람에게 자신이 죽을 거라고 이야기했고 임종을 준비했다. 삶을 마감하리라는 공포와 예감을 잠재의식은 사실로 받아들였고, 결국 죽음의 원인이 되었다.

그의 죽음을 예언한 점술사는 들판의 돌과 막대기처럼 아무런 힘이 없다. 암시 자체에도 죽음을 불러오는 힘은 없다. 만약 친척이 마음의 법칙을 알았다면 부정적인 암시를 거부하고 조만간 죽는다는 말에 콧방귀도 뀌지 않았을 것이다. 자신의 생각과 감정을 스스로 지배하고 통제할 수 있다는 확신이 있었다면 제 갈 길을 갔을 것이고, 장갑차에 고무공을 던지면 튕겨 나오는 것처럼 점술사의 예언에 눈 하나 깜짝하지 않았을 것이다. 점술사의 말에 가치를 부여하지도 않았을 테고, 그의 말을 한 귀로 흘려들으며 부정적인 영향을 받지 않았을 것이다. 하지만 마음의 법칙에 관한 인식과 지식이 부족했기에 그렇게 생을 마감할 수밖에 없었다.

타자 암시 그 자체는 나에게 영향력을 끼치지 못한다. 내 생각이 타자 암시에 힘을 실어 주지 않는 한 암시에는 어떠한 힘도 없다. 다른 사람이 암시한 내용에 정신이 동의하고, 그 생각을 품고 받아들일 때만 힘을 발휘한다. 그 순간 타자 암시는 내 생각으로 변하여, 잠재의식은 그 생각을 곧 현실로 만들기 위해 작업을 시작한다. 선택지는 내 손에 달려 있다는 걸 잊지 말아야 한다. 나는 삶과 사랑과 건강한 인생을 선택할 수 있다.

잠재의식은 삼단논법을 따른다

고대 그리스 시대부터 철학자와 논리학자들은 삼단논법이라는 추론 형식을 연구했다. 삼단논법에 따르면 전제가 모두 참일 때 거짓인 결론이 도출될 수 없다. 마음도 삼단논법에 따라 추론한다. 즉 현재의식이 참이라고 믿는 대전제에서 잠재의식은 결론을 도출해 낸다. 문제나 질문의 유형이 실제로 무엇인지는 상관이 없다. 잠재의식은 전제가 참이라면 결론도 반드시 참이라는 삼단논법을 따른다. 예를 들면 이렇다.

- 형상을 가진 모든 물체는 변하고 사라진다.
- 이집트의 피라미드는 형상을 가진 물체다.
- 따라서 피라미드는 변하고 사라질 것이다.

다른 예도 살펴보자.

- 모든 미덕은 칭찬받을 만하다.
- 친절은 미덕이다.
- 따라서 친절은 칭찬받을 만하다.

이 두 예에서 첫 번째 문장이 대전제다. 전제를 올바르게 세우면 결론도 올바르기 마련이다.

뉴욕시 시청에서 마음의 과학이라는 주제로 강연을 열었던 적이 있다. 청중이었던 한 대학 교수가 강연이 끝나자 내게로 다가와 이렇게 말했다.

"인생이 엉망진창입니다. 건강도 재산도 친구도 잃었어요. 뭐 하나 되는 일이 없네요."

나는 그에게 대전제부터 잘못되었다고 설명해 주었다. 대전제부터가 자기 파괴적이기 때문에 논리적으로 문제가 생길 수밖에 없다고 했다. 삶을 변화시키기 위해서는 대전제를 새롭게 세우고 사고의 방향을 바꿔야 한다. 잠재의식의 무한한 지성이 나를 인도하고 길을 내어 주며 영적, 정신적, 물질적으로 번영하게 하리라고 진심으로 믿어야 했다. 일단 잠재의식의 힘에 대한 믿음을 가지면, 잠재의식은 자동으로 현명한 판단을 내리고 신체를 치유하며 마음을 평화롭고 고요한 상태로 돌려놓을 것이다.

교수는 자신이 원하던 삶을 머릿속에 그리며 다음과 같은 대전제를 세웠다.

무한한 지성은 언제나 나를 올바른 길로 인도합니다. 나는 온전한 건강을 누릴 것입니다. 마음과 몸은 조화의 법칙에 따라 움직이므로 아름다움과 사랑, 평화 그리고 풍요로움은 바로 나의 것입니다. 올바른 행동 원리와 신의 섭리가 삶 전체를 지배합니다. 나의 대전제에는 영원한 삶의 진리가 녹아 있습니다. 나는 잠재의식이 현재 의식의 특성에 따라 행동한다는 것을 알고 느끼며 믿습니다.

나중에 그는 자신이 변화한 과정에 대해 이렇게 얘기했다.

"대전제로 삼은 문장을 천천히 차분하게, 정성스럽게 여러 차례 반복했습니다. 이제는 그 내용이 잠재의식에 깊게 스며들고 있다는 걸 압니다. 마음의 법칙에 확신이 생겼고, 반드시 결과가 따르리란

것도 알지요. 저에게 대전제의 힘에 관해 말씀해 주셔서 감사합니다. 인생이 전반적으로 나아지고 있어요. 정말 효과가 있더라고요!"

잠재의식은 답을 알고 있다

잠재의식은 현명해서 모든 질문에 대한 답을 알고 있다. 하지만 자신이 답을 알고 있다는 것을 모르기 때문에 잘못된 내용에 대해 논쟁하거나 반박하지 않는다. 한마디로 "이런 종류의 암시를 주지 마"라고 말하지 않는 것이다.

"이 일은 못 하겠어" "이런 걸 하기엔 너무 나이가 들었어" "이런 업무는 맡을 수 없어" "난 흙수저니까" "인맥이 없는데"라고 말을 할 때마다 잠재의식에는 부정적인 생각이 새겨져 그 생각에 따라 반응한다. 결핍과 한계 그리고 좌절을 인생에 불어넣고 있기에 좋은 일이 생기려고 해도 생길 수가 없다.

현재의식에 장애물이나 방해, 사고를 지체하게 하는 요소가 있다면 이는 곧 잠재의식에 있는 지혜와 지성을 거부하는 셈이다. 잠재의식이 이 문제를 해결할 수 없다고 말하는 것이나 다를 바 없다. 정신과 마음이 어지러워지고 병으로 이어지거나 신경질적인 성격이 되어 간다.

원하는 것을 성취하고 좌절을 극복하려면 다음 문장을 하루에 몇 차례씩 확신에 가득 찬 어조로 담대하게 말해 보자.

무한한 지성은 내가 원하는 것을 성취하도록 나를 이끌고 안내하며 완벽한 계획을 세우고 있습니다. 잠재의식의 지혜는 지금 응답을 줍니다. 마음속에서 느끼고 내면이 원하는 것은 외부 세계로 표현됩니다. 나의 마음은 차분하고 평화로우며 균형이 잡힌 상태에 있습니다.

반면에 "답이 없어. 어떻게 해야 할지 감을 못 잡겠네" "이 문제를 어떻게 해결해? 해결할 방도가 없는데" "이럴 수도 없고 저럴 수도 없고, 어찌할 도리가 없네"라는 식의 말을 하면 잠재의식의 응답을 받지 못한다. 잠재의식의 도움을 받고자 한다면, 원하는 걸 올바른 방법으로 요구해 잠재의식이 현재의식에 협력하게 해야 한다. 잠재의식은 언제나 나를 위해 기능하며 바로 이 순간에도 심박수와 호흡을 조절한다. 손가락을 베면 잠재의식은 상처를 치유하기 위해 복잡한 절차를 시작한다. 이렇게 잠재의식은 근본적으로 생명을 지향하며, 언제나 나를 돌보고 보호한다.

잠재의식도 나름대로 생각을 하지만 현재의식에 떠오른 사고와 이미지의 패턴을 그대로 받아들인다. 문제의 답을 구할 때도 마찬가지다. 잠재의식이 응답을 주긴 하지만 현재의식이 내린 결정과 판단을 따라가려고 한다. 답은 잠재의식에 있음을 반드시 인지해야 한다. "이 문제를 해결할 방법이 없어. 너무 혼란스럽고 머릿속은 뒤죽박죽이야. 그나저나 왜 답을 알려 주지 않는 걸까?"라고 말한다면, 기도를 무력화하는 것이다. 제자리걸음을 하는 병사처럼 기운만 쓸 뿐

한 발짝도 전진하지 못한다.

마음의 수레바퀴를 멈추어 보자. 긴장을 풀고 모든 걸 내려놓고 침착하지만 확신에 찬 어조로 말해 보자.

잠재의식은 답을 알고 있으며 지금 나에게 응답을 하고 있습니다. 세상 만물의 이치를 아는 잠재의식의 무한한 지성이 내 안에 있음에 감사합니다. 잠재의식은 나에게 완벽한 답을 알려 주고 있습니다. 잠재의식에 대한 확고한 믿음이 잠재의식의 힘을 위대하고 눈부시게 발현합니다. 나는 잠재의식의 힘을 누립니다.

- 좋은 생각을 하면 좋은 일이 생기고 나쁜 생각을 하면 나쁜 일이 생긴다. 평소의 생각이 나를 만든다.

- 잠재의식은 논쟁하지 않고 현재의식의 명령을 그대로 받아들일 뿐이다. "그 물건을 살 여유가 없어"라고 말하면 잠재의식은 그 물건을 살 수 없는 상태로 만들어 버린다. 생각을 더 나은 방향으로 바꾸고 "그 물건을 살 거야. 이미 내 마음속에 그것을 받아들였어"라고 선언하라.

- 선택지는 내 손에 달렸다. 건강하고 행복한 삶을 선택하자. 타인을 대하는 방식도 선택할 수 있다. 타인에게 친절하거나 불친절하게 대하는 건 내 손에 달렸다. 다른 사람과 협력하고 기쁨을 주며, 상냥하고 애정 어린 태도로 대한다면 모든 사람이 같은 방식으로 나를 대할 것이다. 이게 바로 성격을 갈고닦는 최고의 방법이다.

- 현재의식은 잠재의식의 문지기 역할을 한다. 현재의식의 주요 기능은 잠재의식이 잘못된 인상을 받지 못하도록 잠재의식을 보호하는 것이다. 좋은 일이 일어나리라는 믿음을 선택하자. 내가 가진 최고의 힘은 선택할 수 있는 능력이다. 행복하고 풍요로운 삶을 선택하자.

- 다른 사람이 한 말이나 암시는 나에게 상처를 줄 힘이 없다. 암시에는 생각을 움직이는 힘만 있을 뿐 어떻게 반응할지는 내가 정한다. 다른 사람의 말이나 생각을 거부하고 좋은 일을 긍정하는 것은 나에게 달렸다.

- 평소에 하는 말을 잘 살펴보자. 별로 중요하지 않다고 생각하는 말도 지나치면 안 된다. "나는 실패할 거야" "직업을 잃고 길거리에 나앉을 거

야" "월세를 낼 수 없어"라는 말은 절대 입 밖에 꺼내지 마라. 잠재의식은 농담과 진담을 구분하지 못하므로 모든 걸 실현한다.

• 자연의 힘은 언제나 선하므로 마음도 악하지 않다. 중요한 건 자연의 힘을 어떻게 사용하느냐다. 마음으로 모든 사람을 축복하고 치유하며 영감을 주어라.

• 무슨 일이 있어도 "나는 못 해"라고 말하지 마라. 그 대신 "나는 잠재의식의 힘으로 뭐든지 할 수 있다"라고 말함으로써 해내지 못하리라는 두려움을 극복하라.

• 두려움에 압도당하거나 무지한 상태로 있거나 미신을 믿으면 안 된다. 영원한 진리와 생명의 원리를 바탕으로 사고하라. 다른 사람들의 생각에 휩쓸리지 말고, 어떤 생각을 할지 주도적으로 택하고 결정하라.

• 나는 영혼(잠재의식)이라는 배를 조종하는 선장이자 운명의 주인이다. 삶은 고정되어 있지 않다. 선택할 수 있다는 걸 잊지 말자. 더 나은 삶을 선택하고 사랑과 건강을 선택하자. 행복을 선택하자!

• 잠재의식은 현재의식이 진실이라고 믿는 것을 받아들여서 실현한다.

3

기적을 일으키는 잠재의식의 힘

✣

원하는 결말을 상상하고 실제처럼 느껴 보자. 상상과 느낌을 따르
면 원하는 결과를 반드시 얻을 것이다.

잠재의식은 무한한 힘을 가지고 있다. 잠재의식은 영감을 주고 길
을 안내한다. 또한 머릿속에 저장된 기억을 생생하게 불러일으킨다.
잠재의식은 심박수와 혈액 순환을 관장하고 소화와 흡수, 배설을 조
절한다. 빵 한 조각을 먹을 때 잠재의식은 빵을 조직과 근육, 뼈 그리
고 혈액으로 변화시킨다. 아무리 현명한 사람이라 할지라도 이러한
잠재의식의 작용을 다 헤아리기는 어렵다. 잠재의식은 생명과 직결
된 신체의 작용과 기능을 관장하고 모든 문제의 답을 알고 있다.

잠재의식은 잠들거나 쉬지 않고 24시간 작동한다. 그래서 침대에
누워 잠들기 전에 이루고 싶은 구체적인 내용을 잠재의식에 전달하
면 기적을 일으키는 잠재의식의 힘을 접할 수 있다. 내면에 숨어 있

던 힘이 흘러나와 원하던 결과로 나를 이끄는 걸 알면 놀라움을 금치 못하고 기뻐할 것이다. 잠재의식은 힘과 지혜의 원천으로 전지전능한 힘과 맞닿아 있다. 이러한 전지전능한 힘은 세계를 움직이고 행성을 공전하게 하며 태양을 빛나게 한다.

이상과 포부, 이타심은 잠재의식에서 나온다. 셰익스피어가 동시대를 살아갔던 평범한 사람들이 보지 못했던 진리를 인식하고 깨우칠 수 있었던 것은 바로 잠재의식 덕이다. 그리스 조각가 피디아스가 대리석과 청동을 사용해 미와 질서를 표현하고, 균형 잡히고 아름다운 비율의 작품을 탄생시킬 수 있었던 것 역시 잠재의식 덕택이다. 잠재의식은 깊은 샘물과도 같아서 영감을 끊임없이 끌어다 쓸수 있다. 그래서 위대한 예술가들은 잠재의식을 이용하여 경외심을 불러일으키는 작품을 창조한다. 저명한 이탈리아 화가 라파엘로가 성모마리아를 그리고, 독일 음악가 베토벤이 교향곡을 작곡한 것도 잠재의식 덕분이다.

인도 리시케시에 있는 요가포레스트대학교에서 강연을 했을 때 뭄바이에서 강의를 들으러 온 외과 의사와 긴 대화를 나눈 적이 있다. 그는 나에게 제임스 에스데일이라는 의사의 놀라운 이야기를 해주었다.

에스데일은 스코틀랜드 출신 의사로, 1840년대에 벵골 지방에서 활동했다. 에테르를 비롯한 현대의 화학적 마취제가 개발되기 전이었다. 그런데도 1843년부터 1846년까지 그는 절단 수술부터 종양과 암 제거, 안과와 이비인후과 수술까지 분야를 막론하고 400건이 넘는 대수술을 시행했다. 마취제를 사용하지 않고 최면만 걸었는데도 환자들은 통증을 느끼지 않았다고 말했다. 수술 중에 사망한 사람은 단 한 명도 없었다.

더 놀라운 사실은 수술 후에 사망한 환자도 거의 없었다는 것이다. 루이 파스퇴르와 조지프 리스터 같은 서양 과학자들이 세균 감염에 대해 발표하기 전의 일이다. 그때는 멸균되지 않은 기구나 독성 유기체가 수술 후 감염을 발생시킬 수 있다는 사실을 알지도 못했다. 그런데도 의사가 최면에 걸린 환자들에게 감염이나 패혈증이 일어날 일은 없다고 말했을 때 잠재의식은 암시에 응했다. 잠재의식은 생명을 위태롭게 할 수도 있는 감염과 싸우기 위해 필요한 과정을 작동시켰다.

다시 생각해 보면 지금으로부터 150여 년 전 지구 반대편에서 스코틀랜드 출신 외과 의사는 잠재의식이 기적을 일으킨다는 것을 발견했다. 경외심이 들지 않을 수 없다. 에스데일 박사에게 영감을 주고, 환자를 죽음의 위협으로부터 지켜 준 이러한 초자연적인 힘을 누구나 가질 수 있다.

잠재의식은 시공을 뛰어넘는다. 잠재의식은 고통과 괴로움으로부터 우리를 해방하고 모든 문제의 답을 제공한다. 마음속에 있는 잠재의식의 힘과 지성은 지능을 능가하고 기적을 일으켜 감탄을 자아내게 한다. 이러한 경험을 하면 기적을 일으키는 잠재의식의 힘을 만끽할 수 있고, 또한 신뢰하게 된다.

잠재의식은 생명책이다

잠재의식에 새겼거나 스며든 생각, 믿음, 의견, 이론, 신조는 그 내용과 관계없이 상황이나 조건 또는 사건으로 나타난다. 즉 잠재의식에 새긴 내용은 외부 세계에서 실제로 경험한다는 뜻이다.

삶에는 두 가지 측면이 있다. 삶은 객관적인 면과 주관적인 면, 눈에 보이는 부분과 보이지 않는 부분, 생각하는 내용과 구현되는 내용으로 나뉜다. 의식적으로 추론하는 과정을 관장하는 대뇌피질은 뉴런이 방사하는 패턴을 하나의 생각으로 받아들인다. 현재의식 또는 객관적인 마음이 그 생각을 온전히 받아들이면 뇌에서 가장 오래된 부위인 뇌간으로 전해진다. 그러면 생각은 뇌간의 일부가 되고 경험으로 나타난다.

앞서 설명한 것처럼 잠재의식은 논쟁하는 법이 없다. 잠재의식에 새겨진 대로 행동할 뿐이고, 현재의식이 내린 판단이나 결론을 최종적인 결론이라고 받아들인다. 생각이 곧 경험이 되기 때문에, 생각을 하는 것은 생명책을 써 내려가는 것과 같다. 이에 대해 미국 철학자 랠프 월도 에머슨은 "평상시의 생각이 나를 대변한다"라고 말했다.

잠재의식에 새겨진 내용은 외부로 표출된다

미국 심리학의 아버지 윌리엄 제임스는 잠재의식에 세계를 움직이는 힘이 있다고 말했다. '삶의 법칙'이라 불리는 비밀의 샘에서 잠재의식의 무한한 지성과 끝없는 지혜가 흘러나온다. 잠재의식에 무엇을 새기든, 잠재의식은 하늘과 땅을 움직여 그 내용을 실현할 것이다. 올바른 아이디어와 건설적인 생각을 잠재의식에 새겨야 하는 이유다.

세상이 혼란스럽고 사람들이 고통받는 이유는 현재의식과 잠재의식이 상호작용한다는 것을 이해하지 못하는 사람이 너무 많기 때문이다. 현재의식과 잠재의식이 평화롭고 조화로운 상태를 유지한다면 건강과 행복, 평화와 기쁨을 얻게 될 것이다. 현재의식과 잠재의식이 발맞추어 일해야만 병에 걸리지 않고 불화가 생기지 않는다.

고대에 헤르메스 트리스메기스투스라는 연금술과 점성술, 신성마법에 능통한 현인이 있었다. 그가 세상을 떠나고 몇백 년 뒤에 고대의 지혜를 얻을 수 있으리라는 부푼 마음으로 그의 무덤을 열었다. 시대를 초월한 위대한 비밀이 무덤에 숨겨져 있다는 말이 전해내려왔기 때문이다. 무덤 안에는 다음과 같이 쓰여 있었다.

"안에 있는 것은 밖에 있는 것과 같고, 위에 있는 것은 아래에 있는 것과 같다."

즉 잠재의식에 담긴 내용은 외부 세계에 그대로 펼쳐진다. 모세와 이사야, 예수, 부처, 조로아스터, 노자 등 시대를 뛰어넘는 선지자들 역시 같은 진리를 설파했다. 주관적으로 진짜라고 느끼는 모든 것이 상황, 경험 그리고 사건으로 발현된다. 하늘(마음)과 땅(신체와 주변 환경)이 같은 선상에 있듯, 행동과 감정도 궤를 같이해야 한다. 이게 바로 위대한 생명의 법칙이다.

자연 구석구석에서 작용과 반작용의 법칙, 휴식과 활동의 법칙이 발견된다. 상반된 두 요소는 균형을 이룬다. 그렇기에 생명의 원리가 몸과 마음에 힘차고 조화롭게 흐르는 것이 자연의 이치라고 볼 수 있다. 균형과 조화를 이룬다는 것은 들어가는 것과 나가는 것이 같고, 내면에 각인된 인상과 외부로 표출되는 내용이 같다는 것을 의미한다.

그래서 충족되지 않은 욕망이 내면에 남아 있으면 좌절할 수밖에 없다. 부정적이거나 파괴적이거나 악한 생각을 하면 해로운 감정이 들고 외부로 표출할 배출구를 찾기 마련이다. 그러므로 부정적인 감정을 품고 살면 궤양이나 심장 질환이 생기고 긴장과 불안으로 표출된다.

나 자신에 대해 어떻게 생각하고 어떻게 느끼고 있는가? 나를 구성하는 요소 하나하나에 내가 나에 대해 가지는 생각이 깃들어 있다. 활력, 신체, 재정 상태, 친구, 사회적 지위는 나 스스로에 관한 생각을 완벽하게 반영한다. 이것이 바로 잠재의식에 각인된 내용이 삶의 전 분야에 걸쳐 나타난다는 말이 진정으로 뜻하는 바다.

우리는 부정적인 생각을 하면서 자신을 스스로 해친다. 얼마나 자주 화를 내고, 두려움이나 질투심 또는 복수심에 휩싸여서 나 자신에게 상처를 주었는가? 부정적인 생각은 잠재의식에 독약을 주입하는 것과 같다. 부정적인 행동은 절대 타고나는 게 아니다. 생명력을 불어넣는 긍정적인 생각으로 잠재의식을 채우면 잠재의식에 자리

잡은 모든 부정적인 사고 패턴이 사라진다. 계속해서 긍정적인 생각을 하면 과거의 일들이 머릿속에서 지워질 것이다.

마음을 변화시키면 몸도 변한다

잠재의식의 치유력을 보여 주는 가장 확실한 증거는 병이 치유되는 것이다. 몇 년 전 나는 피부암에 걸렸다. 나는 명의들을 찾아갔고 당대의 의학 기술 중 가장 발전된 치료법을 시도했다. 하지만 그중 어느 치료법도 내 병에는 효과가 없었고 암은 점점 악화했다.

그런데 어느 날 심리학에 조예가 깊은 한 목사가 시편 139편에 담긴 뜻을 알려 주었다. 그는 다음 구절을 살펴보라고 했다.

"나의 형질이 갖추어지기도 전부터 주님께서는 나를 보고 계셨으며, 나에게 정하여진 날들이 아직 시작되기도 전에 이미 주님의 책에 다 기록되었습니다."(시편 139편 16절)

그는 이 구절에서 '책'은 작은 원세포로부터 기관을 만들어 낸 잠재의식을 뜻하는 것이라고 설명했다. 애초에 잠재의식이 육체를 빚어냈기 때문에, 내면의 사고 패턴에 따라 잠재의식이 육체를 재창조하고 치유할 수 있다고 했다.

목사는 자신의 손목시계를 내보이며 덧붙였다.

"이 시계는 시계공이 만들었습니다. 하지만 시계가 '객관적인 현실'이 되기 전에 시계공은 어떤 시계를 만들지 이미 명확한 아이디어를 가지고 있었지요. 시계공의 아이디어로부터 시계가 탄생했기에 이 시계를 만든 시계공은 시계를 고칠 수 있습니다. 고장 원인이 뭐가 됐든지 말이죠."

나는 비유를 단번에 이해했다. 육체를 창조한 잠재의식의 지성은 시계공과 같다. 잠재의식은 몸을 치유하고 회복하며 모든 생체 기능과 과정을 통제한다. 그래서 치유의 힘을 정말로 느끼고 싶다면, 잠재의식에 온전한 건강을 누리겠다는 생각을 심어야 한다. 이러한 생각은 원인이 되어 치유라는 결과를 불러올 것이다. 이 깨우침을 바탕으로 나는 매우 간단하고도 직설적인 확언을 만들었다.

잠재의식의 무한한 지성이 내 몸과 기관을 창조했기에 치유법 또한 알고 있습니다. 잠재의식의 지혜가 나의 모든 장기와 조직, 근육 그리고 뼈를 만들어 냈습니다. 내 안에 숨겨진 무한한 치유력이 몸의 세포를 바꿔 온전한 건강을 누릴 수 있게 해줍니다. 이 순간 치유가 되고 있다는 걸 느끼고 치유될 수 있음에 감사합니다. 내면의 창조적 지성은 놀라울 정도로 경이롭습니다.

나는 이 확언을 하루에 두세 번, 5분씩 크게 반복했다. 3개월 정도가 지나자 내 피부는 언제 그랬냐는 듯이 싹 나았다. 피부암이 사라진 것이다. 의사는 당황했지만 나는 무슨 일이 일어났는지 알고 있었다. 나는 온전하고 아름답고 완벽한 생명력을 주는 사고 패턴을 잠재의식에 각인했고, 잠재의식에 상주하던 부정적인 이미지와 사고 패턴을 밀어냈다.

부정적인 이미지와 사고 패턴이 모든 문제의 원인이었다. 몸이 아픈 것은 마음이 아프기 때문이다. 마음을 긍정적인 확언으로 가득 채워 변화시키면 몸도 변화할 수 있다. 이것이 모든 치유의 기초다.

잠재의식이 모든 신체 기능을 관장한다

잠재의식은 깨어 있을 때나 잠자리에 들었을 때나 멈추지 않고 돌아간다. 현재의식의 도움 없이도 잠재의식은 신체의 모든 생체 기능을 통제한다. 잠자는 동안 심장은 규칙적으로 뛰고, 가슴과 횡격막 근육은 폐에 공기를 들여보내고 내보낸다. 신체 세포 활동의 부산물인 이산화탄소는 신체 기능을 유지하기 위한 산소로 교환된다. 잠재의식은 소화 과정과 샘 분비 외에도 놀랄 만큼 복잡한 신체 기능도 제어한다. 이 모든 과정은 깨어 있거나 잠들어 있거나 상관 없다.

만약 현재의식으로 신체 기능을 작동시키려고 한다면 신체는 작동을 멈출 것이고 급사할지도 모른다. 신체 기능은 너무 복잡하게 뒤얽혀 있다. 개심술에 사용되는 인공 심폐기는 현대 의료 기술이 낳은 기적이라 불리지만, 잠재의식이 하루 24시간 동안 쉬지 않고 하는 일보다는 훨씬 단순하다.

초음속 제트기를 타고 바다 위를 날아가고 있는데 누군가가 조종석 주위를 어슬렁거린다고 생각해 보자. 비행기 조종법은 모르지만 그 행동이 조종사의 주의를 분산시키고 문제를 일으킬 수도 있다는 사실은 어렵지 않게 알 수 있다. 이 예시를 현재의식에 적용해 본다면, 현재의식은 신체를 작동할 수는 없지만 신체가 올바르게 기능하는 걸 방해할 수는 있다는 결론이 나온다.

걱정, 불안, 두려움, 우울은 심장, 폐, 위, 장이 정상적으로 기능하는 걸 막는다. 의료계는 이른바 '스트레스성 질환'의 심각성을 인지하고 있다. 스트레스성 질환은 사고의 패턴이 조화롭게 기능하는 잠재의식을 방해할 때 생긴다.

마음과 몸이 삐거덕거린다고 느껴지면 모든 걸 내려놓고 긴장을 풀며 생각의 수레바퀴를 멈춘 후 잠재의식에 말을 걸어 보자. 평화롭고 조화로운 상태를 지향하고 생명의 섭리를 따르라고 타이르다 보면 신체의 모든 기능이 다시 정상으로 회복될 것이다. 권위를 가지고 확신이 넘치는 태도로 잠재의식에 말을 건네면 잠재의식은 명령을 따라 메시지에 응답할 것이다.

잠재의식이 나를 위해 일하게 만드는 법

가장 먼저 인식해야 할 점은 잠재의식이 언제나 작동하고 있다는 것이다. 내가 무슨 행동을 하든 밤낮으로 24시간 일하고 있다. 건축업자가 건물을 짓듯 잠재의식은 신체를 형성하지만 소리 없이 일어나는 내면의 작용을 듣거나 인지할 수는 없다.

우리가 제어할 수 있는 건 현재의식이지 잠재의식이 아니다. 아주 좋은 일이 일어나리라는 기대를 품고, 사랑스럽고 진실되며 조화로운 생각을 습관적으로 하는 등 현재의식이 바쁘게 움직이도록 하라. 이제 마음과 영혼에 담긴 습관적인 생각과 감정이 외부 세계로 표현되고 재생산되는 것을 알았으니 현재의식을 돌보는 일만 남았다.

파이프에 물을 흘려보내면 물은 파이프의 형태를 띤다. 물이 생명의 원리라면 파이프는 사고의 특성이다. 사고의 특성은 삶의 원리를 결정지으며 내 안에 흐른다. 잠재의식의 치유력이 내 안에 흘러 화합과 건강, 평화, 기쁨, 풍요를 누릴 수 있게 해달라고 요구하자. 잠재의식을 살아 있는 지성이자 사랑스러운 동반자로 생각해야 한다. 내 안에서 끊임없이 흐르고 있는 치유력이 활기를 불어넣고 영감을 주고 번영으로 이끈다고 굳게 믿으면 잠재의식은 이에 반응해 믿음을 현실로 만든다.

생각을 받아들이면 자동으로 실현된다

프랑스 남서부 루르드는 불치병을 치유하기로 유명한 세계적인 성지다. 루르드 성지 사무소 의학 부서의 기록보존실에는 소위 '기적의 치유'라고 불리는 사례를 샅샅이 담은 문서가 가득 쌓여 있다.

수많은 기록 중 단연 눈에 띄는 건 비르 부인의 사례다. 부인은 시신경이 위축되어 앞을 보지 못했는데 루르드 성지를 방문한 후 시력을 되찾을 수 있었다. 비르 부인을 진료한 여러 의사는 시신경이 여전히 손상된 상태라고 말했지만 앞을 보는 데는 문제가 없었다! 한 달 후 재검사를 해보니 시각 기능은 완전히 정상으로 회복되었다.

나는 부인의 눈을 낫게 한 건 루르드의 성수聖水가 아니라 잠재의식이었다고 확신한다. 잠재의식이 믿음에 부응하여, 잠재의식 안에 있는 치유의 원리가 생각의 본질에 따라 움직인 것이다. 믿음이란 잠재의식에 있는 생각이고, 무언가를 진실이라고 받아들이는 것을 뜻한다. 받아들인 생각은 자동으로 실현된다.

분명 비르 부인은 눈이 치유되리라는 기대와 믿음을 가지고 성지를 찾았을 것이다. 마음속에서는 이미 치유의 영험을 느끼고 있었는지도 모른다. 잠재의식은 생각을 따라 움직였고 무한한 치유력이 솟아났다. 잠재의식은 눈을 창조하는 능력뿐만 아니라 죽은 신경을 살리는 능력도 갖추고 있다. 창조의 원리에 따라 창조된 것은 재창조될 수 있다.

온전한 건강의 개념을 잠재의식에 전달하는 방법

남아프리카공화국 요하네스버그에서 만난 한 감리교 목사는 말기 폐암을 완치한 이야기를 들려주었다. 그가 사용한 방법은 온전한 건강의 개념을 잠재의식에 전달하는 것이었다. 나는 어떻게 폐암 말기를 극복할 수 있었는지 알려 달라고 부탁했고, 그는 어떤 절차를 따랐는지 차근차근 설명해 주었다. 독자에게도 그의 방법을 전한다.

"하루에 몇 번씩 저는 '발의 긴장이 풀린다. 발목의 긴장이 풀린다. 다리가 편안해지고 복근의 긴장이 풀린다. 가슴과 폐의 긴장이 풀리고 머리가 편안하다. 온몸이 완전히 이완된 상태다'라고 말하며 몸과 마음의 긴장을 풀었습니다. 5분 정도가 지나자 나른하고 졸음이 쏟아지더군요. 그 상태에서 이렇게 확언했습니다."

하나님의 온전하심이 나를 통해 표현되고 있습니다. 온전한 건강을 누린다는 생각이 잠재의식을 채우고 있습니다. 하나님께서는 나를 온전한 존재로 그리십니다. 그리고 잠재의식은 그 이미지에 걸맞게 나의 육체를 온전하게 재창조하고 있습니다.

목사는 놀랄 만한 치유의 힘을 경험했다. 그가 사용한 기술은 간단했다. 잠재의식에 온전한 건강이라는 개념을 직접 주입하는 것이었다.

잠재의식에 건강하다는 생각을 불어넣는 또 다른 방법은 상상력을 훈련하거나 과학적인 방법으로 상상하는 것이다. 나는 신경증적 원인으로 발생하며 흔히 전환장애라고 불리는 기능성 마비를 앓고 있는 사람에게 완쾌하면 평상시에 할 일들을 생생하게 떠올려 보라고 했다. 예컨대 사무실을 걸어 다니고 책상을 만지고 전화를 받는 등의 일 말이다. 온전한 건강의 이미지를 마음속에서 시각화하면 잠재의식이 그 이미지를 받아들일 것이라고 설명했다.

그는 시각화 작업에 몰입했고, 실제로 사무실로 돌아간 듯한 느낌을 받았다. 구체적이고 확실한 이미지를 그려 넣자 잠재의식은 시각화를 통해 부여받은 인상을 필름에 담듯 새겼다.

그는 몇 주 동안 집중적으로 시각화 연습을 했다. 그러던 어느 날 집에 아무도 없을 때 전화벨이 울렸다. 전화는 침대에서 4미터가량 떨어져 있었다. 전화기가 가까이 있지 않았는데도 그는 그곳까지 이동해서 전화를 받는 데 성공했고, 그 순간 마비는 싹 사라졌다. 잠재의식의 치유력이 마음속에서 떠올린 이미지에 응답했고 치유가 일어난 것이다.

그가 걸을 수 없었던 것은 스스로 만든 정신적인 장벽 탓에 뇌가 보낸 신경 자극이 다리에까지 도달하지 못했기 때문이다. 정신적인 장벽을 내려놓고 내면에 주의를 기울이자 치유력이 흘러나왔고, 다시 걸을 수 있었다.

- 잠재의식은 신체의 생명 기능을 관장하고 모든 문제에 대한 해답을 알고 있다.

- 잠들기 전 잠재의식에 원하는 것을 구체적으로 말하라. 기적을 일으키는 잠재의식의 힘이 내 안에 있다는 걸 스스로 증명해 보자.

- 잠재의식에 새긴 모든 메시지는 조건, 경험, 사건으로 발현되어 우주라는 스크린에 펼쳐진다. 그러므로 현재의식이 어떤 아이디어와 생각을 품고 있는지 주의 깊게 관찰해야 한다.

- 작용과 반작용의 법칙은 보편적이다. 생각이 작용이라면 그 생각에 자동으로 응답하는 잠재의식은 반작용이다. 무슨 생각을 하는지 주시하라.

- 좌절하는 이유는 내면에 충족되지 않은 욕망이 남아 있어서다. 현재의식에 장애물이나 사고를 방해하는 요소가 있다면 잠재의식도 장애물이 있는 것처럼 반응한다. 좋은 일을 스스로 가로막고 있는 셈이다.

- 생명의 원리는 우리 내부에 흐르고 있다. 화합과 건강, 평화의 생각으로 잠재의식을 채우면 몸의 기능이 다시 정상으로 돌아갈 것이다.

- 최선의 결과를 기대하면서 현재의식이 바쁘게 움직이도록 하라. 그러면 잠재의식이 습관적인 사고를 통해 기대하는 최선의 결과를 재현해 낼 것이다.

- 문제가 해결되거나 결말이 좋으리라고 상상하고 성취했을 때의 짜릿함을 느껴 보자. 잠재의식은 상상하고 느낀 것을 받아들여 외부 세계에 실현한다.

- 의식적으로 "나에게 소망을 불어넣어 준 잠재의식이 나를 매개체로 하여 그 소망을 실현하고 있습니다"라고 확신에 가득 찬 어조로 말해 보자. 이렇게 하면 모든 문제가 해결된다.

4

믿음을 활용한 오래된 지혜

❧

좋은 생각을 하면 좋은 일이 생기고, 나쁜 생각을 하면 나쁜 일이
생긴다. 건강하다고 느끼면 건강해지고, 부자라고 느끼면 실제로
부자가 된다. 평소의 생각과 느낌이 나를 만든다.

오래전부터 사람들은 아픈 몸의 기능과 역할을 정상으로 회복시
키는 치유의 힘이 어딘가에 존재한다고 믿었다. 이러한 믿음은 대륙
과 기후대, 문화와 관계없이 널리 퍼져 있다. 사람들은 기묘한 힘이
특정 조건에서 적절하게 발휘된다면 인간의 고통을 덜어 주리라 믿
었다. 이를 뒷받침하는 증거는 세계 역사 곳곳에서 발견된다.

인류 고대 역사에서 성직자나 사제, 성인은 선하거나 악한 영향력
을 끼치고, 아픈 사람을 치유하는 능력을 갖고 있다고 여겨져 왔다.
그들은 치유 능력 외에도 신으로부터 여러 가지 능력을 직접 부여받
았다고 주장했다. 치유의 절차와 과정은 나라마다 다르지만, 대부분

은 신에게 기도를 올리고 제물을 바쳤으며 안수하거나 주문을 외우는 등의 의식을 행했다. 부적이나 반지, 유물을 지닌다든가 우상을 섬기기도 했다.

예를 들면 고대 종교의 성직자들은 환자에게 약을 주고, 잠이 들면 신이 찾아와 병을 고쳐 주리라고 최면 암시를 걸었다. 그리고 실제로 많은 사람의 병이 나았다.

저승 세계와 암흑, 마법을 관장하는 헤카테 여신을 믿는 사람들은 초승달이 뜨는 날 야외에서 도마뱀과 송진, 유향, 몰약을 섞어 일종의 약과 같은 물질을 만들었다. 이처럼 수상쩍고 기이한 의식을 수행한 다음에는 여신에게 기도를 드리고 약을 먹은 후 잠자리에 들었다. 그리고 신실한 신도들은 꿈에서 여신을 보았다. 이러한 의식은 기괴하게 들리지만 의식을 치르고 치유되는 경우가 종종 있었다고 전해진다.

고대 사람들은 잠재의식의 놀라운 힘을 사용하기 위해 여러 방법을 고안해 냈다. 그 방법들이 효과가 있다는 사실은 알고 있었지만, 왜 효과가 있는 건지는 알지 못했다. 오늘날의 관점에서 바라보면 고대인은 잠재의식에 강력한 암시를 건 것이다. 의식과 약 그리고 부적은 사람들의 상상력을 강력하게 자극했고 잠재의식이 치료사의 지속적인 암시를 받아들이도록 도왔다. 치료사가 병을 치료한 게 아니었다. 치유는 환자의 잠재의식에서 이루어졌다.

오래전부터 공인되지 않은 치료사들이, 의사가 의학 기술로 고칠 수 없다고 포기한 환자들의 병을 고쳤다. 이들이 어떻게 세계 곳곳에서 사람들의 병을 고칠 수 있었던 건지는 한번 생각해 볼 만한 일이다. 병에 걸린 사람의 믿음이 잠재의식에서 치유력을 발산시켰기 때문에 치유가 일어났다. 치료법이 기상천외할수록 환자들은 이렇게 기이한데 효과가 없을 리가 없다고 믿는 경향이 있다. 환자들이 품은 기대 덕분에 현재의식과 잠재의식은 건강을 되찾을 수 있다는 암시를 더 쉽게 받아들일 수 있었다.

성경에서 잠재의식의 힘을 찾다

"그러므로 나는 너희에게 말한다. 너희가 기도하면서 구하는 것은 무엇이든지 이미 그것을 받은 줄로 믿어라. 그리하면 너희에게 그대로 이루어질 것이다."(마가복음 11장 24절)

성 마르코의 마가복음 말씀을 다시 읽으면서 동사의 시제에 주의를 기울여 보자. '믿다believe'와 '받다receive'는 현재 시제이지만 '이루어질 것이다shall have'는 미래 시제다. 성 마르코는 아주 중요한 내용을 말하기 위해 동사의 시제를 구분했다. 소망이 '이미' 이루어지고 실현되었다고 믿으면 소망은 '미래'에 반드시 실현된다.

이 기법의 성공 여부는 머릿속에 떠오르는 생각이나 아이디어, 그림을 사실이라고 자신 있게 확신할 수 있느냐에 달렸다. 마음속에 품고 있는 생각을 실질적인 형체로 바꾸려면 그 생각이 이미 존재하는 것처럼 여겨야 한다.

지금부터는 특정한 소망을 잠재의식에 각인하여 창의력을 간단하게 사용할 수 있는 방법을 구체적으로 소개하겠다. 생각이나 아이디어, 계획 또는 목적은 손이나 마음처럼 실재한다. 성경에 나오는 기법에 따르면, 부정적인 결과를 일으킬 수 있는 환경이나 조건을 마음속에서 완전히 없애야 한다. 밭에 씨를 뿌리면 반드시 싹이 트기 마련이다. '마음'이라는 밭에 '개념'이라는 씨를 뿌리면 '결과'라는 씨앗이 발아한다.

예수는 믿음이 가장 중요하다고 했다. 그래서 성경에는 "믿는 대로 되리라"라는 구절이 계속해서 등장한다. 땅에 모종을 심으면 모종에 해당하는 식물이 자라날 거라는 믿음이 있다. 씨앗을 뿌리고 재배와 농업의 법칙을 믿으면 그 믿음대로 식물이 자라난다.

성경에서 말하는 '믿음'이란 사고방식, 마음가짐, 내면의 확신이다. 어떤 아이디어를 완전히 받아들이면 아이디어가 잠재의식에서 구현되고 그 내용이 외부 세계로 발현되어 인지하는 것을 의미한다. 다른 한편으로는 이성과 감각이 부정하는 것을 진실로 받아들이는 자세를 뜻하기도 한다. 현재의식의 대수롭지 않은 메시지에 주의를 기울이거나 논리적이고 분석적인 현재의식의 목소리를 듣지 않는 대신, 잠재의식의 내적인 힘을 완전히 신뢰하는 자세를 가지는 게 바로 믿음이다.

다음은 성경에 등장하는 가장 잘 알려진 치유 기법이다.

"예수께서 집 안으로 들어가셨는데, 눈 먼 사람들이 그 앞으로 나왔다. 예수께서 그들에게 말씀하셨다. '너희는 내가 이 일을 할 수 있다고 믿느냐?' 그들이 '예, 주님!' 하고 답하였다. 예수께서 그들의 눈에 손을 대고 말씀하셨다. '너희 믿음대로 되어라.' 그러자 그들의 눈이 열렸다. 예수께서 그들에게 엄중히 다짐하셨다. '이 일을 아무에게도 알리지 말아라.'"(마태복음 9장 28~30절)

예수는 "너희 믿음대로 되어라"라고 말함으로써 눈먼 사람들의 잠재의식에 협력을 구했다. 그들은 눈을 뜨리라는 기대감에 부풀어 있었고, 기적이 일어날 거라는 느낌과 확신을 갖고 있었기에 기도의 응답을 받아 시력을 되찾았다. 이러한 치유 기법은 오래전부터 세계 곳곳에서 사용되었다. 그 내용은 어느 종교나 비슷하다.

예수는 "이 일을 아무에게도 알리지 말아라"라고 말하며 치유의 경험을 다른 이와 나누지 말라고 당부했다. 만약 다른 사람에게 이야기했다면 의심의 눈초리로 쳐다보거나 말도 안 된다고 조롱을 받았을 것이다. 타인의 회의적인 시각과 비판은 잠재의식에 두려움과 의심, 불안을 일으켜 예수의 치유를 헛되이 했을지도 모른다.

눈먼 사람들을 고친 건 예수가 아니라 그들 자신이었다. 그들은 치유된다는 믿음을 갖고 있었고, 잠재의식의 치유력을 잘 이해하고 있었다. 예수의 말씀을 모두 진리라고 믿었다. 예수와 눈먼 사람들은 하나의 주관적인 마음을 가지고 있었기에 내면의 지성과 치유력에 대한 확신이 그들의 부정적이고 파괴적인 사고 패턴을 바꾸어 놓은 것이다.

마음가짐이 바뀌자 잠재의식은 새로운 마음가짐에 자동으로 반응해 치유를 일으켰다. 예수는 눈먼 사람들의 잠재의식에 병을 고치라고 호소했고, 그들은 예수의 권위에 잠재의식이 반응하리라는 것을 인지하고 느꼈으며 전적으로 믿었다. 이 두 가지 요소가 결합하자 기적이 일어났다.

믿음은 땅에 뿌린 씨와 같다

세계 어느 곳을 가도 치유의 기적이 일어나는 성지는 존재한다. 루르드처럼 유명한 성지도 있고, 근처에 사는 사람만 아는 성지도 있다. 유명한 곳이든 그렇지 않은 곳이든, 성지에서 병이 치유된 이유와 원리는 다르지 않다. 바로 잠재의식이다.

나는 일본의 유명한 성지 몇 곳을 방문한 적이 있다. 그중 한 성지에는 13미터 높이의 거대한 청동 대불상이 있다. 대불상의 부처는 손을 합장하고 앉아 고개를 숙인 채로 묵상하며 무아지경에 빠져 있다. 성지에서는 젊은 사람, 늙은 사람 할 것 없이 모두가 부처의 발 아래에 돈, 과일, 쌀 등 공물을 바쳤다. 초를 켜고 향을 피우며 소리 내어 기도를 올렸다.

어느 젊은 여성이 고개를 숙인 채 기도를 올리는 소리가 들려왔다. 오렌지 두 개를 공물로 바치면서, 그 여성은 목소리를 되찾았다며 부처님께 감사의 기도를 드리고 있었다. 목소리가 나오지 않았는데 이 성지를 방문한 후 목소리가 다시 나오기 시작했다는 것이다.

정해진 의식을 따르고 단식하며 공물을 바치면 예전과 같은 목소리를 되찾으리라는 생각이 믿음에 불을 붙였고, 마음은 기대감으로 부풀었다. 마음과 믿음이 궤를 같이하자 믿음의 결과가 탄생했다. 잠재의식이 믿음에 응답해 준 것이다.

상상력과 맹목적인 믿음은 정말 위대하다. 비슷한 예가 또 있다. 호주 퍼스에 사는 내 친척은 결핵을 앓았는데 폐병이 악화되었다. 그의 아들은 아버지가 병을 스스로 고치도록 돕기로 마음먹었다. 아들은 아버지의 집에 가서, 신비한 힘을 가진 떠돌이 수도사 한 명을 만났다고 털어놓았다.

이 수도사는 유럽에서 가장 유명한 치유 성지에 오래 머물다가 얼마 전에 돌아왔다. 그 성지에서 수도사는 성십자가의 조각을 얻어 중세 시대부터 내려온 반지에 끼웠다. 예로부터 이 반지나 성십자가 조각을 만지면 병이 낫는다는 이야기가 있었다. 그 이야기를 들은 아들은 수도사에게 500달러를 헌금하며 아버지가 매우 편찮으시니 제발 그 반지를 빌려 달라고 간청했다.

반지를 빌린 아들은 아버지에게 달려가 반지를 보여 주었다. 아버지는 반지를 받자마자 가슴에 품었다. 그리고 조용히 기도를 올리고 잠자리에 들었다. 다음 날 아침 아버지의 병은 깨끗이 나았다. 병원 검사 결과는 전부 음성으로 나왔다.

이런 종류의 치유는 항상 일어난다. 사실 이 이야기는 모두 꾸며 낸 것이다. 아들은 보석상에게 고풍스러운 반지를 산 다음 길거리에서 주운 나뭇조각을 끼워 아버지에게 주었다.

길거리에 뒹굴던 나뭇조각이 아버지의 병을 고친 건 아니라는 사실을 우리 모두 알고 있다. 아버지의 머릿속에서 병이 나으리라는 생각이 강력하게 일어난 데다, 완전히 나을 것이라는 기대감이 마음 속에 부풀어 오른 덕분이었다. 상상력이 믿음 또는 주관적인 감정과 합쳐지면 잠재의식 안에 있는 치유력이 샘솟아 병을 고친다.

아버지는 그 반지가 가짜라는 걸 영영 몰랐다. 알았다면 병이 재발했을 것이다. 하지만 그 이야기를 믿은 아버지의 결핵은 완치되어 재발하지 않았다. 그리고 15년 후에 89세를 일기로 세상을 떠났다. 사망 원인은 전혀 다른 것이었다.

매개체가 무엇이건
병을 고치는 건 잠재의식이다

전 세계에서 수많은 대체 의학이 행해지며 놀라운 치유력을 발휘하고 있다. 여기서 도출할 수 있는 명백한 결론은 모든 대체 의학을 관통하는 공통적인 치유 원리와 과정이 있다는 것이다. 실제로도 그렇다. 여기서 치유 원리란 잠재의식을, 치유 과정은 믿음을 뜻한다. 다음의 진리를 곰곰이 생각해 보자.

- 모두에게는 현재의식과 잠재의식이라는 두 가지 정신 기능이 있다.
- 잠재의식은 암시를 끊임없이 받아들인다.
- 잠재의식은 신체의 기능과 상태 그리고 감각을 완전하게 관장한다.

앞 장에서 살펴보았듯이 최면 상태에 있는 피술자에게 질병에 걸렸다고 암시를 걸면 대부분에게서 병의 증상이 나타난다. 최면에 걸린 피술자에게 어떤 암시를 주느냐에 따라 고열이 나거나 얼굴에 홍조가 올라오거나 오한을 느낄 수 있다. 피술자에게 몸이 마비되어 걸을 수 없다는 암시를 걸면 그는 정말 걸을 수 없게 된다.

코 밑에 찬물이 담긴 물컵을 들이대면서 피술자에게 "이 컵에는 후춧가루가 가득 담겨 있습니다. 냄새를 맡아 보세요!"라고 말하면 몇 번이고 크게 재채기를 할 것이다. 왜 재채기가 났다고 생각하는가? 재채기를 일으킨 건 과연 후춧가루일까, 암시일까?

풀 알레르기가 있는 사람에게 최면을 걸고 인조 풀이나 빈 컵을 갖다 대면서 그것이 풀이라고 말하면 알레르기 증상이 나타난다. 이는 병의 증상이 나타나는 이유가 잠재의식에 있음을 보여 준다. 잠재의식은 증상을 불러일으킬 수도, 사라지게 할 수도 있다.

정골요법, 카이로프랙틱, 기 치료, 침술, 자연요법 등의 대체 요법은 놀라운 치유 효과를 지닌다. 세계 각지에서 행해지는 여러 종교적 의식과 의례도 마찬가지다. 대체 요법, 종교의식 등 매개체가 무엇이건 병을 고치는 건 잠재의식이다. 그 자리에 치료사가 있었을 뿐이다.

손가락을 베었을 때 잠재의식이 어떻게 손가락을 치유하는지 주의를 기울여 보자. 잠재의식은 손가락을 어떻게 치유해야 하는지 정확히 알고 있다. 의사는 상처를 소독하면서 "자연적으로 나을 거예요"라고 말한다. 여기서 '자연'은 자연의 법칙, 즉 잠재의식의 법칙을 일컫는다. 자연의 제1법칙은 자기 보존의 법칙인데, 자기 보존은

잠재의식의 가장 중요한 기능이기 때문이다. 자기를 보존하려는 본
능은 가장 강력한 자기 암시다.

치유가 일어나는 원리는 믿음이다

여러 종파와 기도요법 단체는 다양한 치유 이론을 발전시켜 왔다.
그러한 요법을 써서 효과를 본 사람들은 효과가 있으니 그들의 이론
을 참이라고 주장한다. 하지만 지금까지 살펴보았듯이 이론이 참이
라서 효과를 본 건 아니다.

잘 알다시피 세상에는 다양한 종류의 치유 기법이 존재한다. 파
리에서 활동한 오스트리아 의사 프란츠 안톤 메스머는 환자에게 자
석을 갖다 대면 기적적으로 병이 치유된다는 사실을 발견했다. 또한
유리와 금속 조각을 이용하여 병을 치료하기도 했다. 시간이 지나면
서 그는 물건을 사용하지 않고 맨손을 환자의 몸에 갖다 댐으로써
병을 고치기 시작했다.

그는 치유력이 '동물자기動物磁氣'에서 나온다고 주장했다. 프란츠
안톤 메스머의 이론에 따르면 동물자기란 시술자로부터 피술자에게
흐른다고 생각되는 액체 혹은 힘으로, 동물자기라는 유도체가 치료
자의 손에서 환자의 체내로 들어간다고 했다.

이 치유 요법은 메스머의 이름을 빌려 '메스머리즘'이라고 불렸
다. 오늘날에는 흔히 최면술로 알려져 있다. 다른 의사들은 메스머가

승승장구하는 데 질투를 느껴, 암시의 힘으로 병을 치료했을 뿐이라고 주장했다. 하지만 암시의 힘이 병을 어떻게 치료했는지를 논리적으로 정확하게 설명할 수 있는 사람은 아무도 없었다.

정신과 의사부터 심리 상담사, 접골사, 척추지압사, 의사, 종교인까지 사람을 치유하는 모든 이들은 잠재의식에 있는 보편적인 힘을 사용하여 병을 치료한다. 주장하는 이론도 제각기 다르지만, 실상 그 이론은 진실과는 거리가 멀다. 모든 치유 과정은 '믿음'이라는 확고하고 긍정적인 태도나 사고방식에서 나온다. 잠재의식에 불어넣은 강력한 암시는 병이 나으리라는 확신에 찬 기대감으로 바뀌어 치유력을 끌어낸다.

저마다 나름의 이론과 방법을 가지고 있지만 치유가 일어나는 원리는 단 한 가지, 바로 믿음이다. 그리고 세상에는 잠재의식이라는 단 하나의 치유력만이 존재한다. 믿음을 가지면 분명 효과를 볼 것이므로, 마음에 드는 이론이나 신념, 방법을 택하면 된다.

믿음은 항상 기적을 낳는다

필리푸스 파라셀수스는 스위스의 연금술사이자 의사로, 놀라운 치유 능력으로 당대에 이름을 떨쳤다. 파라셀수스는 다음과 같은 말을 했는데 오늘의 관점에서 보면 틀렸다고 반박할 수 없는 과학적 사실이다.

"믿는 대상이 진짜든 가짜든 효과는 같을 것입니다. 성 베드로 자체가 아닌 성 베드로 상을 믿어도 성 베드로 성인을 믿는 것과 같은 효과를 얻을 수 있습니다. 외부의 대상을 믿는 건 과학적이고 합리적인 근거가 없는 미신이지만, 내면의 믿음은 진정한 기적을 일으킵니다. 믿음이 진짜든 가짜든, 믿음은 항상 기적을 낳습니다."

16세기의 이탈리아 철학자 피에트로 폼포나치도 파라셀수스와 같은 관점을 견지했다.

"자신감과 상상력이 놀라운 효과를 발휘한다는 사실을 쉽게 이해할 수 있습니다. 특히 영향을 미치는 대상과 영향을 받는 사람이 자신감과 상상력을 주고받을 때 그 효과는 배가됩니다."

성물을 만져서 병이 치유된 게 아니라 상상력과 자신감이 병을 낫게 한 것이다. 유사 과학자나 현자는 성인의 유골 대신 다른 사람의 유골을 들이밀더라도 병자가 치유의 영험을 경험하리라는 걸 알고 있다. 병자는 그 유골을 성물이라 믿기 때문이다.

그렇다면 이것이 의미하는 바는 무엇일까? 호주에 사는 내 친척이 나뭇조각의 효력을 믿었듯이, 성인의 유골이나 성수의 치유력을 믿는다면, 잠재의식에 암시의 힘이 강력하게 발휘되어 원하는 결과를 얻을 수 있다. 실제로 몸을 치유하는 건 잠재의식이다.

믿음과 기대가 강력한 암시로 작용한다

이폴리트 베르넹은 20세기 초 프랑스 낭시에서 활동했던 의대 교수다. 그는 잠재의식의 힘 덕분에 의사의 암시가 환자에게 영향을 미칠 수 있다는 이론을 주창했다.

베르넹은 혀가 마비된 남성의 이야기를 들려주었다. 그는 혀를 움직이게 하려고 온갖 종류의 치료를 해보았지만 아무런 진척이 없었다. 어느 날 의사는 병을 낫게 할 새로운 도구를 발견했다. 의사는 환자의 입에 조그만 온도계를 넣었다. 환자는 이 도구가 병을 낫게 하리라고 상상했고, 잠시 후 그는 혀를 자유롭게 움직일 수 있었다. 환자는 드디어 병이 치유되었다는 기쁨에 벅차올라 눈물을 흘렸다.

베르넹은 다음과 같이 설명했다.

"비슷한 이야기는 주변에서 얼마든지 찾을 수 있습니다. 4주 동안 말을 못 하던 어린 소녀가 저에게 찾아왔습니다. 진찰을 마친 후 저는 전기치료를 하면 실어증이 금방 나을 수 있다고 학생들에게 말했습니다. 한마디로 암시의 힘이 플라세보 효과를 발휘해 병이 낫는다는 거지요. 저는 전기 유도기를 가져와 소녀의 후두에 손을 얹고 약간 움직이면서 '자, 이제 소리를 내서 말할 수 있을 거예요. a와 b, 마리아라고 말해 보세요'라고 했습니다. 소녀는 또렷하게 말할 수 있었습니다. 실어증은 사라졌지요."

이 이야기는 환자의 믿음과 기대가 잠재의식에 강력한 암시로 작용한다는 걸 보여 준다.

암시로 수포가 생기고 피가 나다

베르넹은 환자의 등에 우표를 붙이고 봉침이라고 암시를 걸어 수포를 생기게 한 적도 있다고 했다. 전 세계 의사들에게서도 비슷한 현상을 경험한 사례가 보고되고 있다. 언어적 암시로 환자의 몸에 구조적 변화를 일으킬 수 있다는 건 의심할 여지가 없는 사실이다.

암시를 걸면 피가 나거나 흉터에 피가 맺히는 일도 있다. 이를 증명하기 위해 베르넹은 피술자에게 최면을 건 후 다음과 같은 암시를 주었다.

"오늘 4시에 최면에서 깨면 제 사무실로 와서 안락의자에 앉아 팔짱을 낍니다. 그러면 코피가 날 것입니다."

그날 오후 젊은 피술자는 베르넹이 말한 그대로 했다. 그리고 팔짱을 끼자마자 왼쪽 콧구멍에서 피가 뚝뚝 떨어졌다.

다른 환자가 최면에 빠졌을 때 베르넹은 끝이 둔탁한 기구로 환자의 이름을 팔에 쓰면서 이렇게 말했다.

"오늘 오후 4시에 잠이 듭니다. 이름을 쓴 자국에 피가 맺혀 팔에 이름이 드러나 보일 겁니다."

그리고 오후에 환자를 주의 깊게 관찰했다. 4시가 되자 그는 잠이 들었다. 왼팔에는 이름이 선명하게 드러났고 몇 군데는 핏방울이 맺혀 있었다. 글자는 점점 희미해졌지만 3개월이 지난 후에도 흔적이 남아 있었다.

이 사실들은 앞서 언급한 두 가지 기본 명제가 옳다는 것을 증명한다. 즉 잠재의식은 언제나 암시의 힘에 복종하고, 신체의 기능과 감각, 조건을 완전히 통제한다는 것이다.

앞서 살펴본 사례는 암시가 유발한 비정상적인 상황을 생생하게 보여 준다.

- 잠재의식에 치유력이 있다는 걸 자주 떠올려라.

- 믿음은 땅에 심은 씨앗과 같다. 콩 심은 데 콩 나고 팔 심은 데 팔 난다. 씨를 뿌리듯 마음에 아이디어를 심고 물과 비료를 주듯 기대감을 품으면 아이디어가 실현된다.

- 책이나 각본을 쓰고 발명품을 만들어 내는 아이디어는 마음에 실재한다. 이미 마음속에 있기 때문에 그런 아이디어가 떠오르는 것이다. 아이디어나 계획, 발명품에 현실성이 있다고 믿어라. 믿으면 현실이 된다.

- 다른 사람을 위해 기도할 때는 온전하고 아름다우며 완벽한 상태를 아는 나의 내면이 상대의 잠재의식 안에 있는 부정적인 패턴을 바꾸고 놀라운 결과를 가져오리라고 믿어야 한다.

- 여러 성지에서 기적적인 치유가 일어난 이유는 잠재의식의 상상력과 맹목적인 믿음이 치유력을 발산시켰기 때문이다.

- 모든 질병은 마음에서 비롯된다. 정신적인 사고 패턴이 몸의 병을 만들어 낸다.

- 최면 상태에서 암시를 걸면 거의 모든 병의 증상을 나타나게 할 수 있다. 이는 생각의 힘을 보여 주는 예다.

- 몸을 치유하는 유일한 과정은 믿음이고, 그 치유력은 바로 잠재의식에 있다.

- 믿는 대상이 진짜건 가짜건 결과를 얻을 것이다. 잠재의식은 마음속 생각에 반응한다. 결과를 얻으려면 믿음을 마음속에 있는 생각이라고 여기는 것만으로도 충분하다.

5

목적 있는 과학적 기도, 확언

생각의 고정된 틀에서 벗어나 새로운 방식으로 계획을 세우자. 모든 문제의 답과 해결책은 언제나 존재한다.

치유를 일으키는 건 무엇인가? 치유력은 어디에 있고 실생활에서 어떻게 활용할 수 있을까? 모두가 관심을 가지는 중요한 질문이다. 답은 하나다. 치유력은 모든 사람의 잠재의식에 깃들어 있다.

아픈 사람이 태도를 바꾸면 치유력이 발산된다. 병을 고치는 건 마음 치료사나 종교학자, 심리 상담사, 정신과 의사 또는 의사가 아니다. "상처를 치료하는 건 의사지만 상처를 치유하는 건 하나님이시다"라는 옛말이 있다.

심리 상담사나 정신과 의사는 마음의 장벽을 없애 치유의 원리가 작동할 수 있게 하고, 환자를 건강하게 회복시킨다. 마찬가지로 외과 의사는 신체의 장벽을 없애 치유력이 몸 안에서 막힘없이 흐를 수 있게 한다. 하지만 내과 의사나 외과 의사, 정신 건강 전문가가 "환자의 병을 고쳤다"라고 주장할 수는 없다. 세상에는 단 한 가지의 치유력만이 존재하기 때문이다. 자연, 생명, 창조적 지성 등 치유력을 지칭하는 방식은 다를지라도 세상에 치유력은 단 하나밖에 없다. 바로 잠재의식의 힘이다.

앞서 살펴본 바와 같이 내 안에 있는 생명의 원리가 막힘 없이 흐를 수 있도록 정신과 감정, 신체의 장벽을 제거하는 방법은 수없이 많다. 잠재의식에 내재한 생명의 원리는 나 자신과 타인에게로 흘러 몸과 마음의 병을 낫게 한다. 이러한 치유 원리는 종교나 피부색, 인종과는 관계없이 보편적으로 작용한다. 그래서 치유의 힘을 느껴 보려고 특정한 교회에 다닐 필요는 없다. 무신론자거나 사물의 존재나 본질은 인식 불가능하다고 생각하는 불가지론자라 할지라도 잠재의식은 손에 입은 화상이나 상처를 낫게 할 것이다.

현대의 정신 치료법은 무한한 지성과 잠재의식의 힘이 믿음에 따라 움직인다는 사실에 기초를 두고 있다. 즉 마음을 진정시키고 긴장을 풀고 모든 걸 내려놓은 다음 무한한 내면의 치유력에 관해 생각하는 것이다. 마음의 문을 닫아걸어 외부의 잡음을 차단한 후 잠재의식의 지성이 필요한 것을 마련해 줄 것이라는 생각을 가지고 요구와 소망을 잠재의식에 조용히 전한다.

가장 놀라운 건 원하는 결말을 상상하고 현실로 느끼면 무한한 생명의 원리가 현재의식의 선택과 요구에 응답한다는 것이다. 이게 바로 현대의 정신과학 전문가들이 기도요법에서 사용하는 원리다.

이 세상에는 삼라만상을 관통하는 보편적인 치유 원리가 있다. 우리는 의식적으로 치유 원리가 작용하는 방향을 조정하여 치유의 축복을 누린다. 우주의 치유력에 접근하는 수많은 방식과 기술, 방법이 있지만 치유는 '믿음'을 통해서만 일어난다.

전 세계의 종교는 각기 다른 대상을 믿는다. 그리고 종교의 믿음은 여러 방식으로 설명할 수 있다. 생명의 법칙은 곧 믿음이다. 자신, 삶 그리고 우주에 관해 어떤 믿음을 가지고 있는가? 무엇이든지 믿음으로 구하는 것은 얻을 것이다.

믿음이란 마음속에 품고 있는 생각으로, 평상시의 생각은 잠재의식의 힘이 삶의 모든 국면에 어떻게 발휘되느냐를 결정한다. 성경에 나오는 '믿음'이란 종교의식이나 전례, 형태, 제도, 방식에 관한 믿음이 아니라 믿음 그 자체라는 사실을 알아야 한다. 마음이 가진 생각이 바로 믿음이다.

"믿는 사람에게는 모든 일이 가능하다."(마가복음 9장 23절)

나에게 상처를 주거나 해를 끼칠 수 있는 대상을 믿는 건 어리석은 일이다. 하지만 나에게 상처를 주고 해를 끼치는 것은 어떠한 대상이 아니라 그 대상에 대해 품는 믿음이나 생각이라는 걸 명심해야 한다. 모든 경험과 행동, 살면서 겪은 사건이나 상황은 생각의 반영이자 잠재의식의 반응에 지나지 않는다.

현재의식과 잠재의식은 과학적으로 기능한다

기도나 명상 요법은 현재의식과 잠재의식이 명확한 목표를 향해 서로 발맞추어 조화롭게 움직이도록 한다. 과학적인 기도요법을 따를 때는 지금 무슨 기도를 하는지, 왜 이 기도를 하는지 알아야 하고, 치유의 법칙을 믿어야 한다. 기도나 명상 요법은 정신·심리 치료라고 하기도 하고, 그 효과가 과학적으로 입증되었다는 뜻에서 '과학적 기도'라고 불리기도 한다.

기도나 명상 요법에서는 경험하고자 하는 특정한 생각이나 심상 또는 계획을 의식적으로 선택한다. 선택한 일이 실제로 일어나리라고 느끼면서 아이디어나 심상을 잠재의식에 주입할 수 있는 능력이 내 안에 있다는 걸 깨닫는 일이다. 이런 태도를 꾸준히 유지하면 기도나 명상은 응답을 받는다. 기도나 명상 요법은 명확한 목적을 이루기 위한 명확한 정신적 행위다.

기도나 명상 요법을 활용하여 어떤 문제를 해결하기로 했다고 가정해 보자. 잠재의식에 도사리고 있는 공포가 부정적인 생각으로 이어지고, 부정적인 생각이 문제나 질병을 일으켰다는 걸 깨닫는다. 그리고 이런 생각을 마음속에서 깨끗이 지우면 문제를 해결하고 질병을 치유할 수 있다는 걸 알게 된다.

그렇기에 잠재의식의 치유력에 의지해야 하고, 잠재의식의 무한한 힘과 지성이 모든 병을 고친다는 걸 떠올려야 한다. 이러한 진리를 곱씹기 시작하면 두려움은 사라지기 시작한다. 잠재의식이 질병을 치유한다고 계속 생각하다 보면 그릇된 믿음을 버리는 날이 오게 마련이다.

그러니 언젠가는 병이 치유되리라 믿고 감사를 드리자. 그런 다음 기도나 명상을 다시 하고 싶어질 때까지 일정 기간 문제에 대해 신경 쓰지 말아야 한다. 그동안 부정적인 생각이 비집고 들어설 틈을 주거나 치유가 일어나지 않을 거라는 일말의 의심도 해서는 안 된다. 이러한 마음가짐으로 잠재의식과 현재의식을 조화롭게 결합하면 치유력이 발산된다.

신앙 치유에서 '신앙'이란 성경에서 흔히 말하는 현재의식과 잠재의식의 상호작용에 관한 지식을 말하는 게 아니다. 치유의 은사자는 치유력에 대한 과학적인 이해 없이 병을 치료하는 사람이다. 스스로 특별한 은사를 받았다고 주장하겠지만, 그들을 향한 병든 이들의 맹목적인 믿음이 치유를 일으켰을지도 모르는 일이다.

전 세계의 전통 치료사들은 춤을 추거나 주문을 외우고 영혼을 소환하여 병을 고쳤다. 성인의 유물을 만진다든가, 의식을 치르기 위해 특별한 옷을 입는다든가, 성스러운 향을 피우고 초를 밝힌다든가, 탕약을 달여 마셔서 병을 치료했다. 어떤 방법을 쓰든 간에 그 방법이 정말 효과가 있으리라고 환자가 믿는다면 치유될 확률이 높다.

두려움과 걱정을 버리고 믿음과 기대를 품게 하는 방법은 무엇이든 치유력이 있다. 어떤 사람은 자신이 낳은 결과물을 보라면서 자신의 이론이 틀림없다고 주장한다. 하지만 앞서 살펴본 바와 같이 이러한 주장은 옳지 않다.

맹목적인 믿음이 어떻게 작동하는지 설명하기 위해 스위스 의사 프란츠 안톤 메스머의 사례로 돌아가 보겠다. 1776년 그는 환자의 몸에 자석을 문질러 수많은 사람의 병을 고쳤다고 주장했다. 앞 장에서 언급한 것처럼 메스머는 어느 순간부터 자석을 사용하지 않기 시작했고, 대신 손으로 환자를 훑었다. 환자들의 병은 변함없이 치유되었다.

새로운 방법이 성공을 거두자 그는 논리적 설명을 덧붙이기 위해 '동물자기론'을 발전시켰다. 그는 자성이 우주에 퍼져 있고 인간 유기체에서 가장 활발하게 작용하는 유체라고 했다. 그는 이 자성 흐름이 자신의 손을 통해 환자의 몸으로 전달되어서 치유를 일으킨다고 했다. 수많은 사람이 병을 고치기 위해 안톤 메스머를 찾았고, 기적적인 치유가 일어났다.

그 후 메스머는 본거지를 파리로 옮겼다. 당시 프랑스 정부는 그의 치료법을 조사하기 위해 저명한 의사들과 과학 한림원 회원들로 구성된 위원회를 꾸렸다. 벤저민 프랭클린도 한림원 회원이었다. 이들은 철저한 조사를 마친 후 메스머의 치료법이 효과가 있다는 걸 인정했다. 하지만 자성을 띤 흐름이 병을 낫게 한다는 이론이 옳다는 사실을 입증할 증거는 어디에도 없었다. 그래서 위원회는 환자의 상상력이 치유 효과를 냈다는 결론을 내렸다.

이후 메스머는 프랑스에서 추방당했고, 1815년에 세상을 떠났다. 얼마 지나지 않아 영국 맨체스터의 제임스 브레이드 박사는 자성의 흐름이 병을 치료한 게 아니라는 내용의 연구를 시작했다. 브레이드 박사는 환자에게 암시를 걸면 최면 상태에 빠지는 걸 발견했다. 그리고 환자가 최면 상태에 들어가면 메스머 박사가 '동물자기'라고 주장한 신비한 현상들을 일으킬 수 있었다.

환자의 생생한 상상력과 강력한 암시가 잠재의식에 전해져 치유가 일어났다는 사실은 의심할 여지가 없다. 환자도 시술자도 어떻게 병이 나았는지를 이해하지 못했기 때문에 '맹신'이라고 불러도 무리가 없을 것이다.

주관적인 믿음은 수동적인 상태에서 발현된다

주관적인 마음(잠재의식)은 객관적인 마음(현재의식)뿐만 아니라 다른 사람의 암시도 받아들인다. 능동적이든 수동적이든 어떤 객관적인 믿음이 있다면 암시가 잠재의식을 지배하여 소망이 실현된다.

정신적 치유를 위해서는 주관적인 믿음(잠재의식)이 객관적인 마음(현재의식)에 적극적으로 반대하지 못하게 하는 것이 필요하다. 질병을 효과적으로 치료하기 위해서는 현재의식과 잠재의식 모두 믿음을 완전히 받아들이는 상태에 놓는 게 좋다. 하지만 그런 상태에 도달하지 못했다고 낙담하지 않아도 된다. 마음과 몸의 긴장을 풀고 잠이 오게 내버려 두면 몸과 마음은 수동적이고 수용적인 상태가 되어 주관적인 인상을 쉽게 받아들인다.

어느 날 한 남성이 내게 와서 치료의 신비에 대해 물었다.

"그 목사님은 어떻게 제 병을 치료하셨을까요? 목사님이 제게 그 병은 이제 없다고 말씀하셨을 때 믿을 수가 없었어요. 저를 놀리고 있다고 생각했지만, 저는 깨끗이 나았습니다. 어쩜 그런 일이 생길 수 있죠?"

이 남성에게 해준 설명을 여기 적는다. 원리는 간단하다. 목사는 먼저 위로의 말을 건네며 그를 달랬다. 마음이 진정된 그에게 아무런 말도 생각도 하지 말 것을 지시하고, 완전히 수동적인 상태가 되도록 이끌었다. 목사는 곁에서 그가 온전한 건강과 평화, 조화, 완전함을 누릴 것이라고 낮은 목소리로 차분하게 30분 동안 반복적으로 확언했다. 30분 동안의 확언이 끝나자 그의 마음속 걱정은 사라졌고 결국 건강도 회복되었다.

주관적인 믿음이 수동적인 상태에서 발현된다는 걸 이 사례를 통해 알 수 있다. 건강을 완벽하게 되찾으리라는 암시가 잠재의식에 전달되었고, 두 사람의 주관적인 마음이 동시에 맞아떨어졌다.

만약 목사가 정말 병을 치료할 수 있는지, 이론이 옳긴 한 건지 현재의식이 의구심을 품었다면 아마 정반대의 자기 암시로 작용했을 것이다. 목사의 암시를 막는 장애물이 생기거나 암시가 전혀 먹히지 않았을 것이다. 하지만 졸리고 몽롱한 상태에 빠지자 현재의식의 저항은 최소한이 되었고, 잠재의식은 목사의 암시를 받아들였다. 잠재의식이 암시를 따른 결과 병이 치유된 것이다.

마음은 언제 어디서나 존재한다

만약 당신이 LA에 살고 있는데 뉴욕에 사는 어머니가 매우 아프다고 가정해 보자. 일을 그만두고 당장 어머니를 뵈러 가야겠다는 생각이 가장 먼저 들 것이다. 하지만 현실적으로 불가능하다면 어떻게 해야 할까? 어머니가 회복하는 데 멀리 떨어져 있는 내 믿음의 힘은 도움이 될 리 없다며 포기해야 할까?

아니다. 비록 어머니 곁에 있지 않더라도 기도는 어머니께 닿을 수 있다. '내 안에 계신 그분'이 그 일을 행하시기 때문이다. 세상에는 단 하나의 창조적인 마음만이 존재하고 창조적인 마음의 법칙은 나를 위해 작용한다. 내가 해야 할 일은 마음속에서 건강과 조화가 실현되도록 유도하는 것이다.

건전하고 조화로운 생각을 유도하면 자동으로 반응이 나온다. 어머니가 건강을 되찾으리라는 생각을 하면 내 잠재의식이 어머니의 잠재의식을 작동시킨다. 건강, 활력, 온전함에 관해 생각하면 하나의 우주의 주관적인 마음이 이러한 생각을 실현하고, 이러한 생각은 주관적인 생명의 법칙에 따라 어머니의 신체를 통해 치유라는 형태로 드러난다.

마음의 원리는 시공간을 뛰어넘는다. 지금 어디에 있든 하나의 마음이 어머니와 내 안에 흐르고 있다. 현장 치료의 반대되는 개념이자 환자가 그 자리에 없어도 치료하는 '부재 치료'라는 건 사실 존재하지 않는다. 우주적인 마음은 언제 어디서나 존재하기 때문이다. 생각이 의식적으로 움직이면서 치유가 일어나므로 생각을 내쫓거나 무리하게 잡으려고 해서는 안 된다. 건강, 안녕, 휴식과 같이 좋은 것만 생각하면 어머니도 긍정적인 일을 다시 체험하고 치유될 것이다.

다음은 부재 치료라고 오해하기 쉬운 사례다. LA에 사는 한 여성은 뉴욕에 있는 어머니가 관상동맥 혈전증에 걸렸다는 소식을 들었다. 그러나 당장 어머니에게 달려갈 수 없었기에 이렇게 확언했다.

> 치유의 힘이 어머니와 함께 합니다. 어머니의 몸 상태는 화면에 보이는 영상처럼 삶에 대한 생각이 반영된 것입니다. 화면 속 이미지를 바꾸려면 주체를 바꿔야 함을 알고 있습니다. 이제 저는 어머니의 온전함, 조화, 완벽하게 건강한 이미지를 제 마음속에 투영합니다. 어머니의 몸과 모든 장기를 창조한 무한한 치유의 힘이 이제 어머니 몸의 원자에 가득하고 평화의 강이 세포를 통해 흐릅니다. 의사들은 신성한 인도와 지시를 받고 있으며 어머니를 만지는 사람은 누구든지 옳은 일을 하도록 인도를 받습니다.
>
> 나는 이 병에 절대적인 힘이 없음을 알고 있습니다. 만약 절대적인 힘이 있다면 그 누구도 병을 고치지 못할 것이기 때문입니다. 나는 이제 사랑과 생명의 무한한 원리를 따릅니다. 조화와 건강, 평화가 어머니의 몸에서 발현되고 있음을 압니다.

딸은 하루에도 몇 번씩 확언했다. 며칠이 지난 후 어머니는 놀라운 회복세를 보였다. 심장 전문의는 깜짝 놀랐고, 딸의 신실한 믿음에 박수를 보냈다.

딸은 어머니가 회복되리라는 생각을 마음속에 받아들였고 딸의 굳건한 믿음이 우주의 잠재의식으로부터 창조적 에너지를 끌어냈다. 그러자 믿음이 어머니의 신체에 온전한 건강과 조화라는 모습으로 나타났다. 진정으로 이루어지리라 믿었던 내용이 어머니의 경험에 드러난 것이다.

심리학자인 내 친구는 조직 검사 결과 주요 기관에 암세포가 있다는 걸 알았다. 암 전문의는 고통스럽고 위험한 치료를 권했다. 의사에게 치료를 시작하자고 하기 전에 그는 다른 방법을 먼저 시도하기로 했다. 매일 밤 잠들기 전 고요한 목소리로 이렇게 확언했다.

모든 세포, 신경, 조직, 기관이 온전하고 깨끗하며 완벽할 정도로 건강합니다. 나의 몸은 건강하고 조화롭게 회복되고 있습니다.

한 달 정도가 지나자 암이 깨끗하게 나았다. 검사를 해보아도 암세포는 전혀 발견되지 않았다.

나는 이 이야기에 큰 감명을 받았다. 동시에 호기심도 일었다. 나는 친구에게 왜 하필 잠들기 전에 확언한 거냐고 물어보았다.

"일단 한 방향으로 잠재의식이 작동하기 시작하면 자는 동안에도 잠재의식은 계속 그 방향으로 움직이기 때문이지. 그래서 잠들기 전에 잠재의식에게 유익한 일거리를 줘야 해."

아주 현명한 대답이었다. 친구는 조화와 온전한 건강에 관해 생각하는 동안에는 자신의 병명을 말하지 않았다고 한다. 나는 병명을 입에 올리거나 절대 병에 이름을 붙이지 말라고 했다. 자기 전에는 더더욱 그렇다. 병에 신경을 쓰거나 병을 두려워할 때 그 생각이 인생을 갉아먹는다.

내 친구 심리학자처럼 '마음의 외과 의사'가 되어라. 나무에서 죽은 가지를 쳐내듯이 질병을 쳐내면 병이 치유된다. 반면 통증과 증상을 끊임없이 입 밖으로 꺼낸다면 통증과 증상에 힘을 실어 주는 꼴밖에 되지 않는다. 치유력과 에너지를 발산하는 잠재의식의 활발한 활동을 막게 된다. 게다가 심상을 떠올리면, 심상은 구체적인 형태를 갖추기 시작한다. 이게 바로 마음의 법칙이다. 마음을 위대한 생명의 진리로 채우고, 사랑의 빛이 펼쳐진 앞으로 나아가라.

- 나를 치유하는 것이 무엇인지 알아보자. 잠재의식에 올바른 지시를 내리면 마음과 몸이 치유되리라는 것을 깨달아야 한다.

- 명확한 계획을 세워 잠재의식이 요구를 충족하고 소망을 이룰 수 있게 하자.

- 원하는 결말을 상상하고 실제처럼 느껴 보자. 상상과 느낌을 따르면 원하는 결과를 반드시 얻을 수 있다.

- 믿음이 무엇인지 스스로 규정하라. 믿음은 마음에 있는 생각이고 생각하는 건 실제로 일어난다.

- 질병이 나에게 상처를 주거나 해를 끼칠 수 있다고 믿는 건 어리석은 일이다. 온전한 건강과 번영, 평화, 부를 누리고 하나님이 그 길을 인도해 주시리라 믿어라.

- 위대하고 숭고한 생각을 습관적으로 반복하면 위대하고 숭고한 행동으로 이어진다.

- 기도요법의 힘을 삶에 적용하라. 명확한 계획이나 아이디어, 심상을 선택하고 정신적, 정서적으로 그 아이디어와 하나가 되어라. 이런 태도를 꾸준히 유지하면 기도는 응답을 받는다.

- 진정으로 치유력이 필요하다면 믿음을 통해서만 치유력을 발산시킬 수 있다는 사실을 잊지 말아야 한다. 여기서 믿음이란 현재의식과 잠재의식의 작동원리를 이해하는 것을 말한다. 믿음은 현재의식과 잠재의식의 이해에서 나온다.

- 맹목적인 믿음이란 치유력을 과학적으로 이해하지 않고도 병이 치유되는 것을 뜻한다.

- 사랑하는 사람이 병으로 고통받고 있다면, 그를 위해 기도할 때 우선 마음을 차분히 하라. 사랑하는 사람이 건강하고 활력이 넘치며 완벽한 상태에 있다고 생각하면 상대방은 우주의 주관적인 마음을 통해 그 생각을 느낄 수 있고, 이는 곧 마음에 나타난다.

6

반드시 응답받는 다양한 기도법

❈

나는 영혼(잠재의식)을 지휘하는 선장이자 운명의 주인이다. 내게
선택할 힘이 있음을 잊지 말자. 삶을 선택하자. 건강을 선택하자.
행복을 선택하자!

다리를 건설하거나 우주선을 설계할 때, 엔지니어는 잘 알려지고
익숙한 설계 기법과 숙련된 기술을 사용하며 정해진 순서를 따른다.
그래서 필요한 기법과 기술, 순서를 반드시 학습해야 한다. 삶도 마
찬가지다. 삶을 다스리고 통제하며 지휘하는 데 필요한 기법과 기술
그리고 순서가 있다. 먼저 이런 순서와 기법을 익혀야 한다.

금문교를 건설할 때 엔지니어들은 먼저 수학적 원리와 응력, 변형
을 이해했다. 그리고 샌프란시스코만을 가로지르는 다리의 이상적
인 모습을 마음속으로 그려 보았다. 마지막으로는 앞서 살펴본 원리
를 적용한, 믿을 수 있다고 검증된 방법을 사용했다. 이렇게 3단계를

거치자 다리가 모습을 드러냈고, 수많은 차량이 다리를 건널 수 있게 됐다.

마찬가지로 기도의 응답을 받고 싶다면 적절한 기법과 순서를 따라야 한다. 기도는 과학적인 방식으로 응답한다. 세상은 질서와 법칙이 지배하기 때문에 우연히 일어나는 일은 아무것도 없다. 이 장에서는 영적인 삶을 펼쳐 나가고 그 삶에 자양분을 공급하는 실질적인 기법을 소개한다. 기도가 풍선처럼 공중에 둥둥 떠다니면 안 된다. 기도는 어딘가에 닿아야 한다. 그리고 기도를 통해 삶에서 무언가를 성취해야 한다.

기도에는 다양한 접근 방식과 방법이 있다. 이 책에서는 종교 의식 중에 이뤄지는 형식적이거나 의례적인 기도는 다루지 않을 것이다. 예배 중에 바치는 기도도 중요하지만, 이 책이 중점적으로 다루려는 기도는 종교적인 기도가 아니라 일상생활에 적용할 수 있고 나자신과 다른 사람을 돕는 데 효과적인 '개인적인 기도'이기 때문이다. 지금부터는 효과적이고 개인적인 기도법을 살펴보겠다.

기도란 성취하고자 하는 무언가를 명확하게 표현한 것이다. 기도는 영혼의 진정한 소망을 반영하기에 기도가 곧 소망이라고 볼 수도 있다. 마음속 깊은 곳에서 무언가를 원할 때 기도가 나오므로 기도는 삶에서 원하는 걸 드러낸다.

"의에 주리고 목마른 사람은 복이 있다. 그들이 배부를 것이다." (마태복음 5장 6절)

이 성경 구절은 기도의 참모습을 보여 준다. 기도란 평화, 조화, 건강, 기쁨 등 인생의 축복에 대한 갈망을 효과적으로 표현한 것이다.

잠재의식을 원하는 결과로
채우는 종료 기법

앞서 살펴본 바와 같이 효과적인 기도의 비밀은 잠재의식을 원하는 결과로 가득 채우는 데 있다. 잠재의식에 원하는 결과를 새기는 가장 쉬운 방법은 현재의식이 잠재의식에 협조하게 하여 잠재의식에 내 요구를 맡기는 것이다. 이를 '종료 기법'이라고 부른다. 이 기법은 꿈을 꾸는 것 같은 상태에서 가장 잘 통한다.

우선 마음속 깊은 곳에 무한한 지성과 무한한 힘이 존재한다는 걸 인지해야 한다. 자신이 원하는 걸 차분하게 생각해 본 후 지금 이 순간부터 그것이 완전한 열매를 맺으리라고 상상해 보자.

기침이 심하고 목이 아팠던 어린 소녀는 단호한 어조로 말했다.

기침이 멎습니다. 기침이 멎습니다.

한 시간 정도가 지나자 정말 기침이 멎고 인후통이 사라졌다. 소녀처럼 종료 기법을 사용해 보자.

마음의 설계자가 되어라

가족이 살 집을 짓고 있다면 집의 설계부터 세심하게 살필 것이다. 그리고 건축업자가 집을 지을 때 설계도의 세부 사항까지 제대로 반영했는지 꼼꼼히 확인하고 건축 자재에도 신경을 쓸 것이다. 사용한 건축 자재의 질에 따라 집에서 보내는 시간의 질이 달라질 수 있음을 알기에 최고급 시멘트와 단열재, 전기 배선, 지붕 등을 선택할 것이다.

행복하고 풍요로운 삶을 살려면 마음의 집과 설계에도 똑같은 주의를 기울여야 하지 않을까? 마음의 집을 짓는 데 사용하는 벽돌의 본질은 인생을 살아가면서 생기는 일과 경험을 결정한다. 설계도에 두려움·걱정·불안·부족 같은 정신적 패턴이 가득하다면, 혹은 풀이 죽어 있고 의심이 많다면, 냉소·고생·근심·긴장·한계라는 자재로 마음의 집을 짓고 있는 것이나 다름없다.

깨어 있는 순간마다 마음에 어떤 집을 짓느냐는 삶의 본질을 결정하고 삶에 지대한 영향력을 미친다. 말은 고요하고 보이지도 않지만, 말에는 진심이 담겨 있다.

우리는 항상 마음의 집을 짓고 있다. 우리가 떠올리는 생각과 심상은 그 집의 청사진이다. 매 순간 떠오르는 생각과 아이디어, 받아들인 믿음, 마음의 숨겨진 무대에서 리허설하는 장면은 눈부신 건강과 성공, 행복이라는 집을 짓는다. 쉴 새 없이 짓고 있는 웅장한 저택은 곧 나의 성격이자 정체성이며, 이 세상에서 써 내려가는 인생 이야기다.

새로운 청사진을 마련하고 지금 이 순간 평화, 조화, 기쁨, 선의를 느끼면서 마음의 집을 짓자. 원하는 것을 자세하게 전하고 요구하면 잠재의식은 청사진을 받아들여 소망을 모두 이루어 준다.

기도의 본질은 믿음이다

과학이란 조직되고 정리되며 체계화된 지식의 본체를 뜻한다. 그렇다면 참다운 기도에는 어떤 과학과 기술이 숨어 있는가?

과학은 지식의 본체로 생명의 근본 원리를 다루고, 나 자신뿐만 아니라 타인이 삶에 충실하게 적용할 수 있는 기법과 과정을 설명한다. 기술이 기법이나 과정을 일컫는 것이라면, 기술에 담긴 과학은 창조적인 마음이 심상이나 생각에 명확하게 반응하는 것을 뜻한다.

"구하여라, 그리하면 하나님께서 너희에게 주실 것이다. 찾아라, 그리하면 너희가 찾을 것이다. 문을 두드려라, 그리하면 하나님께서 너희에게 열어 주실 것이다."(마태복음 7장 7절)

이 유명한 구절이 전하려는 내용은 무엇일까? 구하면 구하는 것을 얻을 수 있고, 문을 두드리면 문이 열리며, 찾으면 찾으려는 것을 발견할 수 있다는 이야기임에는 분명하다. 이 구절은 잠재의식의 무한한 지성이 현재의식의 생각에 직접적으로 응답한다는 정신적·영적 법칙을 담고 있다. 빵을 구하는데 돌을 얻는 일은 없다는 뜻이다.

무언가를 얻으려면 '믿음'으로 구해야 한다. 무엇을 구하려고 하는지 생각하지 않으면 마음은 한 걸음도 움직이지 않는다. 마음속에 떠오르는 심상이 없으면 어디로 나아가야 할지 갈피를 못 잡는 것이다. 잠재의식이 힘을 발휘하여 기도의 열매를 얻으려면 먼저 마음이 기도를 하나의 이미지로 받아들여야 한다. 기도는 결국 정신적인 행위이기에 기도 내용이 내면에서 갈등을 빚지 않고 온전히 수용되어야 한다.

기도는 기쁘고 편안한 상태에서 소망이 실현되리라고 믿으며 올려야 한다. 무한한 지혜와 힘을 가진 잠재의식이 현재의식에 확답을 주리라는 것을 알고 신뢰할 때 진정한 기도의 주춧돌이 놓이게 된다. 다음의 절차를 따르면 기도의 응답을 받을 것이다.

아이디어를 생생하게 그리는
시각화 기법

아이디어를 체계화하는 가장 쉽고 분명한 방법은 아이디어를 시각화하는 것이다. 마치 직접 겪은 것처럼 마음에 아이디어를 생생하게 그리는 게 시각화 기법의 요점이다.

외부 세계에 존재하는 것은 육안으로밖에 보지 못한다. 마찬가지로 눈에 보이지 않는 마음의 영역에 존재하는 건 마음의 눈으로만 볼 수 있다. 마음속에 그린 모든 그림은 내가 소망하던 것의 실체이자 보이지 않는 것이 존재한다는 증거다. 상상 속에서 형태를 만든 것은 현실에서 존재한다. 현실 세계에 존재하는 신체의 한 부분과 다를 바가 없다. 아이디어와 생각은 실재하므로 아이디어를 진정으로 믿는다면 언젠가 객관적인 세계에 드러날 것이다.

이런 사고 과정은 인상을 만들어 내고 마음에 남는다. 마음에 남은 인상은 삶에서 사실과 경험으로 드러난다. 건축가는 자신이 짓고 싶은 건물을 머릿속에 그려 보고, 자신이 원하는 대로 완성된 건물의 모습을 상상한다.

심상과 사고를 떠올리는 과정은 건물의 본을 뜨는 작업에 비할 수 있다. 아름답거나 미관을 해치는 건물일 수도 있고, 초고층 빌딩이나 1층짜리 판잣집일 수도 있지만 어쨌든 건물을 지으려면 어떤 건물을 지을지 시각화해야 한다. 건축가의 심상은 도면 위에 투영되고, 현장 담당과 인부는 필요한 자재를 모아 빌딩을 짓기 시작한다. 건축가가 그린 정신적 패턴에 건물이 완벽하게 부합해야만 작업은 끝이 난다.

나는 청중에게 말을 하기 전에 언제나 시각화 기법을 사용한다. 마음의 수레바퀴를 멈춘 후 잠재의식에 생각의 이미지를 보여 준다. 그리고 강당 전체를 마음속에 그려 본다. 강당은 내면의 무한한 치유력에 눈을 뜨고 감화를 받은 사람들로 가득 차 있다. 빛나고 행복하고 자유로운 모습이 보인다.

상상 속에 이런 아이디어를 먼저 쌓은 후에 사람들이 "병이 나았습니다" "기분이 좋아졌어요" "새로운 사람으로 다시 태어났습니다"라고 말하는 장면을 조용히 상상해 본다. 10분 정도 계속 그 장면을 그려 보면서 청중의 몸과 마음이 사랑과 온전함, 아름다움과 완벽함으로 흠뻑 젖어 있는 것을 느껴 본다. 나의 의식은 수많은 사람이 건강과 행복을 찬양하는 소리가 들리는 지점까지 고조된다. 그리고 마음속에 그린 그림을 내려놓고 연단에 올라간다.

강연을 할 때마다 이런 시각화 기법을 사용하는데 강연이 끝날 때면 나에게 찾아와 기도의 응답을 받았다고 말해 주는 사람이 반드시 있다.

해피엔딩의 주인공이 되는
마음속 영화 기법

'백 번 듣는 것보다 한 번 보는 게 낫다'라는 옛말이 있다. 믿음을 가지고 마음속에 그림을 그리면 잠재의식이 그 그림을 외부 세계에 실현한다는 것을 강조하는 속담이다. 우리는 생각한 대로 된다.

몇 년 전 나는 미국 중서부 여러 주를 돌며 강연을 했는데, 도움이 필요한 사람들에게 봉사할 수 있도록 한곳에 자리 잡기를 바랐다. 여러 지역을 여행했지만 한 도시에 정착하고 싶다는 생각이 머릿속을 떠나지 않았다. 어느 저녁 워싱턴주 스포캔의 호텔방 소파에 누워 휴식을 취한 다음, 나는 주의를 한군데로 모아 마음을 차분하게 가라앉히고 수동적인 상태로 들어갔다. 그리고 많은 청중과 이야기하고 있는 모습을 상상했다. 나는 청중 앞에서 "이 자리에 설 수 있어서 기쁩니다. 오늘처럼 특별한 기회를 달라고 기도했거든요"라고 말했다.

그리고 마음의 눈으로 상상 속의 청중을 보았다. 이 모든 게 현실적으로 느껴졌다. 배우가 되어 마음속에서 영화를 찍은 것이다. 마음속 영화가 잠재의식에 전달되어 그 나름의 방식대로 실현되리라는 생각에 마음이 뿌듯했다. 다음 날 아침 잠에서 깨자 나는 마음이 편안하고 충만해짐을 느꼈다. 며칠 후 중서부 지역에 있는 한 단체의 장을 맡아 주지 않겠냐는 전화를 받았다. 나는 그 제안을 받아들였고, 몇 년간 정말 만족스럽게 일했다.

방금 설명한 방법은 '마음속 영화 기법'이라고 불리기도 한다. 나는 독자나 청중으로부터 마음속 영화 기법을 써서 놀라운 결과를 얻었다는 내용의 편지를 수도 없이 받았다.

마음속 영화 기법은 부동산을 매매할 때 특히 효과가 좋다. 집이나 부동산을 매매할 계획이 있다면, 일단 자신이 정한 가격이 쌍방을 만족시키는 가격이라고 스스로를 납득시켜야 한다. 이 작업을 마치고 나면 마음을 차분히 하고 긴장을 풀며 모든 것을 내려놓는다. 정신적 노력이 최소한으로 들어가는 졸리고 몽롱한 상태로 전환한다. 이제 수표를 손에 쥔 모습을 상상하고 즐거워하면서 집이 팔린 사실에 감사하자. 그리고 마음속 영화를 자연스럽게 느끼면서 잠이 든다.

마음속 영화가 이미 객관적인 현실에서 실현된 것처럼 행동해야 한다. 그렇게 해야 마음속 영화에서 받은 인상이 잠재의식에 새겨진다. 그러면 무한한 지성은 그 부동산을 진정으로 사고 싶어 하고 가치를 누릴 줄 알며 거기서 번영할 수 있는 사람을 끌어당길 것이다. 마음속 깊이 흐르는 잠재의식의 물결은 매도자와 매수자를 한곳에 모으고, 믿음을 바탕으로 마음속의 그림을 현실화한다.

소망을 간단한 문장으로 집약하라

찰스 보두앵은 프랑스 루소 연구소의 교수였다. 저명한 심리치료사이자 뉴 낭시 치유학교의 연구소장이기도 했다. 그는 졸리고 몽롱한 상태에 들어가는 것이 최소한의 노력으로 잠재의식에 인상을 남기는 가장 효과적인 방법이라고 했다. 나른한 상태에 진입하면, 조용하고 수동적이며 수용적인 상태에서 아이디어가 잠재의식에 반영되고 전달되기 때문이다. 보두앵은 이렇게 말했다.

"잠재의식에 아이디어를 주입하는 방법은 아주 간단합니다. 암시를 걸고 싶은 아이디어를 압축해 기억에 쉽게 새겨질 만한 간단한 문장으로 요약하십시오. 그런 후 자장가를 부르듯이 몇 번이고 반복하십시오."

몇 년 전 로스앤젤레스에 사는 젊은 여성이 오랫동안 계속된 가사 소송으로 골머리를 앓고 있었다. 죽은 남편이 전 재산을 그녀 앞으로 남겼지만 전처의 자녀들이 유언 무효 소송을 걸었고 화해 신청

을 거부했다. 그녀가 나에게 도움을 청했을 때, 나는 보두앵 기법을
설명하며 기억에 쉽게 새길 수 있는 몇 단어로 현재의 소망을 집약
해 보라고 했다. 그녀는 "하나님의 섭리에 따라 일이 잘 마무리되었
다"라고 요약했다. 잠재의식의 법칙에 따라 작동하는 무한한 지성이
조화의 원리에 따라 조화로운 결말을 가져다주는 것을 의미했다.

젊은 미망인은 열흘 동안 밤마다 안락의자에 앉아 온몸의 긴장을
풀고 졸린 상태에 들어갔다. 나른한 상태가 되자 천천히 부드럽게
진심을 담아 되풀이했다.

하나님의 섭리에 따라 일이 마무리되었습니다.

이 말을 되뇌니 내면이 평화로워지고 고요해지는 기분이 들었고,
평소처럼 깊은 잠에 빠져들었다.

열흘이 지난 날 아침에 눈을 떴을 때 마음이 편안했고 그 일이 정
말로 마무리 지어졌다는 확신이 들었다. 그날 변호사의 전화가 걸려
왔다. 상대측 변호사와 남편의 자녀들이 합의를 원한다는 것이다. 양
측은 원만한 합의에 도달했고 소송은 기각되었다.

나른한 상태에서 확언을 반복하라

졸리고 나른한 상태가 되면 마음에 최소한의 노력만 쏟으면 된다.

졸린 상태에서 현재의식은 가라앉는 경우가 많다. 왜냐하면 잠들기 전과 잠에서 막 깨어났을 때는 잠재의식이 상층부로 떠오르기 때문이다. 소망을 억누르고 잠재의식이 아이디어를 받아들이는 걸 막았던 부정적인 생각은 나른한 상태에서는 더 이상 존재하지 않는다.

예를 들어 나에게 해로운 습관을 없애고 싶다면 편안한 자세를 취하고 몸의 긴장을 풀자. 움직이지 말아야 한다. 졸린 상태가 되면 그대로 나긋나긋하게 자장가를 부르듯 다음 확언을 반복한다.

나는 이 습관에서 완전히 해방됩니다. 조화와 평화가 내 마음을 가득 채우고 있습니다.

천천히 침착하게 애정 어린 어조로 5~10분간 밤낮으로 되풀이한다. 단어를 반복할 때마다 감정적 가치가 커진다.

해로운 습관이 불쑥 튀어나올 것 같을 때마다 큰 소리로 반복해서 말해 보자. 같은 문장을 반복해서 말하면 잠재의식이 아이디어를 받아들이고 치유가 일어난다.

내 삶에 축복이 들어오는 감사 기도

성경에서 사도 바울은 찬양과 감사를 드려 하나님께 요구 사항을 전달하라고 말한다. 감사를 드리는 기도법은 간단한 데 비해 놀라운 결과를 가져온다. 감사하는 마음은 우주의 창조력과 맞닿아 있어서, 작용과 반작용이라는 우주의 법칙을 기반으로 한 상호관계의 법칙에 따라 크나큰 축복이 내 삶으로 흘러들어 온다.

한 젊은 어머니가 이 기법을 사용한 이야기를 들려주었다.

"먹이고 입혀야 할 자식이 셋이나 있는데 실직한 상태에 빈털터리가 되었어요. 어찌해야 할지 몰랐습니다. 그러다 기도의 응답을 받기 전에도 감사해야 한다는 머피 박사님의 말씀을 들었어요. 마음속에 한 줄기 빛이 비치는 것 같았고, 한번 해봐야겠다고 생각했죠."

매일 밤낮으로 3주 동안 이 여성은 다음 확언을 반복했다.

저에게 부를 내려 주셔서 감사합니다.

그녀는 감사하는 느낌과 분위기가 마음을 지배할 때까지 느긋하고 평화롭게 이 말을 반복했다. 무한한 힘의 창조적인 지성을 맨눈으로 볼 수는 없었지만, 내면에 있는 무한한 힘과 지성에 말을 걸고 있다고 상상했다. 영적 인식이 가능한 마음의 눈으로 내면의 힘과 지성을 보고 있었던 것이다. 그러고는 돈, 먹을 것, 처지 등 부에 관한 자기 생각이 가장 큰 문제였음을 깨달았다. 이전에 얼마를 가졌느냐에 관계없이 자신이 가졌던 생각과 느낌이 곧 부의 실체로 이어진다는 걸 자각한 것이다.

"감사합니다"라고 반복해서 말하다 보니 그녀의 마음은 잠재의식이 그 마음을 받아들일 수 있는 지점까지 도달했다. 그녀는 부족하고 궁핍하고 괴로워질 때면 "감사합니다"라고 자주 말했다. 감사하는 태도를 유지하면 부에 관한 생각을 고칠 수 있다는 걸 알았다.

이 여성의 기도 이야기는 흥미롭게 이어진다. 기도를 시작한 직후에 그녀는 5년 동안 한 번도 만난 적 없는 과거의 고용주를 거리에서 마주쳤다. 전 고용주는 보수가 높고 책임감이 따르는 꽤 높은 직위를 제안했다. 심지어 첫 월급을 받기 전까지 생계를 꾸려 나갈 수 있도록 가불도 해주었다.

"저는 '감사 기도'의 놀라운 힘을 평생 잊지 못할 거예요. 기적이 일어났으니까요."

생명의 원리에 순응하라

"기도할 때 다른 지방 사람들처럼 빈말을 되풀이하지 말아라."(마태복음 6장 7절)

이 구절의 의미를 얼마나 이해하느냐에 따라 확언의 효과는 달라진다. 명확하고 구체적인 긍정을 얼마큼 슬기롭게 활용하느냐에 따라 확언의 힘은 클 수도 있고 작을 수도 있다.

학생이 칠판에 '3+3=7'이라고 적었다고 가정해 보자. 교사는 수학적으로 3 더하기 3은 6이라고 단언한다. 그러자 학생은 7을 6이라고 고쳐 쓴다. 교사가 3 더하기 3이 6이라고 말했다고 해서 3 더하기 3이 6이 '되는' 건 아니다. 3 더하기 3은 6이라는 수학적 진리가 이미 존재하기 때문에 학생이 칠판의 숫자를 고친 것이다.

건강한 것이 정상이다. 아픈 것은 비정상이다. 건강한 신체의 내가 나란 존재의 진리다. 나 자신과 다른 사람의 건강·조화·평화를 확언하고 건강·조화·평화가 모든 존재의 보편적인 원리임을 깨달으면, 잠재의식은 믿음을 바탕으로 기존의 부정적인 패턴을 확언하는 내용에 따라 재배열한다.

확언의 기도는 어떤 상황에 놓여 있든 상관없이 생명의 원리에 얼마나 순응하는가에 따라 효력이 달라진다. 잠시 생각해 보자. 수리적 원리는 있어도 오류의 원리는 없다. 진실의 원리는 있어도 부정의 원리는 없다. 지성의 원리는 있어도 무지의 원리는 없다. 조화의 원리는 있어도 부조화의 원리는 없다. 건강의 원리는 있어도 질병의 원리는 없다. 마찬가지로 풍요의 원리는 있어도 빈곤의 원리는 없다.

나는 여동생이 영국의 한 병원에서 담석 제거 수술을 받기 전 확언 기법을 사용했다. 여동생은 통상적인 검진과 엑스레이 판독 결과 담석이 있다는 진단을 받았다. 여동생은 나에게 회복을 기도해 달라고 부탁했다. 나는 동생이 있는 곳에서 1만 킬로미터 이상 떨어져 있었지만 거리는 문제가 되지 않는다. 마음의 원리는 시공간을 초월하여 작동하기 때문이다. 무한한 마음 또는 무한한 지성은 전 세계 곳곳에서, 모든 순간에 온전하게 존재한다.

나는 여동생의 증상이나 육체에 관한 개인적인 생각을 머릿속에서 지우고, 차분하고 자신감 넘치는 어조로 매일 이렇게 확언했다.

여동생 캐서린을 위해 이 기도를 바칩니다. 캐서린은 안정되고 마음이 편안하며 균형 잡힌 상태에 있습니다. 조화롭고 평온하며 침착합니다. 캐서린의 몸을 만든 잠재의식의 지성에서 치유력이 솟아나, 완벽한 패턴에 따라 모든 세포·신경·조직·근육·뼈가 변하고 있습니다. 왜곡된 사고 패턴은 조용히 사라지거나 흩어지고 삶의 원리에 따라 활력과 온전함, 아름다움이 몸을 구성하는 분자 하나하나에 깃듭니다. 캐서린은 이제 강물처럼 흐르는 치유의 물결을 받아들이고 몸을 맡겨 완벽한 건강과 조화, 평화로운 상태로 회복됩니다. 사랑과 평화가 넘치는 망망대해에 흐르는 치유의 물결은 캐서린의 몸을 타고 흘러, 왜곡되고 추악한 마음의 이미지가 씻겨 내려갔습니다.

2주 후에 여동생은 다시 검사를 받았고, 엑스레이에서는 더 이상 담석이 보이지 않았다. 의사는 캐서린이 놀랄 만큼 회복되었다면서 예정된 수술을 취소했다.

'확언한다'는 것은 그 내용이 맞다고 말하는 것이다. 반대되는 증거가 있어도 지금 말하는 게 진실이라는 태도를 유지하면 기도에 응답을 받을 것이다. 생각은 확언을 할 수 있을 뿐이다. 무언가를 부인하더라도, 사실 부인하는 대상의 존재를 확언하는 것이기 때문이다. 무슨 말을 하고 있는지, 왜 그런 말을 하는지 알고 확언을 반복하면, 마음은 그 말이 진실이라고 믿는 의식적 상태로 인도된다. 그러므로 잠재의식이 흡족하게 반응할 때까지 생명의 진리를 확언해야 한다.

그릇된 믿음의 패턴을 가리는 논쟁 기법

논쟁 기법은 100년 전 메인주 벨파스트에서 활동한 정신적·영적
치유의 선구자 피니어스 파크허스트 큄비 박사가 고안한 기법에서
유래한 것으로, 이름만 봐도 그 내용을 알 수 있다. 큄비 박사는 정신
신체의학의 아버지이자 최초의 정신분석학자였다. 환자의 문제, 고
통, 통증의 원인을 통찰하고 진단을 내리는 데 뛰어난 능력을 갖춘
사람이기도 했다.

요컨대 성공적인 결과물을 낳은 큄비 박사의 논쟁 기법은 영적
추론을 토대로 한다. 치료자는 마음 안에 있는 그릇된 믿음과 근거
없는 두려움, 부정적인 패턴 때문에 병이 생긴 거라고 자신과 환자
를 납득시킨다. 치료자는 이 사실을 마음속으로 분명하게 깨달은 후
환자에게 병이나 불편한 느낌이 생긴 것은 왜곡되고 비틀린 사고가
몸에 나타났기 때문이라고 설명한다. 외적인 힘과 그릇된 믿음이 외
부로 나타난 것이 병이기에, 마음의 패턴을 바꾸면 병도 고칠 수 있
다고 설득한다.

치료자는 환자에게 생각의 전환이 치유의 출발점이라고 알려 준
다. 또한 잠재의식이 신체와 기관을 창조했기 때문에 신체를 치유하
는 방법을 알고 치유할 수 있으며, 대화를 하는 지금 이 순간에도 치
유가 일어나고 있다고 말한다. 질병은 마음이라는 '법정'에 병들고
불건전한 생각과 심상이 그림자처럼 드리우면 생긴다고 주장한다.
애초에 잠재의식이 신체의 모든 기관을 창조했기에 모든 세포와 신

경, 조직의 패턴을 완전한 형태로 돌려놓는 치유력이 있다는 증거를 모아 주장을 뒷받침한다.

그런 다음 치료자는 자신과 환자를 위해 마음의 법정에서 판결을 내린다. 치료자는 믿음과 영적 이해로 환자를 질병에서 해방한다. 정신적이고 영적인 증거는 압도적이다. 세상에는 단 하나의 마음만 존재하기에 스스로 진실이라고 느끼는 건 환자의 경험으로 드러나고 환자의 병은 치유된다.

조화·건강·평화의 파장에
초점을 맞추는 절대 기법

전 세계의 많은 사람은 기도요법의 한 종류인 '절대 기법'을 실천하고 놀라운 효과를 보았다. 절대 기법에서 치료자는 환자의 이름을 언급한 후 마음속으로 하나님의 품성과 자질에 관해 생각한다. 예를 들면 하나님은 끝없는 축복이자 사랑이고 무한한 지성이자 전지전능하며 지혜가 넘치고 완벽한 조화를 이루고 형언할 수 없을 정도로 아름답고 완벽하신 분이라고 말이다.

이렇게 생각을 이어가다 보면, 현재의식이 새로운 영적 차원으로 끌어올려진다. 하나님의 사랑으로 끝이 보이지 않는 바다가, 자신이 기도해 주는 환자의 마음과 신체에서 하나님의 자질에 반대되는 것을 모두 집어삼킨다. 치료자는 이제 하나님의 모든 힘과 사랑이 환자에게 집중됨을 느낀다. 생명과 사랑의 무한한 바다에서 환자를 괴롭게 하거나 성가시게 하는 모든 것이 완전히 씻겨 내려간다.

기도의 절대 기법은 최신 초음파 기술에 비유할 수 있다. 로스앤젤레스에서 실력이 좋기로 소문난 한 의사가 초음파 기기에 관해 설명해 준 적이 있다. 치료에 사용하는 초음파 기기는 높은 주파수의 음파를 강하게 발생시킨다. 비정상적인 조직이 있는 신체 부위에 고주파를 집중적으로 발산하면 고주파를 받은 세포는 반응한다.

하나님의 성품과 자질을 생각하면서 의식이 고조되는 그 주파수까지 조화와 건강, 평화라는 영적인 파장이 발산되고, 이 파장에 초점을 맞춘 사람은 파장을 받아 반응한다. 이 기도 기법은 많은 사람에게 탁월한 효과가 있었다.

편협한 생각에서 벗어나라

퀸비 박사는 말년에 절대 기법을 종종 사용했다. 그가 남긴 글 중에는 다리를 저는 사람을 걷게 한 일화가 나와 있다.

어느 날 퀸비 박사는 다리를 절어 침대에서만 생활하는 나이 든 여성에게서 방문해 달라는 요청을 받았다. 그는 노인이 너무 편협하고 옹졸한 생각에 갇힌 나머지 자리에서 일어나 걸을 수 없게 되었다고 진단했다. 사실 여성은 두려움과 무지라는 무덤에 갇혀 살고 있었다. 그녀는 성경 말씀을 곧이곧대로 받아들인 탓에 두려움에 빠졌다.

큄비 박사는 말했다.

"이 무덤에는 사슬을 끊고 굴레를 깨트리고 죽은 자 가운데서 살리는 하나님의 힘이 임재하십니다."

예를 들어 노인은 다른 사람에게 "이 돌로 빵이 되라고 해보시오"라는 성경 구절을 해석해 달라고 했다. 여기서 돌은 돌石이 아니라 성경 말씀을 의미하는 것이었지만, 노인은 그래서 배를 채워 줄 빵은 어디에 있냐고 되물었다. 큄비 박사는 그녀가 성경 구절의 의미를 바르게 해석하지 못해서 마음이 어수선하고 정신이 혼탁해졌으며, 두려움에 휩싸여 걷지 못하는 것이라고 진단을 내렸다. 마음의 짐 때문에 몸이 무거워지고 축축 처지며 결국 마비가 온 것이다.

이 시점에서 큄비 박사는 다음 성경 구절이 무슨 뜻인지를 그녀에게 물었다.

"예수께서 그들에게 말씀하셨다. '나는 잠시 동안 너희와 함께 있다가, 나를 보내신 분께 갈 것이다. 그러면 너희가 나를 찾아도 만나지 못할 것이요, 내가 있는 곳에 너희가 올 수도 없을 것이다.'"(요한복음 7장 33~34절)

그녀는 '예수께서 천국에 가셨다는 뜻'이라고 답했다. 큄비 박사는 '너희와 함께 조금 더 있다가'가 진정으로 뜻하는 바는 증상, 느낌 그리고 병의 원인이라고 설명했다. 잠시 노인의 처지를 동정하고 공감했지만 정신을 차리고 똑 부러지게 설명해야 했다. 그다음 단계는 '나를 보내신 분께 간다'를 설명하는 것이었다. 큄비 박사는 이 구절이 우리 안에 하나님의 창조력이 있다는 걸 의미한다고 말해 주었다. 큄비 박사는 즉시 자신의 마음속으로 들어가 신성한 이상, 즉 그녀 안에 있는 활력과 지성, 조화, 하나님의 힘에 관해 생각했다.

"어르신은 다시는 걷지 못하리라는 편협하고 좁은 생각에 빠져 있습니다. 그게 바로 '내가 있는 곳에 오지 못하는' 이유입니다. 저를 보십시오, 건강하지 않습니까?"

이 기도와 설명을 듣는 순간 노인은 크게 감동하여 마음에 변화가 일었고, 목발 없이 걸었다! 큄비 박사는 노인의 사례가 여태까지의 경험 중 가장 특별한 치유라고 덧붙였다. 오류에 빠져 있던 사람에게 생명과 진리를 가져다준 건 "죽은 자들 가운데서 살리시는 것"과 다름없었다. 큄비 박사가 그리스도의 부활을 인용하여 그리스도를 건강에 빗대자 강력한 효과가 일어났다. 또한 노인이 받아들인 진리는 공포와 무지, 미신이라는 '돌'을 치운 천사라고 설명했다(요한복음 11장 41절). 그리고 나니 하나님의 치유력이 발산되었고, 그녀의 몸을 온전하게 만들었다.

믿을수록 효과가 커지는 명령 기법

말의 힘은 그 말에 깃든 느낌과 믿음에 따라 달라진다. 세상을 움직이는 힘이 우리를 대신해서 세상을 움직이고, 우리의 말에 힘을 실어 준다는 것을 알 때 자신감과 확신은 더욱 커진다. 이미 힘이 존재하기에 다른 힘을 더할 필요가 없는 것이다. 그래서 고군분투하거나 강압이나 무력으로 밀어붙이는 등의 정신적 싸움은 없어야 한다.

한 젊은 여성은 데이트하자고 쉴 새 없이 전화하면서 부담을 주는 남성에게 명령 기법을 사용했다. 아무리 말을 해도 그는 마음을 쉽게 굽히지 않았다. 급기야 그가 직장에까지 찾아오기 시작하자 여성은 과감하게 결단을 내렸다. 그녀는 하루에 몇 번씩 조용한 상태로 들어가 다음 명령을 되풀이했다.

○○○을 하나님께 풀어드립니다. 그는 언제나 자신이 있어야 할 곳에 있습니다. 저도 자유롭고 그도 자유롭습니다. 이 말이 무한한 마음으로 나아가 이루어질 것을 명합니다. 이치가 그렇습니다.

여성의 말에 따르면 그 남성은 즉시 자취를 감췄다고 한다. 이후로 그를 본 적이 없었다. 여성은 "마치 땅이 그를 삼킨 것 같았어요"라고 설명했다.

- 마음의 건설자가 되어 검증을 거친 기술을 사용하여 의미 있고 멋진 인생이라는 건물을 지어 보자.

- 기도에는 소망이 투영되어 있다. 소망이 지금 당장 이루어지리라고 상상하고 실제처럼 느낀다면 기도의 응답을 받는 즐거움을 경험할 수 있을 것이다.

- 정신과학을 정확하게 사용하면 손쉽게 소망을 이룰 수 있다.

- 마음이라는 숨겨진 무대에 올리는 생각만으로도 빛나는 성공과 건강, 행복을 손에 넣을 수 있다.

- 잠재의식의 무한한 지성이 현재의식에 직접적으로 반응한다는 사실을 개인적인 경험을 통해 증명할 수 있을 때까지 과학적인 실험을 계속해야 한다.

- 소망이 틀림없이 성취되리라고 예견할 때 밀려오는 기쁨과 안도를 느껴보자. 마음속에 그린 모든 그림은 내가 소망하던 것의 실체이자 보이지 않는 것이 존재한다는 증거다.

- 마음속에 그린 그림은 백 마디 말보다 낫다. 잠재의식은 믿음을 가지고 마음속에 그린 그림을 실현할 것이다.

- 기도할 때 지나치게 애를 쓰거나 밀어붙이지 마라. 졸리고 나른한 상태로 들어가 기도에 응답을 받으리라는 걸 알면서 소강 상태를 유지하라.

- 감사하는 마음은 우주의 부富와 가까이 있다는 걸 기억해야 한다.

- 확언이란 그것이 원래 그렇다고 말하는 것이다. 설령 정반대의 증거가

있다고 할지라도 확언한 내용이 사실이라는 마음가짐을 유지하면 기도
의 응답을 받는다.

- 진실이라고 명하고 느끼는 것은 이루어진다. 조화·건강·평화·풍요를
  명하자.

7

생명의 법칙을 따르는
잠재의식의 치유력

❊

생명의 법칙은 곧 믿음의 법칙이다. 믿음이란 마음속에 있는 생각
을 뜻한다. 나에게 해를 끼치거나 상처를 주는 대상을 믿지 마라.
병을 치유하고, 영감을 주고, 몸과 마음을 튼튼하게 하고, 번영하
게 하는 잠재의식의 힘을 믿어라. 믿는 대로 이루어진다.

인간 정신 활동의 90퍼센트는 잠재의식에서 이루어진다. 놀라운
잠재의식의 힘을 활용하지 못하면 인생을 아주 좁은 방 안에 가두는
셈이다. 잠재의식은 언제나 생명을 향해 건설적인 방향으로 움직인
다. 잠재의식은 신체를 만들었고 생명을 유지하는 데 필요한 기능을
유지하며 24시간 쉴 새 없이 잠들지 않고 일한다. 또한 항상 도움을
주려 하고 해로운 것으로부터 우리를 지켜 준다.

잠재의식은 무한한 지식과 끝없는 지혜에 맞닿아 있으며, 생명을
향해 생각하고 움직인다. 웅대하고 고귀한 삶을 향한 열망과 영감

그리고 비전은 잠재의식에서 솟아난다. 논리적으로 설명할 수 없는 마음속 깊은 곳의 믿음은 현재의식이 아니라 잠재의식에서 나온다.

잠재의식은 직관, 충동, 예감, 위협, 욕구, 아이디어의 형태로 나에게 말을 건다. 언제나 발전하고 초월하고 성장하며 더 높은 곳을 향해 움직이라고 말한다. 타인을 사랑하고 타인의 생명을 지키려는 욕구는 잠재의식의 깊숙한 곳에서부터 솟아난다.

예를 들어 1906년 4월 18일 샌프란시스코에서 대지진과 화재가 발생했을 때 오랫동안 침대에서 누워만 지내던 환자와 몸이 불편한 사람들은 침대에서 일어나 용기와 인내심을 발휘하며 놀라운 위업을 이뤘다. 어떻게든 다른 사람을 구하려는 강렬한 욕구가 내면에서 일어났고 잠재의식이 그 욕구에 응답한 것이다.

잠재의식의 힘을 이해하는 위대한 예술가, 음악가, 시인, 연사와 작가는 잠재의식으로부터 힘과 영감을 얻는다. 영국의 소설가 로버트 루이스 스티븐슨은 잠자는 동안 이야기를 전개하라고 잠재의식에 명령을 내린 후에야 잠이 들었다. 은행 계좌에 남아 있는 돈이 부족할 때면, 시장성 있는 스릴러물을 쓰게 해달라고 잠재의식에 부탁하곤 했다. 스티븐슨은 마음속 깊은 곳의 지능이 연속극처럼 이어지는 이야기의 부분 부분을 떼어 준다고 말했다. 이 사례는 잠재의식이 현재의식을 통해 고귀하고 현명한 말을 내뱉는다는 것을 보여 준다. 비록 현재의식은 잠재의식의 행위에 관해 아무것도 모르지만 말이다.

마크 트웨인은 평생 일을 한 적이 없다고 여러 차례 세상에 털어

놓았다. 그의 유머와 걸작들은 잠재의식의 무궁무진한 저수지를 활용한 능력의 결과였다.

뇌 구조로 이해하는
현재의식과 잠재의식

현재의식과 잠재의식이 상호작용하려면 신경계의 도움이 필요하다. 뇌척수신경계라고도 부르는 수의신경계는 현재의식을, 자율신경계는 잠재의식을 관장한다. 수의신경계는 신체적인 감각을 통해 의식적인 지각을 받아들이고 신체의 움직임을 수의적으로 통제한다. 수의신경계에는 대뇌피질을 제어하는 센터가 있다.

한편 불수의신경계라고도 불리는 자율신경계에는 소뇌, 뇌간, 편도류 등 뇌의 다른 부분을 제어하는 센터가 있다. 현재의식이 활동하지 않을 때도 각 신경계는 신체의 주요 계통과 연결되어 생명을 유지한다.

두 계통은 따로 또는 함께 작동할 수 있다. 예를 들어 위험에 대한 인식이 소뇌의 변환 센터에 도달하면 대뇌피질(현재의식)과 편도류(잠재의식)로 메시지가 전송된다. 그래서 의식적으로 위험을 발견하고 얼마나 위험한지 평가를 내리기 전에도 무의식적으로 방어하고 대응할 수 있다.

수의신경계가 전기 자극을 받아들이는 것처럼 현재의식도 아이디어를 받아들인다는 것을 깨달으면 정신과 육체의 상호작용을 쉽게 이해할 수 있다. 수의신경계가 전기 자극을 받아들이면 불수의신경계가 비슷한 전류를 발생시켜 아이디어를 창조적 매개체인 잠재의식에 넘긴다. 이 과정을 거쳐 생각이 실체가 된다.

대뇌피질은 현재의식이 진실이라 받아들인 생각 하나하나를 잠재의식과 연결된 뇌의 다른 기관으로 보내 하나의 실체를 형성하여 현실에 나타낸다.

몸을 돌보는 무한한 지성

세포 체계와 눈·귀·심장·간·방광 등 신체 기관의 구조를 살펴보면 집단 지성을 형성하는 세포로 구성된 것을 알 수 있다. 그리고 이러한 집단 지성은 모든 세포가 함께 기능하도록 한다. 세포는 주된 마음(현재의식)이 내리는 암시를 명령으로 받아들여 그 명령을 연역적으로 수행한다.

단세포 생물을 주의 깊게 연구하면 복잡한 인간의 몸에서 어떤 일이 일어나는지도 알 수 있다. 단세포 생물은 장기가 없지만 운동, 영양 흡수, 동화작용, 배설 등의 기본 기능을 수행한다. 이는 마음의 작용과 반작용이 일어난다는 사실을 보여 준다.

신체를 가만히 내버려 두더라도 신체를 돌봐 주는 지성이 있다고 많은 이가 말한다. 이는 어떤 측면에서는 사실이다. 하지만 문제는 현재의식이 외양을 바탕으로 감각적인 증거를 수집하여 지성의 활동을 방해한다는 것이다. 이러한 감각적인 증거 때문에 그릇된 믿음과 두려움 그리고 단순한 의견에 흔들린다.

잠재의식은 설계도의 세부 내용을 받아들이므로 심리적, 정신적 조건화를 거쳐 잠재의식에 그릇된 믿음과 부정적인 패턴이 새겨지면 그 패턴에 따라 움직일 수밖에 없다.

내면의 주관적인 자아는 만물의 배후에 있는 본연의 원리에 따라 끊임없이 공동선을 추구한다. 잠재의식은 그 나름의 의지가 있고, 그 자체로 실존한다. 그리고 내 의지와 무관하게 밤낮으로 일한다. 잠재의식이 신체를 만들었지만, 신체가 만들어지는 걸 눈으로 보거나 듣거나 느낄 수는 없다. 조용하게 이루어지기 때문이다. 잠재의식은 나름의 생명이 있어 언제나 조화와 건강, 평화를 위해 움직인다. 이것이 잠재의식에 내재하는 신성한 규칙으로, 잠재의식은 나라는 사람을 통해 신성한 규칙을 구현할 방도를 찾고 있다.

파괴적인 생각은 몸을 해친다

올바르고 과학적으로 생각하려면 '진리'를 알아야 한다. 진리를 안다는 것은 생명을 향해 움직이는 무한한 지성과 잠재의식의 힘과 조화를 이룬다는 것을 뜻한다. 무지 때문이든 계획 때문이든, 조화롭지 않은 생각이나 행동은 불화와 한계를 불러온다.

인간은 11개월마다 몸이 새롭게 형성된다고 한다. 신체적 관점에서 보면 몸은 생후 11개월밖에 되지 않았다. 두려움이나 분노, 질투로 신체에 결함이 생긴다면 그 책임은 나 자신에게 있다.

나는 내 생각의 총체다. 그리고 내 의지로 부정적인 생각이나 심상을 떠올리지 않을 수 있다. 어둠을 쫓으려면 빛이 필요하고 추위를 물리치려면 열이 필요하듯, 부정적인 생각을 극복하는 방법은 부정적인 생각을 긍정적인 생각으로 대체하는 것이다. 좋은 일이 생기리라 확언하면 나쁜 일이 비집고 들어올 틈이 없다.

일반적으로 세상에 태어난 아이는 건강하고 완벽하게 기능하는 신체 기관을 갖고 있다. 그래서 건강하고 활력이 넘치고 튼튼한 것이 바로 신체의 정상적인 상태라 할 수 있다. 자기 보존의 본능은 거스를 수 없는 인간의 본성으로, 가장 강력하면서도 언제 어디서나 작용하는 진리다.

모든 생각과 아이디어, 믿음은 내 안에 있는 인간 본연의 생명의 원리, 즉 언제나 나를 보존하고 보호하려는 원리와 조화를 이룰 때 그 잠재력이 발휘된다. 그렇게 조화를 이루면 비정상적인 상태가 되는 것보다 정상적인 상태로 회복되는 게 훨씬 쉽다.

병에 걸리는 것은 정상이 아니다. 병에 걸린다는 것은 생명의 흐름을 거스르며 부정적인 생각을 한다는 것을 의미한다. 생명의 법칙은 곧 성장의 법칙이다. 모든 자연은 소리 없이 계속 성장함으로써 생명의 법칙을 표현하고 증명한다. 그래서 성장과 표현이 있는 곳에는 반드시 생명이 있다. 생명이 있는 곳에는 조화가 있고, 조화가 있는 곳에는 온전한 건강이 있다.

만약 생각이 잠재의식의 창조적인 원리와 조화를 이룬다면 인간 본연의 조화의 원리와 장단이 맞춰지는 것이다. 조화의 원리에 부합하지 않는 생각을 품으면 그러한 생각 때문에 집착하고 괴로워하며 근심한다. 그리고 결국 병에 걸려 죽음에 이를 것이다.

질병을 치료할 때는 잠재의식의 생명력을 온몸에 더 활발히 흐르게 하고 전신 구석구석 퍼지게 해야 한다. 그리고 두려움이나 걱정, 불안, 질투, 증오 등 파괴적인 생각을 없애야 잠재의식의 생명력을 온몸에 넘치게 할 수 있다. 파괴적인 생각은 노폐물을 제거해 생물을 온전하고 순수한 상태로 만드는 신경과 내분비선을 훼손하고 파괴하려는 경향이 있다.

습관적 사고로 건강을 되찾다

'포트병'이라고도 불리는 척추 결핵은 주로 어린아이가 걸리는 골치 아픈 병이었다. 인디애나주 인디애나폴리스에 사는 프레더릭 엘리어스 앤드루스라는 소년은 척추 결핵으로 두 다리가 뒤틀려 걷지 못했고 손과 무릎으로 기어 다녀야 했다. 의사는 완치가 어렵다고 말했지만 앤드루스는 의사의 진단에 수긍하지 않고 기도를 시작했다. 앤드루스는 자신만의 문장을 만들어 하루에도 몇 차례씩 반복해서 확언했고, 자신에게 필요한 자질을 마음에 흡수했다.

나는 아무런 흠 없이 건강합니다. 튼튼하고 강인하며 사랑스럽고 조화로우며 행복합니다.

잠들기 바로 전 그리고 아침에 일어나자마자 기도했다. 본인뿐만 아니라 다른 사람들을 위해서도 확언했다. 확언하며 사랑과 건강에 관한 생각을 다른 사람들과 공유했다.

앤드루스의 마음가짐과 확언은 몇 배가 되어 그에게 돌아왔다. 믿음과 인내심은 크게 보답을 받았다. 두려움, 분노, 질투와 선망에 사로잡히려 할 때마다 앤드루스는 바로 확언의 힘을 이용해 부정적인 기운을 바로잡았다. 잠재의식은 습관적인 사고에 응답했다. 이 소년은 튼튼하고 바르게 잘 자랐다.

잠재의식에 치유력이 있는 이유

눈에 심각한 문제가 있던 한 청년이 잠재의식의 치유력에 관한 강연을 들으러 온 적이 있었다. 안과 의사는 그의 눈을 아주 까다롭고 위험한 수술이 필요한 상태라고 진단했다. 기도의 과학적인 원리를 배운 후 청년은 자신에게 이렇게 말했다.

잠재의식이 나의 눈을 만들었으니 치유도 할 수 있습니다.

그는 매일 밤 잠들기 전 명상 상태, 즉 가수면의 상태로 들어갔다. 안과 의사에게 주의력을 집중하고 고정했다. 자기 앞에 있는 의사가 "기적이 일어났습니다!"라고 말하는 걸 똑똑히 듣는 장면을 상상했다. 그 상상은 너무나 생생해서 정말 듣고 있는 것 같았다. 매일 밤 잠들기 전에 5분 동안 몇 번이고 이 말을 들었다.

3주 후 그는 다시 안과에 가서 검사를 받았다. 의사는 다시 한 번 눈을 면밀하게 진찰했고 "이건 기적이에요!"라고 외쳤다. 무슨 일이 일어난 걸까? 청년은 의사를 수단이자 매개채로 사용했고, 눈이 치유되는 아이디어를 잠재의식에 전달해서 각인시켰다. 이러한 절차를 반복했고, 믿음과 기대를 품었기 때문에 잠재의식에 눈이 치유되리라는 메시지를 새길 수 있었다.

애초에 청년의 눈을 만든 건 잠재의식이기에, 정상적이고 건강한 눈의 구조를 그린 청사진이 잠재의식에 있었고, 건강하게 기능하는 패턴 또한 알고 있었다. 눈이 건강한 상태로 회복되리라는 아이디어가 잠재의식에 새겨지자 잠재의식은 곧바로 눈을 치유하기 시작했다. 이는 잠재의식의 치유력을 믿으면 질병이 치유된다는 걸 보여주는 또 다른 사례다.

- 잠재의식은 신체를 만들어 냈다. 잠재의식은 온종일 작동한다. 부정적인 생각을 하면 생명을 향해 움직이는 잠재의식을 방해하게 된다.

- 어떤 문제라도 잠들기 전 잠재의식의 스크린에 그 문제를 띄워 놓으면 잠재의식이 응답해 줄 것이다.

- 무슨 생각을 하는지 주시하라. 현재의식을 관장하는 대뇌피질은 현재의식이 진실이라고 받아들인 모든 생각을 잠재의식을 관장하는 뇌의 부속 기관으로 보내고, 결국 그 생각은 외부 세계에 현실로 구현된다.

- 잠재의식에 새로운 청사진을 그려 새로운 나로 거듭날 수 있다.

- 잠재의식은 언제나 생명을 향해 움직인다. 그러므로 현재의식에만 집중하면 된다. 진실이라고 믿는 전제를 잠재의식에 채워라. 내 잠재의식은 마음의 습관적인 패턴을 재현한다.

- 몸은 11개월마다 다시 태어난다. 생각을 바꾸고 바꾼 생각을 유지함으로써 몸을 변화시켜 보자.

- 아픈 건 비정상적인 상태다. 인간의 내면은 조화의 원리를 추구하려는 본연의 성질이 있기에 건강한 게 정상적인 상태다.

- 질투, 두려움, 걱정, 불안은 신경과 내분비선을 손상하고 파괴하여 온갖 정신적, 육체적 질병을 유발한다.

8

애쓰지 않고
원하는 결과를 얻는 법

❀

잠재의식에서는 생각이라는 작용과 응답이라는 반작용이 일어난
다. 현명하게 생각하면 저절로 현명한 결정을 내린다.

모든 기도에 응답을 받을 수 있는 건 아니다. 누구나 이 사실을 알
고 있다. 회의론자들은 이러한 증거를 대며 기도가 효과 없다고 말
한다. 하지만 회의론자들이 간과한 것이 있다. 응답을 받으려면 기
도의 과학적인 작동 원리를 이해하고 효과적으로 기도해야 한다. 그
작동 원리를 이해할 때만 어떤 기도는 왜 효과적이지 않은지 깨달을
수 있다. 그리고 기도의 효과를 보기 위해서는 실용적인 방법을 사
용해야 한다는 필요성을 느끼게 된다.

만약 원하는 만큼 기도의 응답을 받지 못한다면 어떻게 해야 할
까? 기도가 왜 실패하는지 알려면 먼저 기도의 원리를 이해해야 한
다. 기도가 실패하는 이유는 자신감이 부족하거나 응답을 받기 위해

너무 애를 쓰고 있기 때문이다. 잠재의식의 작동 원리를 완전히 이해하지 못한 탓에 응답을 받는 길을 스스로 막고 있는 셈이다. 하지만 마음이 어떻게 기능하는지 알면 자신감이 쌓인다.

잠재의식이 아이디어를 받아들이면 그 아이디어를 곧장 실행한다는 사실을 잊어서는 안 된다. 그리고 아이디어를 실행하기 위해서 온갖 자원을 동원한다.

잠재의식은 마음속 깊은 곳의 정신적, 영적 법칙을 불러내는데, 이 법칙은 긍정적인 아이디어뿐만 아니라 부정적인 아이디어에도 적용된다. 그래서 잠재의식을 부정적으로 사용하면 문제와 실패, 혼란이 발생한다. 잠재의식을 건설적으로 사용하면 잠재의식은 길을 안내해 주고 자유와 마음의 평화를 준다.

긍정적이고 건설적이고 사랑이 넘치는 생각을 하면 잠재의식은 해답을 뚝딱 내놓는다. 실패를 극복하려면 잠재의식이 아이디어나 요구를 받아들이도록 해야 한다는 자명한 원리가 바로 여기서 나오는 것이다. 생각이 곧 현실이 되리라고 느끼면 마음의 법칙이 알아서 나머지 일을 처리하고 생각을 정말로 실현한다. 믿음과 확신을 바탕에 두고 소망을 잠재의식에 넘기면, 잠재의식은 소망을 받아들여 응답을 줄 것이다.

나를 위해 무언가를 하라고 잠재의식을 압박할 때마다 실패를 맛볼 것이고 성공에 가까워지기는커녕 한 걸음씩 멀어질 것이다. 정신적으로 무언가를 밀어붙이면 잠재의식은 되레 응답하지 않는다. 잠재의식은 믿음이나 현재의식이 받아들인 아이디어에만 응답한다.

일이 원하는 대로 되지 않는다면 다음과 같이 생각하기 때문이다.

- 상황이 점점 나빠지네.
- 절대로 기도에 응답받지 못할 거야.
- 빠져나갈 도리가 없군.
- 절망적이야.
- 어떻게 하면 좋을지 모르겠어.
- 난장판이야.

이런 말을 하면 기도의 응답을 받지 못하거나 잠재의식이 기도의 응답을 받는 데 협조하지 않는다. 제자리걸음하는 군인처럼 전진하지도 후퇴하지도 못한다. 한마디로 원하는 지점에 다다를 수가 없다.

택시를 탔는데 택시 운전사에게 목적지를 여섯 군데나 말했다고 해보자. 운전사는 머리를 쥐어짜며 혼란스러워하거나 그럴 거면 그냥 내리라고 할 수도 있다. 설령 내가 말한 목적지로 향하더라도 목적지에 도착하지 못할 확률이 높다. 어디에 내려줄지 그 누구도 모르기 때문이다.

잠재의식을 활용할 때도 마찬가지다. 택시 운전사에게 목적지를 정확하게 말해야 하듯 분명한 아이디어를 품어야 한다. 항상 빠져나올 길이 있고, 속 썩이는 병을 고칠 방법이 있다는 결론을 확실하게 마음에 새겨야 한다. 잠재의식에 있는 무한한 지성은 답을 알고 있다. 현재의식이 명확한 결론에 도달하면 마음은 그 결론을 실행한다.

마음을 편하게 가져라

살을 에는 추위가 몰아치던 날 집의 보일러가 고장 났다. 집주인은 수리 기사를 불렀고, 기사는 즉시 달려와서 수리를 했다. 30분이 지나자 보일러가 다시 작동하기 시작했다. 수리 기사는 집주인에게 200달러를 청구했다. 집주인은 분개해서 소리쳤다.

"뭐라고요? 고작 30분밖에 안 걸렸잖아요. 부품 하나만 갈아 끼웠을 뿐인데, 5달러도 안 하는 부품을 가지고 200달러를 청구하는 건 좀 너무하지 않나요?"

수리 기사는 어깨를 으쓱하며 답했다.

"부품값은 2달러로 해드렸어요."

집주인은 수리 기사의 얼굴에 청구서를 흔들면서 소리 질렀다.

"그런데 200달러를 내라는 말이에요? 허 참, 2달러라니! 여기에는 200달러라고 적었잖아요!"

"네, 정확하게 보셨네요. 198달러는 무엇이 문제인지, 그 문제를 어떻게 풀어야 하는지 알아낸 공임입니다."

잠재의식은 신체의 모든 부분을 고치는 방법을 알고 수단을 가지고 있는 마음의 '수리 기사'에 비유할 수 있다. 건강하다고 잠재의식에 명령하면, 잠재의식은 신체를 건강하게 만든다.

하지만 가장 중요한 것은 마음을 느긋하게 먹는 것이다. 마음을 편하게 가지자. 세세한 내용이나 방법에 집착하지 말고 최종적인 결과에 확신을 가져야 한다. 건강, 돈, 인간관계 등 어떤 종류의 문제가 되었든, 문제가 해결되었을 때의 후련함을 느껴 보고 중병이 나았을 때의 기분을 기억하라. 그러한 느낌이 잠재의식의 시금석임을 명심해야 한다. 다시 말해 느낌이 생생할수록 잠재의식이 아이디어를 실현할 확률이 높다. 그래서 새로운 아이디어는 완성된 상태여야 하며, 아이디어를 주관적으로 느껴야 한다. 미래에 일어날 법한 일이 아니라 지금 일어나고 있는 일이라고 진짜로 느껴야 한다.

의지력이 아닌 상상력을 이용하라

잠재의식의 힘을 얻는 것은 길을 막고 있는 장애물을 치우는 것과는 다르다. 열심히 한다고 해서 더 좋은 결과가 나오지는 않는다는 뜻이다. 의지력과는 관계가 없다. 의지력을 사용하는 대신 이 일이 어떻게 끝날지, 일이 마무리되었을 때 얼마나 큰 해방감을 느낄지 상상해 보자.

현재의식의 지성은 분명 길을 막으려 들 것이다. 잠재의식이 아무리 문제의 해결책을 찾아내려고 해도, 훼방을 놓을 것이다. 부정적인 비판을 하려는 관성에 저항하고, 머리로 문제를 해결하려는 습관을 제쳐 놓아야 한다. 단순하고 순수하면서도 기적을 일으키는 믿음을 고수해야 한다. 질병이나 문제가 없는 상태를 머릿속에 그려 보고, 갈망하던 자유를 찾았을 때의 만족감을 상상해 보자. 그 과정에서 불필요한 건 모두 쳐내야 한다. 간단한 방법이 가장 좋다.

잠재의식으로부터 멋지게 응답을 이끌어내는 방법은 훈련된 상상력이나 과학적인 상상력을 이용하는 것이다. 앞서 살펴본 바와 같이 잠재의식은 신체의 설계사이자 건축가로서 생명의 중요한 기능을 관장한다.

성공적인 기도를 위한 3단계

믿는다는 것은 무언가를 진실로 받아들이고 그 상태로 살아가려는 의지다. 믿음을 계속 유지하면 기도에 응답받는 기쁨을 누릴 수 있다. 성공적인 기도를 위한 3단계를 따라해 보자.

1. 문제를 파악하고 인정한다.
2. 잠재의식에 문제를 맡긴다. 잠재의식은 문제를 가장 효과적으로 해결하는 방법을 알고 있다.
3. 문제가 해결되리라 확신하고 마음을 편하게 가진다.

의심과 망설임은 기도의 효과를 떨어뜨릴 뿐이다. "병이 나았으면 좋겠다" 또는 "기도의 효과가 있었으면 좋겠다"라고 자신에게 말하지 마라. 마음속에 드는 느낌이 일의 성패를 결정짓는다.

조화와 건강은 내 것이고 잠재의식의 무한한 치유력이 나를 통해 효과적으로 발산된다. 확신을 가지고 건강하다는 생각을 잠재의식에 보낸 후 마음을 편하게 하고 잠재의식에 나를 맡겨야 한다. 조건이나 상황 앞에서 "이 또한 지나가리라"라고 말하라. 마음을 놓고 확신하면 잠재의식에 나의 아이디어가 새겨진다. 이는 잠재의식을 활발하게 움직이게 해서 아이디어가 구체적으로 실현되도록 한다.

열심히 노력했는데도 안 되는 이유

에밀 쿠에는 프랑스의 저명한 심리학자다. 미국에서 에밀 쿠에의 강연은 큰 인기를 끌었고 많은 추종자를 낳았다. 에밀 쿠에의 여러 통찰 중에 눈여겨볼 만한 것은, 욕망과 상상이 부딪칠 때 언제나 상상이 이긴다는 주장이다. 그는 이를 '역행의 법칙'이라고 불렀다.

바닥에 놓인 좁은 판자 위를 걸어간다고 가정해 보자. 거리낌 없이 판자를 따라 걸을 것이다. 이제 똑같은 판자가 6미터 높이의 벽과 벽 사이에 걸쳐 있다고 가정하면 판자 위를 걸어갈 수 있을까?

아마도 걸을 수 없을 것이다. 긴 판자 위를 걸으려는 욕구가 판자 위에서 발을 헛디뎌 땅으로 떨어지는 상상과 충돌하기 때문이다. 설령 판자 위를 정말 걷고 싶을지라도 낙상의 두려움으로 쉽게 판자 위에 발을 딛지 못할 것이다. 떨어진다는 상상을 극복하거나 억누르려고 애쓸수록 땅으로 곤두박질친다는 생각이 머릿속을 더 강하게 지배한다.

'의지력으로 실패를 극복하겠어'라는 생각은 '실패'에 힘을 싣는다. 정신적인 노력은 점점 자기 패배로 이어지고, 원하는 것과 정반대의 결과를 낳기도 한다. 의지력을 행사해야 한다는 사실에 초점을 맞추다 보면 무력감이 도드라진다.

예를 들어 '초록색 하마'라는 말을 들었을 때, 초록색 하마를 생각하지 않고는 배길 수 없다. 의지력을 행사하는 건 초록색 하마가 계속 생각나는데 그만 생각하기로 결정을 내리는 것과 같다. 잠재의식은 항상 마음을 강력하게 지배하는 생각에 반응하기 때문에 초록색 하마가 마음을 지배하면 잠재의식도 초록색 하마에 응답한다. 잠재의식은 서로 모순되는 명제 중 더 강력한 것을 받아들인다. 아마 이런 생각을 하고 있을 것이다.

- 병이 나았으면 하는데 왜 병이 낫지 않는 걸까?
- 정말 열심히 노력했는데 왜 성과가 없는 걸까?
- 더 열심히 기도해 봐야겠다.
- 모든 의지력을 동원해야겠다.

무엇이 잘못되었는지 깨달아야 한다. 문제는 너무 열심히 노력한다는 것이다! 의지력을 써서 잠재의식이 생각을 받아들이도록 강요해서는 안 된다. 이런 시도는 실패할 수밖에 없고 기도한 내용과 정반대의 결과를 낳기도 한다. 애를 쓰지 않으면 차라리 더 좋은 성과가 나온다.

다음과 같은 경험을 한 적 없는가? 시험을 앞두고 많은 시간을 할

애해 공부를 열심히 했다. 시험 범위의 내용을 속속들이 안다고 자신하고 있었다. 하지만 시험지를 받는 순간 머릿속이 하얘진다. 여태까지 공부했던 내용이 갑자기 하나도 떠오르지 않는다. 이를 악물고 의지력을 동원해 보지만, 내용을 떠올리려고 노력할수록 더 생각이 안 나는 것 같다.

풀이 죽은 채 시험장을 나오면 마음을 옥죄던 압박감이 사라지고 몇 분 전 필사적으로 떠올리려고 했던 답안들이 갑자기 머릿속에서 선명해진다. 시험 범위 내용을 잘 안다고 믿었고 실제로도 그랬다. 하지만 답을 생각해 내야 할 때는 머릿속이 깜깜해진다. 무리하게 기억을 쥐어 짜낸 것이 실수였다. 노력 역행의 법칙에 따라 지나친 노력은 성공이 아닌 실패로 이어졌고, 요구하거나 기도했던 바와는 정반대의 결과가 나타난 것이다.

욕구와 상상의 갈등을 해소하라

정신력이나 의지력을 사용한다는 건 반대로 작용하는 힘이 있다는 걸 전제한다. 하지만 원하는 것과 반대되는 내용을 상상할수록 실제로 반대의 결과로 이어진다. 만약 원하는 결과를 얻기 위해 헤쳐 나가야 하는 장애물에 온 신경이 쏠려 있다면, 원하는 결과를 얻기 위한 수단에는 관심을 쏟지 못할 것이다.

"내가 진정으로 너희에게 말한다. 땅에서 너희 가운데 두 사람이

합심하여 무슨 일이든지 구하면, 하늘에 계신 내 아버지께서 그들에게 이루어 주실 것이다."(마태복음 18장 19절)

이 성경 구절에서 두 사람은 과연 누구를 말하는 것일까? 두 사람은 현재의식과 잠재의식을 의미한다. 합심한다는 것은 현재의식과 잠재의식의 아이디어와 욕구, 심상이 조화롭게 일치하고 호응함을 뜻한다. 마음속 잠재의식과 현재의식이 서로 다투지 않을 때 기도는 응답을 받을 것이다. 그리고 합치된 두 의식은 나 자신과 나의 욕구·생각·느낌·아이디어·감정·욕망·상상으로 표현된다.

노력이 최소한으로 드는, 졸리고 나른한 상태로 들어가면 욕구와 상상 간의 충돌을 피할 수 있다. 졸린 상태에서 현재의식은 가라앉는 경우가 많기 때문이다. 그래서 막 잠들기 전이 잠재의식에 아이디어를 새기기 가장 좋은 타이밍이다. 왜냐하면 잠들기 전과 잠에서 막 깨어났을 때 잠재의식이 수면으로 떠오르기 때문이다. 이 상태에서는 소망을 억누르고 잠재의식이 아이디어를 받아들이는 걸 막았던 부정적인 생각과 이미지가 더는 존재하지 않는다.

소망이 실제로 이루어지는 걸 상상하고 짜릿한 성취감을 느낄 때 잠재의식은 소망을 실현한다. 그래서 많은 위인은 상상을 유도하고 상상력을 제어하고 훈련하여 문제를 해결하고 딜레마를 극복할 수 있었다. 진짜라고 상상하고 느끼는 일이 현실에서 반드시 일어나리라는 걸 알고 있었던 것이다.

한번은 샤라라는 젊은 여성이 자포자기하는 심정으로 나를 찾아온 적이 있다. 샤라는 오랜 시간 복잡한 소송에 휘말렸다. 소송이 잇

달아 연기되면서 도무지 끝날 기미가 보이지 않았다. 마음속 깊은 곳에서는 소송이 원만하게 해결되기를 바랐지만, 머릿속은 실패·손실·파산·가난으로 가득 차 있었다. 결과는 에밀 쿠에가 예견한 바와 같았다. 상상력이 욕구를 이긴 것이다. 소송은 오래 지속됐다.

나의 조언에 따라 샤라는 자기 전에 졸리고 나른한 상태에 들어가 문제가 가능한 한 좋은 방향으로 마무리되는 장면을 상상했다. 그리고 최대한 상상을 잘 느낄 수 있도록 했다. 마음속에 떠오르는 이미지가 가슴이 원하는 것과 일치해야 함을 알았기 때문이다.

샤라는 졸린 상태에서 상대방과 합의가 끝나고 변호사와 이야기를 나누는 장면을 가능한 한 생생하게 상상하기 시작했다. 변호사에게 합의 결과에 관해 질문하고, 변호사가 설명해 주는 내용을 들었다. 변호사가 "본건은 당사자가 합의해 종결되었습니다. 아주 원만한 합의를 보았네요"라고 말하는 걸 몇 번이나 들었다.

낮에 두려움이 엄습할 때면 샤라는 마음속에서 영화를 상영하며 변호사의 말과 몸짓을 빠짐없이 떠올렸다. 변호사의 미소, 영혼 없는 말과 목소리, 그가 사용한 단어를 구체적으로 생각해 냈다. 이러한 연습을 자주 그리고 충실하게 해냈기에 두려움은 마음속에 비집고 들어올 틈도 없이 종적을 감추어 버렸다.

몇 주 후 변호사는 샤라에게 전화를 했다. 진짜라고 상상하고 느끼던 일이 정말로 일어나고 있음을 확인시켜 주었다. 소송은 합의로 종료되었고 합의 과정과 결과는 원만했다. 이렇듯 잠재의식의 힘과 지혜가 나를 질병과 속박, 불행으로부터 구원해 줄 것이다.

- 마음을 강압적으로 밀어붙이거나 너무 애쓰다 보면 불안과 공포라는 장벽이 답을 가로막는다. 마음을 편하게 가져라.

- 마음이 편안한 상태에서 아이디어를 받아들이면 잠재의식이 작용해 아이디어를 실현한다.

- 고전적인 생각의 틀에서 벗어나 새로운 방식으로 계획하자. 모든 문제에 대한 답과 해결책은 언제나 존재한다.

- 심장의 박동, 폐의 호흡, 신체 기관의 기능에 지나치게 신경을 써서는 안 된다. 잠재의식에 모든 것을 맡기고, 하나님이 보시기에 적절한 행위가 일어나고 있다고 자주 선언하라.

- 건강하다고 느끼면 건강해지고, 부자라고 느끼면 부자가 된다. 지금 어떤 느낌이 드는지 스스로에게 물어보자.

- 상상력은 가장 강력한 능력이다. 사랑스럽고 평판이 좋은 사람을 상상해 보라. 내가 상상하는 모습이 곧 내가 된다.

- 졸린 상태에서 잠재의식과 현재의식은 갈등을 피하려고 한다. 원하는 것이 계속 이루어지는 상상을 잠들기 전에 몇 번이고 반복하라. 편안하게 잠들고 기쁜 마음으로 잠에서 깨어나라.

제 2 부

나를 위한
최고의 인생은
이미 준비되어 있다

The Power of
Your Subconscious
Mind

JOSEPH MURPHY

9

잠재의식의 힘으로
부자가 되는 법

❈

부자가 되는 것을 인생의 유일한 목표로 삼지 마라. 부·평화·행
복·참된 표현·사랑을 요구하면서 다른 사람에게 선의를 베풀고
사랑을 나누어라. 잠재의식은 내가 베푼 선의와 사랑을 복리로 불
려 되돌려 줄 것이다.

만약 금전적인 어려움을 겪고 있거나 겨우 먹고살 만큼만 번다면,
돈이 남아돌 만큼 충분히 있다고 잠재의식에 확신을 주지 않았기 때
문이다. 일주일에 겨우 몇 시간만 일하는데 엄청난 수입을 올리는
사람들이 있다는 걸 이미 당신도 알고 있다. 그들은 열심히 일하거
나 일에 얽매이지 않는다. 땀을 흘리며 열심히 일해야만 부자가 될
수 있다는 말은 믿지 마라. 그렇지 않다. 힘들이지 않고 돈을 버는 게
가장 좋다. 내가 좋아하는 일을 하면서 기쁨을 찾고 전율을 느껴야
한다.

내가 아는 한 임원은 억대 연봉을 받는다. 작년에 그는 9개월 동안 크루즈 여행을 떠나 세계 방방곡곡의 명소를 관광했다. 자신은 그만큼의 연봉을 받을 가치가 있는 사람이라고 잠재의식을 납득시켰다는 이야기를 내게 했다. 회사에는 자기보다 사업에 관해 더 많이 알고 일을 더 잘하지만, 자기 연봉의 10분의 1 정도 받는 사람들이 있다고 했다. 그 이유는 야망과 창의적인 아이디어가 없고 잠재의식의 기적에 관심을 두지 않기 때문이리고 했다.

부는 궁극적으로 개인의 잠재의식 안에 있는 신념에 불과하다. "나는 백만장자다, 나는 백만장자다"라고 말하기만 해서는 백만장자가 되지 못한다. 부와 풍요라는 아이디어를 정신에 주입하고 성장시킨다면, 아이디어는 의식으로 변하고 의식은 외부 세계에서 실현될 것이다.

부의 의식을 성장시켜라

대부분의 사람이 가진 문제는 그들에게 눈에 보이지 않는 조력자가 없다는 것이다. 그래서 사업이 잘 안되거나 주가가 내려가거나 투자에서 손해를 볼 때면 어디에 도움을 청해야 하는지 모른다. 그들이 불안해하는 이유는 잠재의식의 문을 두드리는 방법을 모르기 때문이다. 내 안에 무궁무진한 보물창고가 있다는 사실을 모른다.

가난이라는 패배 의식에 젖어서 사는 사람은 결국 가난하게 살아간다. 하지만 부의 아이디어로 마음을 채운 사람은 부족함이 없다. 원래 사람의 인생은 궁핍하게 살도록 설계되어 있지 않다. 모두가 부를 가질 수 있고 필요한 것을 손에 넣을 수 있다. 심지어 남아돌 만큼의 부를 가질 수도 있다. 말에는 그릇된 아이디어로 가득 찬 마음을 씻어 내고, 그곳에 올바른 아이디어를 불어넣는 힘이 있다. '나도 부자가 되고 싶고 성공하고 싶은데'라고 생각한다면 하루에 서너 번, 5분씩 자신에게 반복해서 말해 보자.

부와 성공.

이 두 단어에는 엄청난 힘이 있고, 잠재의식의 숨겨진 힘을 표상한다. 내 안에 있는 실질적인 힘에 마음을 기울이면, 힘의 본질과 성질에 부합하는 조건과 상황이 조성될 것이다. 단순히 "나는 부자다"라고 말하는 게 아니라 내 안에 있는 진정한 힘에 관해 거듭 생각하는 것이다.

"부"라고 말할 때 마음에서 갈등이 일어나는 일은 없다. 또한 부자가 되리라는 생각을 계속하면 부유하다는 느낌이 마음에서 솟아난다. 부유하다는 느낌이 부를 만들어 낸다는 걸 언제나 명심해야 한다. 잠재의식은 일종의 은행이나 금융 기관에 빗댈 수 있다. 은행에 예치한 금액을 통장에서 확인할 수 있듯, 부유해지거나 가난해지는 생각은 현실에서 확인할 수 있다. 부유한 삶을 선택하라.

잠재의식에는 아이디어가 부족한 법이 없다. 내면에는 아이디어가 무수히 많고, 언제나 현재의식으로 흘러들 준비가 되어 있다. 그러한 아이디어는 호주머니에서 우연히 발견한 지폐처럼 별안간에 등장하기도 한다. 주식이나 환율의 등락과는 관계없이 아이디어는 계속 마음속에 피어오른다.

나의 부를 진정으로 결정짓는 건 주식, 예금, 채권 같은 것이 아니다. 물론 수치화는 내가 가진 부의 크기를 표현하는 손쉬운 방법이다. 하지만 이는 상징에 지나지 않는다. 내가 강조하고 싶은 점은, 부는 내 것이고 삶에서 순환하고 있다는 생각을 잠재의식에 각인하면 어떤 형태로든 부가 굴러든다는 것이다.

두려움은 확언을 무력화한다

"그렇게 해봤는데 효과가 없던데요."

"몇 주간, 아니 몇 달간 '나는 부자입니다. 나는 번영합니다'라고 말했는데 아무 일도 일어나지 않았어요."

수많은 사람이 이렇게 불평했다. 그들에게는 공통점이 있었다. "나는 부자입니다. 나는 번영합니다"라고 말할 때 자신에게 거짓말을 하는 듯한 느낌을 받는다는 것이다. 한 남성은 이렇게 고백했다.

"온 힘을 다해 '나는 번영한다'고 확언했는데, 상황만 더 안 좋아졌어요. 하긴 그 말을 하면서도 말도 안 된다고 생각하긴 했어요."

현재의식이 그 말을 거부했기에 입 밖으로 주장하고 확언한 내용과 정반대되는 일들이 발생했다. 효과가 없었던 진짜 이유는 그 말을 한 지 10분도 되기 전에 두려운 생각이 마음속을 비집고 들어와 긍정적인 확언을 무력화했기 때문이다.

기껏 땅에 씨를 뿌리고는 그 자리를 다시 파헤치는 사람은 없다. 식물이 뿌리를 내리고 성장할 수 있도록 가만히 두어야 하는 건 누구나 안다. 그러니 "그 돈을 낼 능력이 없어"라고 말하려고 했을 때 "그 돈을"이라는 말이 나오는 순간 잠시 멈추고 "나는 모든 방면에서 번영하고 있습니다" 등의 건설적인 문장으로 바꾸어 보자.

확언의 내용이 구체적이고 내면의 갈등이나 다툼을 불러일으키지 않을 때 그 효과가 가장 잘 발휘된다. 남성의 말은 사실 결핍 상태를 암시했기 때문에 결국 상황이 더 안 좋아진 것이다. 잠재의식은 아무 말이나 문구를 받아들이는 게 아니라 진심으로 진짜라고 느끼는 것만 받아들인다. 현재의식을 지배하는 아이디어나 믿음을 받아들이는 것이다.

내적 갈등을 겪고 있는 사람들에게 유용한 방법을 소개한다. 다음 말을 자주 반복하라.

나는 내가 몸담는 분야에서 쉴 새 없이 번영하고 있습니다.

특히 잠들기 전에 반복하는 것이 좋다. 이러한 확언은 내면의 갈등을 불러일으키지 않는다. 잠재의식에 남아 있는 재정적으로 쪼들린다는 느낌과 모순되지 않기 때문이다.

나는 매출이 부진하고 재정 상태가 좋지 않아 수심으로 가득 차 있는 사업가에게 사무실 의자에 앉아 마음을 차분히 하고 "매출이 매일 늘어나고 있습니다"를 몇 번이고 반복해서 말하라고 조언했다. 이 말은 현재의식과 잠재의식의 협력을 유도해, 정말 매출이 증가하는 결과를 가져왔다.

이런 방식으로 밤에 잠자리에 들 때 침착하게 힘을 빼고 감정을 실어 '부자'라는 단어를 반복해 보자. 자장가처럼 부자라는 단어를 어르듯이 반복하면서 잠들다 보면, 그 결과에 깜짝 놀랄 것이다. 돈과 풍요가 눈사태처럼 쏟아질 것이기 때문이다. 이는 잠재의식의 기적적인 힘을 느껴 볼 수 있는 가장 쉬운 방법이다.

백지 수표에 서명하지 마라

"돈이 충분히 돌지 않아요."

"돈이 모자라요."

"대출금을 감당할 수 없어서 집을 포기해야 할 거예요."

이런 말을 하면 금액이 기재되지 않은 백지 수표에 서명하는 것과 같다. 다가올 미래를 두려워하는 것 역시 마찬가지다. 미래에 대한 두려움은 부정적인 상황을 끌어당긴다. 잠재의식은 두려움과 부정적인 말이 실현되기를 원한다고 여긴다. 그래서 장애물이 생기고 하던 일이 지연되며 부족함이나 한계를 느낀다.

잠재의식은 은행과 같아서 맡겨둔 생각을 불린다. 매일 아침 일어날 때마다 번영과 성공, 부와 평화에 관한 생각을 잠재의식에 쌓고 이런 생각을 되도록 자주 곰곰이 되새기자. 잠재의식에 쌓인 건설적인 생각은 풍요와 번영을 가져올 것이다.

부자가 되는 걸 막는 정신적인 장벽을 치워라

사람들은 생계를 꾸려나가기 위해 쉴 새 없이 노력한다고 말한다. 하지만 실상은 자기 몸 하나도 건사하기 어려운 것 같다. 그런 사람들이 무슨 말을 하는지 들어본 적 있는가? 그들의 대화 대부분은 다음과 같은 맥락으로 흘러간다. 일단 인생에서 성공하고 남들보다 돋보이는 사람을 끊임없이 비난한다.

"저 사람은 부정한 방법으로 재산을 모았어. 돈 앞에서는 인정사정없지. 사기꾼이야."

하지만 이것이 바로 그들이 부자가 되지 못하는 이유다. 자신이 간절하게 원하고 소망하는 것을 쉴 새 없이 비난한다. 다른 사람의 성공을 질투하고 탐내기에 자기보다 성공한 동료를 험담한다. 자기보다 부자인 사람을 비판하고 비난하는 건 부가 사라지라고 기도하는 것과 다를 바 없다.

사람들이 부자가 되는 걸 가로막는 감정이 바로 질투다. 대부분은 질투가 재산을 내쫓는 걸 모른다. 그래서 돈을 벌기 위해 사서 고생을 한다. 예를 들어 적은 돈을 계좌에 넣으려고 은행에 갔는데, 옆 창구의 사람이 거액을 예치하는 것을 봤다고 치자. 이때 드는 질투를 극복하는 방법은 "와, 정말 멋지다! 그렇게 부자라니 내가 다 기쁘네. 더 큰 부자가 되면 좋겠다"라고 자신에게 말하는 것이다.

질투하는 마음은 파괴적이다. 질투는 나를 부정적인 위치에 놓는다. 그래서 부가 흘러들어 오기는커녕 흘러 나간다. 만약 다른 사람이 부자라서, 또는 나보다 성공해서 짜증이 났거나 기분이 나빴던 적이 있다면, 이제부터는 더 부자가 되라고 빌어 주어야 한다. 이로써 마음속에 있는 부정적인 생각이 중화되고, 잠재의식의 법칙에 따라 더 큰 재산이 나에게 흘러들어 올 것이다.

부정한 방법으로 돈을 번다고 누군가를 걱정하거나 비난할 필요도 없다. 정말 마음의 법칙을 악용해 부정적인 방법으로 재산을 축적하고 있다면 마음의 법칙이 얼마 지나지 않아 그를 처리해 줄 것이기 때문이다.

다른 사람을 비난하지 않도록 주의를 기울여야 한다. 부자가 되는 걸 막는 장벽은 내 마음속에 있다는 걸 명심하라. 모든 사람과 정신적으로 좋은 관계를 유지함으로써 그 장벽을 무너뜨릴 수 있다.

- 잠재의식의 도움을 확실하게 얻어 쉽게 부자가 되어 보자.

- 이마에 땀을 흘리며 열심히 일해서 부를 축적한다면 무덤에서야 부자가 될 수 있을 것이다. 열심히 노력하거나 일에 얽매일 필요가 없다.

- 부란 잠재의식의 신념이다. 부유해지리라는 생각을 마음에 심고 키워 나가자.

- 눈에 보이지 않는 조력자가 없다는 것이 대부분 사람의 문제다.

- 잠들기 전 5분간 '부자'라는 단어를 천천히 침착하게 반복해서 말하면 잠재의식은 부자가 되는 경험을 실제로 만들어 낸다.

- 부유하다는 느낌이 부를 낳는다는 점을 늘 염두에 두어라.

- 현재의식과 잠재의식은 궤를 같이해야 한다. 잠재의식은 진짜라고 느끼는 것을 받아들인다. 언제나 현재의식을 지배하는 아이디어나 믿음을 받아들이는 것이다. 그래서 지배적인 아이디어는 가난이 아니라 부가 되어야 한다.

- "나는 내가 몸담는 분야에서 쉴 새 없이 번영하고 있습니다"라고 자주 확언함으로써 내면의 갈등, 즉 잠재의식과 현재의식의 갈등을 해소할 수 있다.

- "매출이 날마다 늘고 있습니다. 나는 매일 발전하고 진보하며 어제보다 부자가 되고 있습니다"라는 말을 거듭 반복하면 매출이 증가한다.

- "돈이 충분히 돌지 않아요" "돈이 모자라요" 등의 말을 하는 것은 금액이 기재되지 않은 백지 수표에 서명하는 것과 같다. 그러한 말은 손실을

몇 배로 증가시킬 뿐이다.

- 잠재의식에 번영·부·성공의 생각을 저금하면 잠재의식은 이를 복리로 불려서 돌려준다.

- 의식적으로 확언하는 내용을 몇 달 후 마음속에서 부정해서는 안 된다. 그러면 확언한 내용이 무효가 된다.

- 마음에 품고 있는 아이디어가 진정한 부의 원천이다. 나는 수억 원어치의 아이디어를 가지고 있다. 잠재의식은 내가 찾고 있던 아이디어를 줄 것이다.

- 시기와 질투는 부가 흘러들어 오는 걸 막는 장애물이다. 다른 사람이 잘되면 기뻐하라.

- 부를 가로막는 장벽은 내 마음속에 있다. 모든 사람과 정신적으로 좋은 관계를 맺음으로써 지금 당장 장벽을 치워 버리자.

10
당연히 내가 누려야 할
부자가 될 권리

❉

돈을 신격화해서는 안 된다. 돈은 하나의 상징일 뿐이다. 진정한 부는 내 마음속에 있다는 걸 명심하라. 나는 균형 잡힌 삶을 살기 위해 태어났다. 이는 균형 잡힌 삶을 사는 데 필요한 돈 전부를 얻을 수 있음을 뜻하기도 한다.

나는 부자가 될 권리를 타고났다. 풍요롭고 행복하며 빛이 나고 자유로운 삶을 영위하려고 이 세상에 왔다. 그러므로 풍요롭고 행복하며 번영하는 삶을 살기 위한 돈도 갖게 되어 있다.

나는 영적, 정신적, 물질적으로 성장하고 발전하기 위해 삶을 부여받았다. 모든 잠재력을 충분히 계발하고 표현할 권리가 있으며, 그러한 권리는 다른 사람에게 양도할 수 없다. 아름답고 고급스러운 것으로 주위를 둘러쌀 능력도 있다.

잠재의식이 주는 부를 누릴 수 있는데 왜 현실에 안주하려 하는

가? 이 장에서는 돈과 친구가 되는 법을 배울 것이다. 일단 돈과 친구가 되면 원하는 것뿐만 아니라 그 이상을 가질 수 있다. 정말로 부자가 되고 싶은지 스스로를 의심하거나 부자가 되고 싶다는 마음을 부끄럽게 생각하지 말자. 더 충만하고 행복하며 멋진 인생을 살고 싶기에 돈을 갈망하는 것뿐이다. 부자가 되고 싶은 것은 당연한 것이고, 우주적 원리에 따르는 것이다. 부는 단순히 좋은 걸 넘어 아주 좋은 것이다.

돈은 상징이다

돈은 교환의 상징이다. 돈은 자유뿐만 아니라 아름다움과 세련됨, 풍요로움과 고급스러움을 상징한다. 한 국가의 경제가 얼마나 튼튼한지를 나타내는 상징이기도 하다. 혈액 순환이 원활할 때 신체가 건강한 것처럼 인생에서 돈이 막힘없이 순환해야 재정적으로 튼튼하다고 볼 수 있다. 사람들이 돈을 금고에만 넣어 놓는 등 손에 꽉 쥐고 있으려 하고 돈이 새어나갈까 걱정할 때 재정 상황은 병든다.

일종의 상징인 돈은 수세기 동안 여러 형태로 존재했다. 금, 은, 소금, 구슬, 장신구 등 생각할 수 있는 거의 모든 것이 돈으로 기능했다. 고대에는 사람들이 가진 양과 소의 수에 따라 재산의 규모가 결정되기도 했다. 현대에 들어서는 화폐나 기타 금융 상품이 재산을 가늠하는 척도가 되었다. 그 이유는 분명하다. 양을 끌고 다니면서 비용으로 지불하는 것보다 수표를 쓰는 게 훨씬 편하기 때문이다.

부자가 되는 왕도

일단 잠재의식의 힘을 이해하면 영적·정신적·경제적으로 부자가 되는 왕도로 가는 지도를 얻은 셈이다. 마음의 법칙을 제대로 배운 사람이라면 무엇을 원하고 무엇을 원하지 않는지 명확하게 알고 있다. 경제 위기, 주식 시장의 변동, 경기 침체, 파업, 인플레이션, 심지어 전쟁이 난다고 해도 결코 부족함이 없을 것이다.

왜냐하면 잠재의식에 부의 아이디어를 전달했기 때문이다. 언제 어디서나 잠재의식이 필요한 것을 가져다줄 것이고, 삶에서 돈이 막힘없이 흐르며 언제나 넉넉할 것이다. 그렇게 잠재의식에 명령하자 그대로 이루어졌다. 하룻밤 사이에 경제가 무너져 모든 재산이 종잇 장이 되어 버릴지라도 계속해서 부를 끌어들일 것이다. 또한 경제 위기를 큰 어려움 없이 극복할 것이고 오히려 위기 상황이 더 큰 이익을 위한 기회가 될 가능성도 있다.

부를 비난하면 부가 도망간다

이 장을 읽으면서 "나는 지금보다 더 많은 돈을 벌 자격이 있어"

라고 생각할지도 모른다. 대부분이 그런 생각을 한다. 정말 그런 자격이 있을지언정 실제로 더 많은 돈을 벌지는 못한다.

이런 사람들이 돈을 더 많이 벌지 못하는 가장 큰 이유는 조용히 또는 공공연히 돈이 나쁘다고 비난하기 때문이다. 돈을 '더럽다'고 하거나 자녀와 친구들에게 "돈을 사랑하는 것이 모든 악의 뿌리입니다"(디모데전서 6장 10절)라고 말한다. 가난에 대단한 미덕이 있는 것처럼 포장하여 은근슬쩍 잠재의식으로 보내는 것도 이에 한몫한다. 이러한 무의식적인 사고 패턴은 어린 시절 교육을 잘못 받았거나 성경을 잘못 해석했기 때문이다.

"파산했지만 뭐, 괜찮습니다. 돈을 좋아하지 않거든요. 돈은 모든 악의 뿌리입니다."

한 남성이 내게 다가와서 말했다. 이 말은 혼란스럽고 신경증적인 생각을 반영한다.

돈에 관한 이상한 믿음이나 미신을 마음속에서 지워 버려라. 돈이 악하다거나 더럽다고 생각하지 마라. 도망가라고 돈에 발을 달아 주는 꼴밖에 안 된다. 비판하는 대상은 결코 끌어당길 수 없다.

"사기꾼이 아니면 돈을 많이 벌 수 없다"라는 말을 분명 들어 본 적 있을 것이다. 이렇게 생각하고 말하는 사람은 일반적으로 재정난에 시달리는 경우가 많다. 아마도 자신보다 더 성공하거나 돈이 많은 친구를 보며 쓸쓸해하거나 배가 아팠을 수도 있다. 그렇다면 이 사람은 사서 고생하고 있다. 친구들에게 품은 부정적인 생각과 부를 비난하면 번영과 부가 도망가 버린다. 자신을 비난하는 사람과 시간을 보내고 싶어 하는 사람은 없다. 부도 마찬가지다. 이런 사람은 자신이 원하는 것을 제 손으로 내쫓고 있다.

이 사람은 두 가지 모순된 방법으로 기도를 하고 있다. 한편으로는 "부가 나에게 흘러들어 왔으면 좋겠다"라고 말하면서도 다른 한편으로는 "저 친구가 번 돈은 더럽고 악하다"라고 말한다. 이러한 모순은 가난과 비참으로 향하는 도로의 이정표와도 같다. 그러니 다른 사람이 부자가 됐다면 함께 기뻐하도록 특별히 신경을 써야 한다.

돈이 유일한 목표가 되어서는 안 된다

돈만을 사랑하면 균형이 한쪽으로 치우쳤거나 조화롭지 않은 것이다. 나는 힘과 권위를 슬기롭게 사용하기 위해 태어났다. 어떤 사람들은 권력을, 다른 사람들은 돈을 갈망한다. 돈에만 신경을 쓰고 "내가 원하는 건 오로지 돈이야. 돈을 모으는 데 모든 노력을 기울이겠어. 중요한 건 돈밖에 없어"라고 말한다면, 돈을 벌고 재물을 모을 수는 있겠지만 과연 무엇을 위해서인가? 이는 균형 잡힌 삶을 살기 위해 세상에 태어났다는 사실을 감쪽같이 잊어버린 것이다.

나는 마음의 평화, 조화, 사랑, 기쁨 그리고 온전한 건강에 대한 굶주림도 채워야 한다. 그런데 돈을 유일한 목표로 설정했다면 잘못된 선택을 내린 것이다. 아마 돈만 있으면 된다고 생각했겠지만 각고의 노력을 기울인 끝에 돈이 다가 아니라는 사실을 깨달을 것이다. 임종을 앞두고 '돈을 버는 데 시간을 더 보냈으면 좋았을걸!'이라고 후회하는 사람은 단 한 명도 없다.

나는 숨겨진 재능을 진정으로 표현하고, 삶에서 자신이 있어야 할 곳을 찾으며, 다른 사람의 안녕과 성공에 이바지함으로써 기쁨과 미학을 느끼길 원한다. 잠재의식의 법칙을 배우면 수십억 아니 수백억을 손에 넣을 수 있을뿐더러 마음의 평화와 조화, 온전한 건강을 누리고 표현할 수 있다.

가난은 마음의 병이다

가난은 미덕이 아니다. 다른 정신 질환처럼 일종의 마음의 병이다. 만약 몸이 아프다면 뭔가 문제가 생겼다는 걸 깨닫고 도움을 구하거나 병을 치료하기 위해 노력할 것이다. 마찬가지로 삶에 충분한 돈이 흐르지 않는다면 근본적으로 뭔가가 잘못되었다는 신호다.

내면에 있는 생명의 원리는 성장과 발전을 향해 나아가고 삶을 더 풍요롭게 만들려고 한다. 우리는 누추한 집에서 누더기 차림으로 배를 곯으려고 이 세상에 태어난 게 아니다. 행복하고 번영하며 성공하기 위해 이 세상에 왔다.

실생활에서 돈을 늘리는 방법은 간단하다. 다음 확언을 하루에도 여러 번 반복하면 된다.

돈이 좋습니다. 돈을 사랑합니다. 나는 현명하고 건전하며 분별력 있게 돈을 사용합니다. 돈이 삶에서 끊임없이 순환하고 있습니다. 기쁜 마음으로 돈을 풀어 주면, 놀랍게도 몇 배가 되어 다시 나에게 돌아옵니다. 돈은 좋고 또 좋은 것입니다. 눈사태처럼 돈과 풍족함이 쏟아집니다. 나는 선한 목적으로만 돈을 사용합니다. 행복하고 마음이 풍요로워짐에 감사합니다.

과학적으로 사고하는 사람이
돈을 바라보는 관점

금이나 은, 납, 구리, 철 광맥을 땅속에서 발견했다고 치자. 이런 광맥을 악하다고 사람들에게 알리겠는가? 당연히 아니다! 모든 악은 인간의 몰이해와 무지, 그릇된 삶의 해석과 잠재의식의 오용에서 비롯된다. 돈은 그저 상징이다. 그래서 납이나 주석 같은 광물을 교환의 수단으로 사용했다. 20세기 초 미국은 주화 다임과 쿼터를 은으로 만들었다. 두 동전의 가치는 각각 10센트와 25센트에 해당한다. 시간이 지난 후 정부는 더 저렴한 금속으로 동전을 주조했다. 하지만 쿼터 하나를 만드는 데 드는 금속의 값어치가 25센트가 되지 않더라도 쿼터가 25센트라는 건 불변이다.

물리학에서 두 금속 간의 차이를 만들어 내는 건 원자의 전자 수와 종류다. 금속에 흐르는 전자의 흐름을 바꾸면 어느 한 금속을 다른 금속으로 바꿀 수 있다. 비금속을 금으로 바꾸려는 연금술사의 꿈에 한 발짝 더 다가간 것이다.

여기서 하려는 이야기는 금은 납보다 더 선하거나 악한 게 아니라는 것이다. 서로 성질이 다른 물질일 뿐이다. 사람들이 역사적으로 납보다 금을 좋아하거나 싫어하는 이유는 금이 납보다 더 귀하다고 여겼기 때문이다.

영양분을 끌어당기는 씨앗처럼
돈을 끌어당겨라

호주에서 한 젊은이를 만난 적이 있다. 그는 의사가 되는 게 꿈이라고 했다. 과학 수업을 듣고 성적도 좋았지만 부모님을 일찍 여의어 의대 등록금을 마련할 방법이 없었다. 생계를 꾸리기 위해 그는 동네 병원의 진료실을 청소했다. 나는 그에게 이렇게 이야기했다.

"땅에 심은 씨앗은 싹을 틔우는 데 필요한 모든 영양분을 끌어당깁니다. 같은 원리로 필요한 아이디어를 잠재의식에 심기만 하면 싹을 틔울 수 있습니다."

젊은이는 잠자리에 들기 전 자신의 이름이 굵은 활자로 크게 쓰여 있는 의사 면허증을 매일 상상했다. 면허증의 이미지를 분명하고 상세하게 떠올릴 수 있었다. 진료실 벽에 액자로 걸려 있는 의사 면허증의 먼지를 닦고 털면서 면허증이 어떻게 생겼는지 자세히 들여

다보았기 때문이다.

이런 시각화 기법을 4개월 정도 지속했다. 그러자 어느 날 젊은이가 청소한 진료실을 쓰는 의사가 그에게 다가와 혹시 보조로 일할 생각이 있는지 물었다. 의사는 훈련 프로그램을 이수할 수 있도록 돈을 대주었고, 젊은이는 다양한 의료 기술을 습득할 수 있었다. 프로그램을 마치자 의사는 젊은이를 보조로 고용하였다. 의사는 젊은이의 명석함과 결단력에 감명받아 나중에 젊은이가 의과 대학에 입학하도록 도왔다. 오늘날 이 젊은이는 캐나다 몬트리올에서 의사로 명성을 떨치고 있다.

젊은이가 성공한 이유는 끌어당김의 법칙을 이해하고 잠재의식을 올바르게 사용하는 법을 익혔기 때문이다. '결과를 명확하게 안다면 이미 그 결과를 실현하는 방법을 알고 있는 셈이다'라는 오래된 법칙을 활용했다. 여기서 결과란 의사가 되는 것이었다.

젊은이는 의사가 되는 현실을 상상하고 보고 느낄 수 있었다. 그리고 의사가 되는 아이디어를 품고 살았다. 그 아이디어를 고수하면서 영양분을 주었고 사랑하며 키웠다. 마침내 시각화 작업을 통해 아이디어는 겹겹이 쌓인 층을 뚫고 잠재의식에 스며들었고, 하나의 신념으로 변했다. 그리고 이 신념은 꿈을 이루는 데 필요한 모든 것을 끌어당겼다.

왜 어떤 사람의 연봉은 오르지 않을까?

대기업에서 일하는데 능력만큼 월급을 받지 못한다고 가정해 보자. 고용주가 내 가치를 알아주지 못한다는 사실에 분개하며 더 많은 돈과 인정을 받을 자격이 있다고 생각할 것이다.

고용주에게 마음의 벽을 쌓으면 무의식적으로 회사와도 마음이 멀어진다. 해고를 향한 일종의 과정을 진척시키는 것이다. 그리고 과정이 진행되다 보면 어느 날 "그만두는 게 좋겠네"라는 말이 상사의 입에서 나올 것이다.

사실 나를 해고한 사람은 상사가 아니라 나 자신이다. 상사는 단지 부정적인 정신 상태를 확인하는 하나의 도구였을 뿐이다. 이게 바로 작용과 반작용 법칙의 예다. 여기서 생각은 작용이고 잠재의식의 응답은 반작용이다.

잠재의식이 현명한 투자로 이끈다

투자와 관련된 조언이 필요하거나 보유하고 있는 주식 또는 채권이 걱정된다면 차분하게 주장하라.

무한한 지성이 모든 금융 거래를 관리하고 감시합니다. 손을 대는 것마다 대박이 납니다.

믿음과 확신을 가지고 이 말을 자주 반복한다면, 잠재의식이 현명한 투자의 길로 나를 이끌어 줄 것이고 손해를 보지 않도록 보호해 줄 것이다. 왜냐하면 손실을 보기 전에 리스크가 있는 증권이나 주식을 팔고 싶은 마음이 들 것이기 때문이다.

공짜는 없다

대형 상점은 도난을 방지하기 위해 경비원과 감시원을 고용한다. 그리고 매일 대가를 치르지 않고 무언가를 얻으려는 사람들을 잡아낸다. 공짜를 바라는 사람들의 마음 상태는 결핍이 있고 제한적이다. 다른 사람들의 물건을 훔치려고 애를 쓰느라 정작 내면의 평화와 조화, 신념, 정직, 진실함, 선의, 자신감을 저버리기 때문이다.

게다가 그러한 메시지는 잠재의식에 전해져서 성격, 품위, 사회적 지위, 마음의 평화 등 온갖 종류의 상실을 끌어당긴다. 이러한 사람들은 마음의 작동 원리를 이해하지 못하고, 부의 원천을 향한 신뢰가 부족하다. 만약 진정한 부를 보여 달라고 잠재의식에 요구하면, 잠재의식은 그 요구에 응답해 일자리를 찾아 주고 풍요를 가져다줄 것이다. 그렇게 정직함과 진실함, 끈기가 배양되면 나 자신과 사회 앞에 떳떳할 수 있다.

마음으로 풍요로운 삶을 받아들이자

자유와 안락 그리고 부를 누리는 지름길은 잠재의식의 힘과 생각·심상의 창조력을 인식하는 데 있다. 풍요로운 삶을 마음으로 받아들이자. 정신이 부를 받아들이고 부자가 될 것을 기대한다면, 잠재의식은 그 나름의 수학과 역학을 사용해 부를 표현할 수 있는 방법을 찾을 것이다. 부유하다는 기분을 느끼기 시작하면 풍요로운 삶을 누리는 데 필요한 모든 것이 눈앞에 나타날 것이다. 다음 내용을 매일 확언하며 마음속에 새겨라.

나의 잠재의식은 무한한 부를 생성합니다. 부자가 되고 행복하며 성공하는 것은 나의 권리입니다. 엄청난 돈이 막힘도 없고 끝도 없이 흘러들어 옵니다. 나는 나의 참된 가치를 언제나 알고 있고, 재능을 아낌없이 발휘하고 있으며 경제적으로 큰 축복을 받았습니다. 굉장한 일입니다!

- 부자가 될 권리를 주장할 수 있을 만큼 대담해야 한다. 그러면 마음속 깊은 곳에서는 내 주장이 받아들여질 것이다.

- 입에 풀칠할 수 있을 정도의 부를 원하는 건 아니다. 하고 싶은 걸 하고 싶을 때 다 할 수 있을 정도의 돈을 원하는 것이다. 그런 돈을 가지려면 잠재의식의 부를 제대로 이해해야 한다.

- 인생에서 돈이 막힘없이 순환해야 재정적으로 튼튼하다고 볼 수 있다. 돈을 조수潮水처럼 여기면 언제나 충분한 돈을 가질 수 있다는 관점이 생겨난다. 밀물과 썰물은 끊임없이 되풀이된다. 지금 잠시 썰물 상황이 되더라도 반드시 밀물이 돌아올 것임을 잊어서는 안 된다.

- 잠재의식의 법칙을 알면 어떤 형태로든 돈이 들어온다.

- 생계를 간신히 꾸려나가고 돈이 없다고 빌빌대는 이유는 돈을 비난하기 때문이다. 무언가를 비난하면 날개가 돋쳐 날아가 버린다.

- 돈을 신격화해서는 안 된다. 돈은 하나의 상징일 뿐이다. 진정한 부는 내 마음속에 있다는 걸 명심하라. 나는 균형 잡힌 삶을 살기 위해 태어났다. 이는 균형 잡힌 삶을 사는 데 필요한 돈을 전부 얻을 수 있음을 뜻하기도 한다.

- 부자가 되는 것을 인생의 유일한 목표로 삼지 마라. 부와 행복, 평화를 요구하라. 잠재의식은 내가 베푼 선의와 사랑을 복리로 불려 되돌려 줄 것이다.

- 가난은 미덕이 아니라 마음의 병이다. 즉시 내면의 갈등을 해소하거나

병을 고쳐야 한다.

- 누추한 집에서 누더기 차림으로 배를 곯으려고 이 세상에 태어난 게 아니다. 나는 더 풍요로운 삶을 살기 위해 이 땅에 내려왔다.

- 절대 "더러운 부자"라든가 "돈을 경멸한다"라고 말하지 마라. 비판하는 대상은 잃기 마련이다. 돈은 그 자체로 좋지도 나쁘지도 않다. 하지만 좋다고 생각하면 좋고, 나쁘다고 생각하면 나쁘다.

- "돈이 좋다. 현명하고 건전하며 분별력 있게 돈을 사용한다. 기쁜 마음으로 돈을 풀면 수천 배가 되어 돌아온다"라고 자주 반복하라.

- 땅에 묻힌 구리, 납, 주석, 철이 악한 게 아닌 것처럼 돈도 악하지 않다. 모든 악은 인간의 무지와 잠재의식의 오용에서 비롯된다.

- 최종 결과를 마음속에 그려 보면 잠재의식이 응답하여 마음속에 그린 내용을 실현해 줄 것이다.

- 공짜를 바라지 마라. 세상에 공짜는 없다. 모든 건 '기브 앤드 테이크'다. 만약 목표와 이상, 사업 등에 집중하면 잠재의식이 나를 지지해 줄 것이다. 부자가 되는 열쇠는 잠재의식에 부의 아이디어를 새겨 넣어 잠재의식의 법칙에 따라 작동하도록 하는 데 있다.

11

성공으로 이끄는 파트너, 잠재의식

성공에 필수적인 요소들은 모두 성공에 관한 생각에 담겨 있다. 믿음을 지키고 확신하며 성공이라는 단어를 계속 되새겨라. 그러면 성공할 수밖에 없는 잠재의식을 구축할 것이다.

진정한 승자란 인생 경영에 성공한 사람을 말한다. 삶에서 오랫동안 평화, 기쁨, 즐거움을 누린다면 이를 성공이라고 부를 수 있을 것이다. 이러한 좋은 것을 끝없이 경험하는 게 성경에서 말하는 영원한 생명이다.

평화나 조화, 진실, 안정, 행복 등은 삶에서 실제로 존재하지만 눈으로 볼 수도 손으로 만질 수도 없다. 모두 자아의 심연에서 나온다. 그리고 이러한 좋은 자질을 키워 나가는 것은 잠재의식의 하늘에 보물을 쌓아 놓는 것과 같다.

성공을 향한 3단계

성공을 향해 나아가는 데 가장 중요한 첫 번째 단계는 자신이 좋아하는 일이 무엇인지 알고 그 일을 하는 것이다. 자신이 하는 일을 사랑하지 않는다면 전 세계가 나를 추앙하더라도 스스로에게 성공했다고 말하지 못할 것이다.

자기 일을 사랑하면 그 일을 열심히 하려는 의욕이 든다. 정신과 의사가 되고 싶다면 의사 면허증을 따서 벽에 걸어 놓는 것만으로는 충분하지 않다. 정신의학 분야의 최신 동향을 따라가고 학회에 참석하며 마음이 어떻게 작동하는지를 끊임없이 연구해야 한다. 다른 병원을 방문하기도 하고 최신 학술 논문도 읽어야 할 것이다. 다르게 표현하면 환자의 안녕이 최우선이므로 인간의 고통을 경감해 주기 위해 가장 최근에 나온 기법을 공부해야 한다.

"제가 원하는 게 뭔지 모르겠어요. 원하는 걸 모르니 첫 번째 단계를 시작하기가 어렵네요. 좋아해서 노력을 쏟을 만한 분야를 어떻게 찾을 수 있을까요?"

이런 의문이 든다면 다음과 같은 방법으로 잠재의식에 도움을 청하자.

잠재의식의 무한한 지성은 내가 있어야 할 자리를 알려 줍니다.

이 기도를 차분하고 긍정적으로 애정을 가지고 반복해 보자. 믿음과 자신감을 가지고 계속해서 기도하다 보면 느낌이나 예감을 받거나 어떤 방향으로 이끌려 가는 경향을 발견할 것이다. 이게 바로 기도의 응답이다. 응답은 내면의 깨달음의 형태로 분명하고 평화로우며 조용하게 다가올 것이다.

성공을 향한 두 번째 단계는 특정 분야의 전문가가 되어 최고가 되기 위해 노력하는 것이다. 예를 들어 화학자가 되고 싶어 하는 학생이 있다고 하자. 학생은 화학의 세부 분야 중에 하나를 선택하여 전문화한 후 시간과 정성을 바쳐야 한다. 열정이 있다면 그 학생은 자신이 택한 분야의 모든 것을 속속들이 누구보다 더 잘 알고 싶을 것이다. 일에 열렬한 관심을 가져야 하고, 일을 통해 세상에 이바지하려는 마음도 있어야 한다.

자신이 사랑하는 일에 열성을 다하는 태도와 먹고살기 위해 일을 하거나 '그럭저럭 살아가면 된다'라는 마음가짐에는 큰 차이가 있다. 그럭저럭 살아가는 태도로는 진정한 의미의 성공을 할 수 없다. 인간의 동기는 더 의미 있고 고귀하며 이타적이어야 한다. 다른 사람을 위하며, 대가를 바라지 않고 베풀어야 한다.

세 번째 단계가 가장 중요하다. 내가 하고 싶은 일이 개인적인 성공을 위한 일이어서만은 안 된다. 나의 이익만을 위해서는 안 되고 인류에게 유익해야 한다. 내 아이디어는 세상을 축복하거나 세상에 봉사하기 위한 것이어야 한다. 나의 이익에서 세상의 이익으로 흐르는 하나의 회로가 완전하게 형성되어야 한다. 일단 회로가 완성되면 그 아이디어가 몇 배의 축복이 되어 돌아온다. 나의 이익만을 위해서 일한다면 성공을 위해 꼭 필요한 회로는 미완의 상태로 남을 것이다. 겉으론 성공한 것처럼 보일 수도 있겠지만, 시간이 지날수록 반만 완성된 삶의 회로 때문에 한계에 부딪히거나 질병에 걸리는 일이 생길 수도 있다.

진정한 성공은
단순한 부의 축적이 아니다

이쯤 되면 아마 이런 생각이 들지도 모른다.

"그럼 주가 조작으로 수십억 원을 벌어들인 사람은요? 그 사람보다 성공한 사람을 찾기 어려울 텐데요. 그리고 그 사람은 인류 전체의 이익은 털끝만큼도 신경 쓰지 않을 거예요."

우리 주위에서 너무나 흔하게 찾아볼 수 있는 사례다. 여기 담긴 진실을 주의 깊게 살펴볼 필요가 있다. 한동안은 이 사람이 성공한 것처럼 보일 수도 있다. 하지만 사기를 쳐서 번 돈에는 날개가 달려 곧 저 멀리 날아가 버리고는 한다. 사기꾼이 돈을 날리지 않고 호의호식할 수도 있다. 그러나 다른 사람의 것을 빼앗는 일은 자신의 것을 빼앗는 일과 마찬가지다. 부족과 한계를 행동으로 드러내면 자기의 신체, 가정생활, 타인과의 관계에서도 부족과 한계가 발현된다.

생각과 감정은 내가 만든다. 사람은 자신이 믿는 것을 만들어 낸다. 부정한 방법으로 부를 쌓은 사람은 성공한 것이 아니다. 마음의 평안 없이는 성공도 없다. 밤에 잠들지 못하거나 몸이 아프거나 죄책감에 시달린다면 부를 쌓아 봤자 다 무슨 소용이겠는가?

나는 런던에서 범죄 활동으로 재산을 축적한 직업 범죄인을 만난 적이 있다. 그는 런던 외곽에 있는 화려한 집에 살았고, 여름에는 프랑스에 있는 개인 별장에서 휴가를 보냈다. 호화로운 삶을 살았지만 편안한 삶을 사는 것은 아니었다. 런던 경찰국이 자기를 잡으러 오지 않을까 끊임없이 두려워한 나머지 그의 내면은 혼란으로 가득했다. 당연히 그 혼란은 끝없는 공포와 뿌리 깊은 죄책감에서 비롯된 것이다. 그는 자신이 잘못을 저질렀다는 것을 알고 있었다. 마음속 깊이 느끼는 죄책감 때문에 그는 삶에서 온갖 문제를 겪었다.

이후 그가 경찰에 자수해 징역형을 살았다는 소식을 들었다. 출소한 후에는 심리·영성 상담을 받고 새사람이 되었다고 한다. 그는 노동자이자 정직하게 법을 준수하는 시민이 되었고 자신이 좋아하는 일을 찾아 행복한 삶을 살았다.

성공하는 사람은 자기 일을 사랑하고 자신을 충만하게 드러낸다. 성공은 단순한 부의 축적이 아닌 그보다 더 높은 이상에 달려 있다. 성공하는 사람은 심리적, 영적 이해도가 뛰어난 사람이다.

오늘날 비즈니스 리더 중 다수는 성공을 위해 잠재의식을 올바르게 활용한다. 이들은 앞으로 펼칠 사업이 이미 완성된 모습을 상상하는 훈련을 한다. 훈련을 통해 자신의 기도가 실현되는 모습을 잠재의식을 통해 보고 느낀 뒤 현실에서 실제로 이루어 낸다. 어떠한 목표를 간절히 원하면 그 목표를 이루는 데 필요한 것을 잠재의식이 놀라운 힘을 발휘해 가져다준다.

성공으로 향하는 3단계를 늘 염두에 두고, 잠재의식이 지닌 창조력에 내재한 힘을 절대로 잊지 마라. 이 힘은 성공을 향한 모든 단계의 배후에 있는 에너지다. 생각은 창조적이다. 느낌과 합쳐진 생각은 주관적인 신념이나 믿음이 된다.

모든 욕망을 달성할 수 있게 도와주는 막강한 힘이 자기 안에 있다는 사실을 이해하고 나면 자신감과 평화를 느끼게 된다. 모든 분야에 적용되는 잠재의식의 법칙을 배워야 한다. 의식의 힘을 적용하는 방법을 깨달을 때, 자신을 충만히 드러내며 자신의 재능을 타인에게 줄 때 나는 비로소 진정한 성공으로 향하는 확실한 길에 오른다. 이 점을 깨달은 사람은 어떤 장애물도 이겨내고 성공할 수 있다.

지속적인 상상이 성공을 가져다준다

나는 영화나 텔레비전 프로그램을 좋아하는 사람들이라면 이름을 들어 봤을 만한 배우를 할리우드에서 만난 적이 있다. 그는 자신이 미국 중서부의 작은 농장에서 자랐다고 했다. 그의 가족은 근근이 생계만 유지했다.

그의 유일한 오락거리는 채널도 두 개만 겨우 나오는 오래된 흑백 TV를 보는 것이었다. 어려운 환경에서도 그는 배우가 되겠다는 꿈을 꾸기 시작했다. 꿈은 그의 마음속에서 점점 커졌다.

"밭에서 일하거나 소 치는 시간 내내 저는 대극장 큰 천막에 제 이름이 걸려 있는 모습을 보는 광경을 상상했습니다. 수많은 팬이 저를 보러 몰려든 모습, 기자들이 저와 인터뷰하려고 아우성치는 광경 등 모든 것을 세세하게 상상했습니다. 수년 동안 계속 했지요. 결국 저는 집을 떠나 로스앤젤레스로 가서 영화와 텔레비전 쇼 엑스트라 일을 구했습니다. 얼마 후 첫 배역을 따냈고요. 시사회가 열리던 밤 차를 몰고 극장에 갔는데 기절할 뻔했어요. 어릴 적 상상 속에서 봤던 것과 똑같았습니다. 대극장 큰 천막에 새겨진 제 이름이 반짝이고 있었어요. 극장은 인파와 뉴스 리포터들로 가득했습니다. 저는 지속적인 상상이 어떻게 성공을 가져다주는지 누구보다 잘 압니다."

꿈꾸는 인생을 연기하라

대형 약국 가맹점 조제실에서 일하는 젊은 약사 메리를 만났다. 내 약을 만들고 있던 그녀에게 지금 하는 일이 좋은지 물었다.

"월급과 성과급이 이 정도면 괜찮죠. 사내 이익 배당 제도도 잘되어 있고요. 운이 좋으면 인생을 즐길 수 있는 젊은 나이에 일찍 은퇴할 수도 있을 거예요."

"그게 어린 시절에 약사가 되고자 했던 이유인가요?"

잠시 침묵한 뒤 메리의 표정이 변했다.

"음, 아니요. 어릴 때는 늘 제 이름이 걸린 약국을 직접 운영하는 모습을 상상했어요. 길을 걸어가면 사람들이 인사하며 제 이름을 불러 주기를 바랐어요. 저도 모든 단골손님의 이름을 알고 지내는 모습을 상상했고요. 이상하다고 생각하실지도 모르겠는데 아픈 아이의 부모가 한밤중에 제게 전화하는 꿈을 꾼 적도 있어요. 꿈속에서 저는 잠옷 위에 옷을 걸친 채 약국으로 내려가 그 부모가 찾는 약을 줬고요. 대형 약국 계산대 뒤에서 오전 9시부터 오후 5시까지 일하는 사람이 할 만한 이야기는 아닌 것 같죠?"

"그렇긴 하네요. 그런데 왜 꿈을 좇지 않나요? 더 행복하고 생산적인 삶을 살고 싶지 않나요? 목표를 높게 잡고, 여기를 떠나 메리만의 약국을 차리세요."

"그걸 제가 어떻게 해요? 그러려면 돈이 많이 들어요. 여기 직원들은 매달 월급을 받으며 그럭저럭 살아가는걸요."

그녀가 고개를 저으며 말했다. 나는 사실이라고 상상할 수 있는 모든 것은 실현될 수 있다는 이치를 메리에게 알려 주고 잠재의식이 지닌 힘에 관해 설명했다. 명확하고 구체적인 생각이 잠재의식에 가득 퍼진다면 잠재의식이 힘을 발휘해 그 생각을 어떻게든 현실로 이뤄 낸다는 사실을 그녀는 금방 이해했다.

그녀는 자기 소유의 약국을 운영하는 모습을 상상하기 시작했다. 마음속에서 약병을 정리하고, 처방전에 따라 약을 짓고, 이웃이자 친구이기도 한 손님들을 기다렸다. 통장에 거액의 돈이 들어 있는 모습도 시각화했다. 상상의 약국에서 일하는 자기 모습을 마음속에서 그렸다. 연기파 배우처럼 그 역할에 빠져들었다. 실제라고 생각하며 연기하면 정말 실제가 된다. 그녀는 메소드 연기를 하는 배우처럼 스스로를 정말로 약국 주인이라고 생각하며 움직이고 행동했다.

수년 후 메리는 내게 편지를 보내 그날 나와 대화를 나눈 뒤 인생에 나타난 변화를 알렸다. 일하던 대형 약국 가맹점이 새 쇼핑센터에 문을 연 경쟁업체에 밀려 파산하자 그녀는 제약 대기업에 재취업해 미국 내 여러 주로 출장을 다니기 시작했다.

어느 날 그녀는 자신이 관리하던 한 주의 서쪽 끝에 있는 작은 마을로 출장을 가게 되었다. 마을에 약국은 하나뿐이었다. 이전에 한 번도 그 약국에 가본 적이 없었지만, 약국으로 들어서는 순간 바로 알아봤다. 그녀가 상상 속에서 그토록 명확하게 시각화하던 바로 그 약국이었다.

깜짝 놀란 그녀는 약국을 운영하던 나이 지긋한 주인에게 이토록 놀라운 우연에 관해 이야기했다. 이야기를 나누던 끝에 주인은 은퇴할 때가 되었으나 3대를 거쳐 이어온 가족 회사인 약국을 대형 제약사에 넘기기는 싫다고 털어놓았다. 여러 차례 의논한 끝에 약국 주인은 메리에게 약국을 인수할 돈을 빌려주기로 했다.

메리는 약국 운영을 통해 얻은 수익금으로 빌린 돈을 갚을 수 있었다. 약국의 젊은 새 주인이 된 메리는 가족과 함께 이 마을로 이사왔고, 약국에서 걸어 다닐 수 있을 정도로 가까운 거리에 있는 오래된 큰 집의 계약금도 곧 마련했다. 이제 그녀는 아침에 걸어서 출근할 때 동네 사람들과 서로 이름을 부르며 인사한다. 동네 사람들은 모두 메리네 약국의 단골이다.

사업에서 잠재의식을 활용하라

수년 전 기업 간부들을 대상으로 상상의 힘과 잠재의식에 관한 강연을 한 적이 있다. 강의 중 나는 독일의 대문호 괴테가 어려움과 곤경을 마주했을 때 상상력을 현명하게 발휘한 방법을 설명했다.

괴테의 전기 작가들에 따르면 그는 몇 시간이고 조용히 상상 속 대화를 이어 나갈 수 있었다고 한다. 그는 친구 한 명이 자기 맞은편에 앉아 자기 말에 곧바로 답하고 있다고 상상했다. 다시 말해 어떤 문제가 있어 고민을 할 때마다 친구가 그 자리에서 자기에게 올바른 답이나 적절한 대안을 말해 주는 모습을 상상한 것이다. 괴테는 상상 속 장면을 최대한 현실적이고 생생하게 구현했다.

강연을 수강한 어느 젊은 증권중개인은 괴테의 기술을 써보기로 했다. 그는 자신의 지인이며, 자신의 현명한 증권 추천 능력을 칭찬한 적이 있는 한 백만장자 투자자와의 대화를 상상하기 시작했다. 상상 속 대화가 진정한 믿음의 형태로 굳어져 마음속에 자리 잡을 때까지 계속해서 연기했다.

젊은 중개인은 내면의 대화를 나누며 자신의 상상을 '견고하고 안전한 투자를 하겠다'라는 목표와 확실히 일치시켰다. 고객을 위해 돈을 벌고, 고객에게 현명한 조언을 제공해 재정적 풍요를 돕는 것을 인생의 주된 목표로 삼았다. 여전히 잠재의식을 활용하며 일하는 그는 업계에서 크나큰 성공을 거두었고, 최근 한 유명 금융지에 그의 인터뷰가 실리기도 했다.

태도를 바꾸면 인생이 달라진다

"저는 매번 낙제해요. 이유를 모르겠어요. 그냥 제가 멍청해서 그런가 봐요. 퇴학당하기 전에 미리 자퇴하는 게 낫지 않을까요."

16세 소년 토드는 내게 이렇게 말했다. 좀 더 이야기를 나눠 보니 토드의 유일한 문제는 바로 태도였다. 그는 학업에 흥미가 없었고 몇몇 선생님과 학우들에게 적개심을 품고 있었다.

나는 그에게 잠재의식을 이용해 좋은 성적을 받는 법을 가르쳤다. 그는 특정한 확언을 하루에 여러 번 외기 시작했고, 특히 밤에 잠들기 직전과 아침에 막 일어났을 때 확언했다. 앞서 설명했듯 자기 전과 잠자리에서 일어난 직후는 잠재의식을 강하게 만드는 최고의 시간이기 때문이다.

나는 내 잠재의식이 기억 창고라는 사실을 인식합니다. 내 잠재의식은 수업 시간에 읽고 들은 내용 모두를 담고 있습니다. 나는 마음만 먹는다면 자유롭게 쓸 수 있는 완벽한 기억력을 가졌습니다. 내 잠재의식이 지닌 무한한 지성은 내가 구술시험이나 필기시험을 칠 때 알아야 할 모든 것을 끊임없이 내게 알려 줍니다.

나는 모든 선생님과 학우들에게 사랑과 호의를 보냅니다. 나는 그들의 인생이 성공을 비롯해 좋은 것들로만 가득 차기를 진심으로 바랍니다.

이제 토드는 그동안 느껴 본 적 없는 크나큰 자유를 만끽하고 있다. 토드의 성적표는 A로 가득하다. 그는 성적이 우수한 자신을 선생님과 부모님이 칭찬하는 모습을 여전히 상상한다.

자산 거래에서 성공하는 법

자산을 거래할 때는 의식이 시동 장치이며 잠재의식은 모터라는 사실을 기억하라. 모터를 가동하려면 일단 시동을 걸어야 한다. 잠재의식에 내재한 힘을 깨우는 것은 바로 현재의식이다.

확고한 욕망, 생각 또는 이미지를 현재의식의 더 깊은 곳으로 전달하는 첫 단계는 긴장을 풀고 정신을 집중해 고요하고 조용한 상태에 들어가는 것이다. 조용하고 편안하고 평화로운 현재의식 상태에 들어가면 집중하고 싶은 이상과 관련 없는 문제나 헛된 생각의 방해를 막을 수 있다. 그뿐 아니라 조용하고 수동적이고 수용적인 현재의식 상태에 있을 때는 최소한의 노력만 해도 된다.

두 번째 단계는 욕망이 실현된 모습을 상상하는 것이다. 예를 들어 집을 사는 것이 소원이라면, 편안한 현재의식 상태에서 다음과 같이 확언하라.

내 잠재의식이 지닌 무한한 지성은 지극히 현명합니다. 무한한 지성은 내가 원하는 모든 조건을 갖추며 내 예산에도 맞는 이상적인 집을 지금 바로 내게 보여 줍니다. 이제 나는 내가 바라는 것을 내 잠재의식에 넘겨 줍니다.

나는 내 잠재의식이 내가 바라는 것의 성질에 맞게 반응한다는 것을 압니다. 나는 성장의 법칙을 굳게 믿으며 땅에 씨를 뿌리는 농부처럼 절대적인 믿음을 지니고 절대적인 자신감을 느낀 채 내 바람을 드러냅니다.

확언에 대한 응답은 신문 광고에 나타날 수도 있고, 친구를 통해 전해질 수도 있다. 혹은 찾고 있던 집을 거래하겠다는 사람이 눈앞에 곧장 나타날 수도 있다. 기도에 대한 응답 방법은 여러 가지다. 중요한 사실은 기도에 대한 응답은 마음속 깊이 신뢰를 간직할 때만 찾아온다는 것이다.

이번에는 주택이나 땅을 비롯한 자산을 팔고 싶은 상황이라고 가정해 보자. 이때도 잠재의식이 지닌 무한한 지성을 믿는 접근법을 취한다면 필요한 답을 얻을 것이다. 로스앤젤레스에 보유하던 집을 팔려고 내놨을 때 내가 쓴 기법이 있다. 내게 이 기술을 배운 부동산 중개인들은 현재 자기 분야에서 놀라운 성공을 거두고 있다.

나는 집 앞 잔디밭에 '팝니다' 간판을 세워 놓았다. 그날 밤 잠들기 전, 나는 내 안의 나에게 물었다.

"집을 사겠다는 사람을 찾으면 다음에는 뭘 할 거야?"

그러자 내 안의 내가 답했다.

"'팝니다' 간판을 쓰레기통에 버리겠지."

나는 이러한 생각을 머릿속에서 더욱 자세한 시나리오로 발전시켰다. 땅에 꽂혀 있던 간판을 뽑아 어깨에 짊어진 다음 집 뒤에 있는 쓰레기통에 던져 버리는 모습을 상상했다. 쓰레기통에 간판을 버리며 이렇게 말했다.

간판아, 도와줘서 고마워. 하지만 이제는 네가 필요하지 않아!

나는 모든 일을 끝냈다는 만족감이 마음속 깊이 퍼지는 것을 느끼며 잠들었다.

이튿날 한 남성이 내게 계약금을 지급하며 말했다.

"이제 저 간판은 떼어내시죠. 더는 필요 없잖아요."

나는 그의 조언을 따라 간판을 뽑아내 쓰레기통에 버렸다. 내면의 행동을 따라 외적 행동이 일어난 것이다. 이 이야기에서 새로울 것은 하나도 없다.

"안에서와 같이 밖에서도 이루어진다."

즉 실제 삶은 잠재의식에 각인된 이미지대로 펼쳐진다. 외부는 내부를 비추는 거울이다. 외적으로 나타나는 행동은 내면의 행동을 따른다.

부동산이나 토지 등 자산을 매각할 때 효과적인 방법이 하나 더 있다. 다음 내용을 천천히 조용히 실감 나게 확언하라.

이 집을 사고 싶어 하고, 이 집에서 살며 번영할 구매자를 무한한 지성이 내게 데려다줍니다. 이 구매자는 절대로 실수하는 법이 없는 내 잠재의식이 지닌 창조적 지성에 의해 내게 보내집니다.

이 구매자가 다른 집을 둘러볼 수도 있지만 그가 원하는 유일한 집은 바로 내 집입니다. 그는 내 집을 살 것입니다. 그의 내면에 있는 무한한 지성이 그를 내 집으로 이끌 것이기 때문입니다. 나는 그가 딱 맞는 사람이고, 시기도 딱 맞고, 가격도 딱 맞는다는 사실을 압니다. 이 집과 관련된 모든 것이 옳습니다. 지금 내 잠재의식에서 흐르고 있는 깊은 파도가 구매자와 나, 우리 둘을 영적 질서 안으로 데려가고 있습니다.

내가 찾고 있는 것도 나를 찾고 있다는 사실을 늘 기억하라. 집이나 다른 자산을 팔 때는 그 매물을 원하는 사람이 반드시 나타난다. 잠재의식의 힘을 올바르게 활용하면 거래와 관련된 모든 경쟁심이나 걱정으로부터 자유로워진다.

원하는 것을 생생하게 상상하라

내 강연과 수업을 주기적으로 들은 마거릿이라는 젊은 여성이 있었다. 강연 장소와 멀리 떨어진 곳에 살던 마거릿은 매번 버스를 세 번 갈아타며 편도 90분 거리를 이동해 강연을 들으러 왔다. 마거릿이 강연을 들으러 온 어느 날, 나는 일할 때 쓸 자동차가 필요했던 남성이 자동차를 얻은 이야기를 들려줬다.

집으로 돌아간 마거릿은 내가 강의 시간에 설명한 기법을 실험해 봤다. 이후 나는 마거릿에게 편지 한 통을 받았다. 마거릿의 동의를 받아 편지 내용을 여기에 공유한다.

"저는 자기계발에 성공하려면 자동차가 한 대 있어야 한다는 사실을 알고 있었습니다. 그렇지 않으면 박사님의 강연을 꾸준히 들으러 갈 수가 없었거든요. 그래서 저는 기왕 차를 장만하겠다면 제가 늘 갖고 싶어 하던 '드림카'인 캐딜락을 갖겠다고 결심했습니다.

그때부터 실제로 차를 살 때 거치는 모든 단계를 상상했습니다. 자동차 전시장에 들어가 관심 있는 모델을 시승하는 제 모습을 상상했습니다. 캐딜락에 올라타 운전하고 주차된 차 위에 덮개를 씌우는 장면을 비롯한 여러 심상을 2주가 넘는 시간 동안 쉬지 않고 그렸습니다. 그 캐딜락이 제 차가 될 것이라고 되뇌고 또 되뇌었습니다. 지난주에 저는 캐딜락을 끌고 교수님 강연을 들으러 갔습니다. 잉글우드에 살던 삼촌이 돌아가시면서 제게 캐딜락 한 대와 재산 전부를 물려주셨거든요."

성공의 열쇠는
성공에 관한 생각에 담겨 있다

유명한 기업 임원 중 대다수는 성공이 자기 것이 되었다는 확신이 들 때까지 하루에도 몇 번씩 '성공'이라는 추상적인 용어를 사용한다. 성공에 필수적인 요소는 모두 성공에 관한 생각에 담겨 있다는 사실을 알고 있었던 것이다. 이들처럼 나도 지금부터 '성공'이라는 단어를 계속 되뇌면 믿음과 확신을 기를 수 있다. 잠재의식이 성공을 진정으로 받아들여 성공할 수밖에 없는 잠재의식을 구축하기 때문이다.

마음속 믿음과 인상, 신념을 밖으로 표현해야 한다. 성공은 나에게 무엇을 의미하는가?

- 나는 성공적인 가정생활과 인간관계를 원한다.
- 스스로 선택한 일과 직업에서 두각을 나타내고 싶다.
- 멋진 집에서 살고, 멋진 삶을 사는 데 필요한 돈을 가지고, 평화롭고 행복하게 살고 싶다.
- 영성으로 충만한 생활을 하길 원하고 잠재의식과도 자유롭게 교감하고 싶다.

우리는 삶이라는 기업을 운영하는 임원이다. 하고 싶은 일을 하고 갖고 싶은 것을 가진 자신의 모습을 상상해서 성공적인 임원이 되어라. 상상력이 풍부한 사람이 되어라. 현실 세계에서의 성공에 정신적으로 참여하라.

이러한 행동을 습관으로 만들어라. 매일 밤 성공을 음미하며 온전히 만족한 상태로 잠들어라. 그러면 성공을 향한 생각이 마침내 잠재의식에 뿌리내린다. 성공하기 위해 태어났다고 믿어라. 그러면 기도에 따라 놀라운 일들이 일어날 것이다.

- 성공은 성공적인 삶을 뜻한다. 성공적인 삶을 산다는 것은 평화와 행복, 즐거움을 느끼며 원하는 일을 한다는 뜻이다.

- 좋아하는 일을 찾아서 하라. 진정으로 원하는 게 무엇인지 잘 모르겠다면 인도를 구하라. 그러면 인도받을 것이다.

- 특정 분야를 전문 분야로 삼아 다른 누구보다도 그 분야에 대해 잘 알게 되도록 노력하라.

- 성공한 사람들은 이기적이지 않다. 성공한 사람들이 삶에서 가장 이루고 싶어 하는 것은 인류에 공헌하는 일이다.

- 마음의 평화 없이는 진정한 성공도 없다.

- 성공한 사람은 뛰어난 심리적, 영적 이해도를 갖췄다.

- 목표를 정확히 상상하면 잠재의식이 놀라운 힘을 발휘해 성공에 필요한 것들을 가져다줄 것이다.

- 내 생각과 느낌이 결합해 형성된 내면의 믿음이 나에게 작용한다.

- 끊임없는 상상에서 발현된 힘이 잠재의식에 기적을 행할 힘을 가져다줄 것이다.

- 직장에서 승진하고 싶다면 고용주, 관리자 또는 사랑하는 사람이 승진을 축하하는 모습을 상상하라. 현실처럼 생생하게 상상하라. 등장인물의 목소리와 행동까지 진짜처럼 느껴지도록 상상하라. 머릿속에서 이 상상을 자주 떠올리면 기도에 응답을 받는 행복한 경험을 할 것이다.

- "내 잠재의식의 무한한 지성은 내가 매 순간 모든 곳에서 알아야 할 모

든 것을 내게 알려 줍니다"라고 되새겨라.

- 부동산이나 토지 등의 자산을 팔고 싶다면 다음 내용을 천천히 조용히 실감 나게 확언하라. "이 집을 사고 싶어 하고, 이 집에서 살며 번영할 구매자를 무한한 지성이 내게 데려다줍니다." 이 확언을 끊임없이 인식하면 내 잠재의식에서 흐르고 있는 깊은 파도가 그 확언을 현실로 이뤄 줄 것이다.

12

모든 문제의 해답을 아는
마음의 과학

❦

잠재의식의 무한한 지성이 현재의식에 직접 응답하는 길은 언제나
열려 있음을 자신에게 증명할 때까지 과학적으로 실험하라.

에디슨, 마르코니, 아인슈타인을 비롯한 많은 창의적인 과학자들
은 잠재의식의 중요성을 알고 있었고, 잠재의식을 활용해 통찰력과
노하우를 얻어 훌륭한 업적을 달성했다. 잠재의식의 힘을 행동으로
끌어내는 능력은 위대한 과학자와 연구자의 성공을 결정짓는 중요
한 요소 중 하나다.

독일의 유명한 화학자 케쿨레의 업적은 잠재의식의 능력을 보여
주는 놀라운 사례 중 하나다. 케쿨레는 탄화수소의 일종인 벤젠의
화학구조를 푸느라 오랫동안 골머리를 앓았다. 벤젠이 6개의 수소
원자와 6개의 탄소 원자의 결합이라는 특이한 구조를 지닌 것을 발
견한 케쿨레는 당혹감에 빠졌다. 아무리 노력해도 이 구조를 이해할

수 없었기 때문이다.

수수께끼를 풀지 못해 지치고 낙담한 케쿨레는 이 문제를 통째로 잠재의식에 넣었다. 어느 날 버스를 타려던 순간 그의 잠재의식이 현재의식에 섬광처럼 번뜩이는 아이디어를 보여 줬다. 뱀 한 마리가 자기 꼬리 끝을 꽉 문 채 바람개비처럼 제자리를 도는 모습이 케쿨레의 머릿속에 떠올랐다. 잠재의식이 보낸 메시지에서 영감을 얻은 케쿨레는 연구 방향을 완전히 틀었다. 얼마 지나지 않아 그는 오랫동안 찾아 헤매던 답을 마침내 발견해 냈고, 케쿨레가 발견한 원형 분자 구조는 오늘날 벤젠 구조로 알려져 있다.

유명 과학자가 발명품을 만들어 낸 비결

니콜라 테슬라는 전기 분야를 개척한 훌륭한 과학자다. 과학박물 관에 전시될 때마다 아이들의 관심을 독차지하는 테슬라 코일은 테슬라의 수많은 발명품 중 하나에 불과하다. 테슬라 코일은 고주파와 고전압을 발생시키는 공처럼 동그란 금속 장치다. 테슬라 코일을 손으로 만지면 정전기를 받은 머리카락이 쭈뼛 서는 경험을 할 수 있다. 테슬라는 무선 전기 전송 시스템을 실험하기도 했다. 테슬라가 남긴 무선 에너지 개발이라는 주제는 오늘날까지도 혁신적인 아이 디어로 여겨진다.

테슬라는 잠재의식의 힘을 굳게 믿고 활용하는 사람이었다. 새로운 발명품이나 연구 주제가 생각날 때마다 그는 상상 속에서 아이디어를 발전시킨 뒤 잠재의식으로 보냈다. 아이디어를 넘겨받은 잠재의식이 이를 재구성하고 구체적으로 실현하는 데 필요한 모든 사안을 현재의식에 일깨워 준다는 사실을 그는 알고 있었다. 아이디어 개선 작업이 머릿속에서 조용히 일어난다는 것을 깨달은 테슬라는 오류를 고치느라 시간을 허비할 필요가 없었다. 그는 머릿속에서 완벽하게 완성된 제품을 함께 일하는 기술자들에게 명쾌하게 설명할 수 있었다. 테슬라는 이렇게 말했다.

"내가 만든 기기는 늘 내가 상상 속에서 확인한 대로 작동합니다. 20년 동안 그러지 않았던 적은 단 한 번도 없었습니다."

잠재의식의 힘으로 문제를 해결하다

장 루이 아가시 하버드대학교 교수는 19세기 미국에서 가장 유명한 동물학자 중 하나다. 그는 잠자는 동안 잠재의식이 발휘하는 위대한 힘을 적절하게 활용했다. 다음은 아가시가 세상을 떠난 뒤 그의 부인이 쓴 회고록에 소개된 사례다.

"그는 석판에 남겨진 물고기 화석의 흐릿한 부분이 무엇인지 밝혀 내려고 2주가 넘도록 애썼다. 힘들고 지친 그는 결국 하던 일을 멈추고 그 일을 머릿속에서 떨쳐 내려고 했다. 그로부터 얼마 뒤 잠에서 깬 그는 물고기 화석이 완벽하게 복원된 모습을 꿈에서 봤다고 확신했다. 하지만 꿈에서 본 화석의 모습을 떠올리려고 하면 이미지가 머릿속에서 사라져 버리고는 했다.

그는 아랑곳하지 않았다. 화석을 다시 살펴보면 꿈에서 봤던 이미지가 기억날 것이라고 기대하며 아침 일찍 파리 식물원으로 향했다. 하지만 헛수고였다. 화석의 사라진 부분은 그 어느 때보다도 더 흐릿하고 깜깜하게 보였다. 그날 밤 그의 꿈에 물고기가 다시 나왔다. 하지만 잠에서 깨자 같은 일이 반복됐다. 꿈에서 본 물고기의 모습이 전혀 기억나지 않았다. 사흘째 밤, 이번에도 같은 꿈을 꾸길 기대하며 그는 종이와 연필을 머리맡에 가져다 놓았다.

꿈에 또 물고기가 나타났다. 처음에는 물고기의 모습이 제대로 보이지 않았지만 마침내 물고기의 독특한 동물학적 생김새가 보였다. 동트기 전 깜깜한 새벽에 눈을 뜬 그는 비몽사몽인 채로 종이와 연필을 집어 들고 꿈에서 본 물고기의 모습을 그렸다. 아침에 눈을 뜬 그는 절대 제대로 떠올려 내지 못하리라고 생각했던 물고기의 온전한 모습이 종이에 그려져 있는 걸 보고 깜짝 놀랐다.

그는 황급히 파리 식물원으로 달려가 그림을 참고하며 석판의 표면을 깎아 냈다. 그러자 표면 아래 숨겨져 있던 나머지 화석 부분이 모습을 드러냈다. 완전히 드러난 물고기 화석의 모습은 그가 꿈에서 보고 종이에 그린 물고기 모습과 정확히 일치했다. 마침내 그는 물고기의 종을 명확하게 분류해 냈다.”

매일 밤 해답을 가졌다고 믿으며 잠들어라

1920년대 캐나다의 유명한 생화학자였던 프레더릭 밴팅 박사는 당뇨병이 일으키는 문제를 집중적으로 연구하고 있었다. 그 당시는 당뇨 진행을 막는 효과적인 의학 요법이 없었다. 밴팅 박사는 당뇨병과 관련된 여러 해외 논문을 읽고 실험하는 데 수많은 시간을 쏟았지만, 어떤 시도를 해봐도 막다른 벽에 부딪힐 뿐이었다.

어느 날 밤 여느 때처럼 아무 결실 없는 기나긴 하루를 보낸 박사는 지쳐 잠이 들었다. 잠들어 있는 박사에게 잠재의식은 개의 퇴화한 이자관에서 잔여물을 추출하라고 알려 줬다. 잠재의식의 가르침에서 영감을 얻은 박사가 개발한 인슐린은 오늘날까지도 수많은 사람의 목숨을 살리고 있다.

이 이야기에서 주목할 부분은, 박사가 답을 찾고자 오랜 시간 동안 문제를 의식적으로 곱씹어 보았다는 점이다. 그의 잠재의식은 현재의식에 따라 답했다.

모든 문제가 하룻밤 사이에 해결되지는 않는다. 한동안 답이 나타나지 않을 수도 있다. 그래도 낙담하지 마라. 매일 밤 잠들기 전 문제를 계속 잠재의식에 보내라. 마치 처음 하는 행동인 것처럼 매일 밤 새롭게 시작하라.

답을 찾아내는 데 늘 시간이 오래 걸리는가? 이는 잠재의식에 보내는 문제를 해결하는 데 오랜 시간이 걸리는 중요한 문제라고 인식했기 때문이다. 딱히 놀라운 일은 아니다. 사람들은 자신의 문제를 해결하기 까다롭다고 여기는 경향이 있다. 이들은 해결하기 어렵지 않다면 문제가 아니라고 생각한다.

하지만 그게 실수다. 잠재의식은 시공간의 제약에서 자유롭다. 지금 해답을 가졌다고 믿으며 잠들어라. 해답을 얻으려면 미래를 기다려야 한다고 상정하지 말아라. 결과에 대한 한결같은 믿음을 지녀라. 이제 이 책을 읽으면서 나를 위한 답과 완벽한 해결책이 존재한다고 확신하라.

내가 알지 못하는 방법을
잠재의식은 알고 있다

뛰어난 전기공학자였던 로타르 폰 블렝크-슈미트 박사는 2차 세계대전 시기 구소련 포로수용소에 갇힌 적이 있다. 살아남으리라는 믿음을 간직하며 잠재의식의 힘을 발휘한 그는 결국 수용소에서 탈출해 자유를 되찾았다. 다음은 그가 남긴 기록의 일부다.

"나는 전쟁포로로 붙잡혀 러시아 탄광에 수용되었다. 내가 갇혀 지내던 시설 내부에는 죽어가는 사람들로 가득했다. 우리는 무자비한 경비병과 오만한 장교, 날카롭고 머리 회전이 빠른 인민 위원들의 감시를 받았다. 간단한 신체검사를 받은 뒤 각 수감자에게 채탄 할당량이 주어졌다. 나는 매일 약 136킬로그램의 석탄을 캐야 했다. 할당량을 채우지 못한 사람은 그러지 않아도 턱없이 적은 배식 정량을 더 줄이는 벌을 받았다. 수감자들은 자칫 잘못하면 묘지에서 영원한 휴식을 취하게 되는 위태로운 상황에 놓여 있었다.

나는 탈출 계획에 집중하기 시작했다. 나는 내 잠재의식이 어떻게든 탈출 방법을 찾아낼 것이라는 사실을 알고 있었다. 독일에 있던 내 집은 파괴되었고 가족은 모두 몰살당했다. 친구와 옛 동료들은 모두 전사했거나 수용소에 감금되어 있었다.

내 머릿속에는 이전에 본 사진 속 로스앤젤레스 길거리와 빌딩의 모습이 생생히 남아 있었다. 나는 내 잠재의식에 말했다.

나는 로스앤젤레스에 가고 싶어. 네가 방법을 찾아낼 거야.

나는 전쟁이 일어나기 전 베를린에서 만났던 (현재 내 아내인) 미국인 여성과 함께 윌셔 대로를 걷는 내 모습을 매일 상상했다. 상상 속에서 우리는 여러 상점을 구경하고 버스를 타고 레스토랑에서 맛있는 밥을 먹었다. 매일 밤이 되면 내가 마음대로 상상해 낸 미국산 자동차를 타고 로스앤젤레스의 여러 대로를 질주하는 내 모습을 특히 애써서 머릿속에 그렸다. 내 상상 속 모든 장면은 생생하고 실감 났다. 모든 장면은 수용소 밖에 있는 나무만큼이나 현실적이고 자연스러웠다.

간수장은 매일 아침 수감자 전원을 줄 세워 인원수를 확인했다. 그는 "하나, 둘, 셋"부터 시작해 계속 숫자를 셌다. 그가 내 차례인 열일곱을 센 뒤 나는 옆으로 비켜섰다. 이후 잠깐 호출을 받아 나갔다가 바로 돌아온 간수장은 번호를 착각해 내 옆에 서 있던 사람을 열일곱 번째 수감자로 부르며 다시 숫자를 세기 시작했다. 저녁에 수감자들이 수용소로 돌아올 때까지도 숫자를 잘못 셌다는 것은 밝혀지지 않았다. 이 사실이 수용소에 알려지기까지는 다소 시간이 걸릴 것 같았다.

나는 아무에게도 들키지 않은 채 걸어서 수용소를 빠져나가 24시간 동안 쉬지 않고 걸은 뒤 이튿날 한 인적 없는 도시에 도착해서야 쉬었다. 물고기와 들짐승을 사냥하며 목숨을 연명하던 중 폴란드로 향하는 석탄 수송 열차를 발견했다. 밤에 열차에 올라타 마침내 폴란드에 도착했고, 친구들의 도움을 받아 나는 스위스 루체른으로 건너갈 수 있었다.

어느 날 저녁 나는 루체른 팰리스 호텔에서 미국인 여성과 결혼한 한 남성과 대화를 나눴다. 그의 초대를 받아 나는 캘리포니아 산타 모니카에 있는 부부의 집으로 가게 되었다. 로스앤젤레스에 도착하자 나를 태운 운전기사는 내가 러시아 탄광에 갇혀 지내던 수 개월간 그토록 생생하게 상상하던 윌셔 대로와 로스앤젤레스의 여러 대로를 달렸다. 내가 상상 속에서 자주 보던 건물들의 모습이 보였다. 마치 이전에 방문했던 로스앤젤레스에 다시 돌아온 느낌이었다. 나는 내 목표를 이뤘다.

나는 잠재의식이 지닌 기적 같은 놀라운 힘을 결코 잊지 못할 것이다. 우리가 알지 못하는 방법을 잠재의식은 분명히 알고 있다."

집중력과 상상력으로
잠재의식의 힘을 깨워라

잠재의식은 인류사에 일어났던 모든 일을 기억하고 있다. 고대인이 남긴 수많은 유적지와 문화재를 연구하는 고고학자는 창조적인 통찰력을 발휘해 경이로운 연구 성과를 달성할 수 있다.

고고학자의 잠재의식은 고대의 풍경을 재현하는 것을 도울 수 있다. 죽어 사라진 과거가 다시 살아날 수 있다는 말이다. 고대 건축물의 파편을 관찰하고 이전 문명의 사람들이 사용했던 도자기, 조각상, 도구, 생활용품들을 연구하는 학자는 만물에 깃든 마음을 한데 모은 공통 데이터 뱅크를 통해 고대의 물건들이 언제 어떻게 왜 만들어졌는지 알아낼 수 있다.

과학자의 날카로운 집중력과 잘 훈련된 상상력은 잠재의식에 내재한 힘을 깨운다. 과학자는 잠재의식의 힘을 발휘해 고대 건축물에 지붕을 씌울 수 있고, 건축물 주위를 둘러싼 정원, 수영장, 분수 등을 불러내 당시 풍경을 재현해 낼 수 있다.

화석이 된 유해는 아직 남아 있는 눈, 힘줄, 근육을 사용해 다시 걷고 말할 수 있다. 과거는 살아 있는 현재가 되며, 우리는 시공간이란 존재하지 않는다는 사실을 마음속으로 깨닫는다. 잘 훈련되고 조심스럽게 통제되며 지시하는 방향에 따라 작동하는 상상력을 발휘하면 역사상 가장 탁월한 과학적 영감을 발휘했던 사상가의 친구가 될 수 있다.

잠재의식의 인도를 받아라

어려운 결정을 내려야 할 때나 문제에 대한 해답을 찾을 수 없을 때는 즉시 그 결정이나 문제를 건설적인 방향으로 생각하라. 두려움과 걱정 속에서는 제대로 된 생각을 할 수 없다. 진정한 생각은 공포에 끌려다니지 않는다.

다음은 어떤 주제에 관해서든 잠재의식의 인도를 받는 간단한 기술을 단계적으로 설명한 글이다.

- 몸과 마음을 침착하고 고요한 상태에 둬라. 몸에 긴장을 풀라고 명하라. 몸은 나의 말에 복종한다. 몸에는 자유의지나 주도권이 없고, 자의식에서 비롯된 지능도 없다. 몸은 믿음과 느낌의 정서적 저장소다.
- 주의력을 총동원하라. 생각의 초점을 문제의 해결책에 맞춰라.
- 현재의식과 함께 문제를 풀어라.
- 완벽한 해답을 찾아내면 얼마나 행복할지 생각하라. 완벽한 해답이 지금 바로 나에게 주어진다면 어떤 기분이 들지 느껴라.
- 이 행복감과 만족감에 생각이 편안하게 어우러지도록 둔 뒤 그대로 잠들어라.
- 잠에서 깼는데 해답을 찾지 못했다면 다른 일을 하며 바쁘게 시간을 보내라. 다른 일에 몰두해 있는 동안 해답이 머릿속에 불쑥 떠오를 수도 있다.

잠재의식의 인도를 받고 싶다면 가장 간단한 방법을 쓰는 것이 가장 좋은 방법이다. 예를 하나 들어 보겠다. 나는 조상 대대로 전해져 내려온 귀중한 반지를 잃어버린 적이 있다. 찾을 수 있는 곳은 다 찾아봤지만 반지는 나타나지 않았다. 소중한 반지를 잃어버렸다는 생각에 나는 걱정과 괴로움에 빠졌다. 그날 밤 나는 평소에 사람들에게 말을 건네듯 내 잠재의식에 말을 걸었다. 잠들기 전 잠재의식에 이렇게 말했다.

너는 모든 것을 알고 있지. 반지가 어디 있는지도 알 거야. 이제 그 반지가 어디 있는지를 내게 알려 줄 거고.

다음 날 아침, 잠에서 일어나자 불현듯 "로버트한테 물어봐!"라는 소리가 귓가에 아른거렸다. 이상한 일이었다. 그 순간 내 머리에 떠오른 이는 바로 옆집 이웃의 아홉 살 난 아들인 로버트였다. 왜 로버트가 반지의 행방을 알고 있다는 걸까? 어쨌든 나는 직감이 내게 들려준 내면의 소리를 따랐다. 마당에서 놀고 있던 로버트에게 다가가 반지가 어떻게 생겼는지 설명했다.

"본 적 없지, 그렇지?"

"아, 봤어요. 어제 숨바꼭질하고 놀다가 덤불 속에서 찾았어요. 누구 건지 몰라서 집으로 가져가 제 책상 위에 올려놨어요. 주인을 찾는다는 전단을 써 붙이려 했는데 깜빡했네요."

믿기만 한다면 잠재의식은 늘 나에게 해답을 가져다줄 것이다.

온 정신을 기울여 응답을 찾아라

휴고는 로스앤젤레스에서 열린 내 강연을 수강하던 젊은 남성이다. 그는 잠재의식의 힘을 경험한 이야기를 내게 들려줬다. 그의 아버지는 갑작스럽게 돌아가셨다. 정황상 아버지가 유서를 남기지는 못한 것으로 보였다. 하지만 그의 누나는 생전에 아버지가 자신에게 "가족 모두에게 최대한 공평하게 재산을 남기는 유언장을 썼다"라고 말한 적이 있다고 했다.

휴고는 돌아가신 아버지가 생전에 유언장을 남기지 않은 것으로 확정된다면 아버지의 재산이 주 정부 규정에 따라 분할된다는 사실을 깨달았다. 이는 아버지의 바람에 어긋나는 일이었다. 게다가 재산 중 상당한 금액이 변호사 수임료로 지출될 위험도 있었다. 그는 누나와 온갖 곳을 뒤져 봤지만 유언장을 찾지 못했다. 남매는 유언장이 실제로 존재하기는 하는지 의문을 품기 시작했다. 그러던 중 휴고의 머릿속에 강의 시간에 배운 잠재의식 활용법이 떠올랐다. 잠들기 전에 그는 마음속 깊이 자신에게 이렇게 말했다.

이제 이 일을 잠재의식에 부탁할 거야. 잠재의식은 아버지의 유언장이 어디 있는지 알고 있고, 그 장소를 내게 알려 줄 거야.

이어서 휴고는 자신의 잠재의식에 부탁하는 내용을 '해답'이라는 한 단어로 응축했다. 그는 잠들기 전까지 자장가를 부르듯 '해답'을 되뇌었다. '해답'이 머릿속에 메아리치는 것을 느끼며 잠들었다.

다음 날 아침 잠에서 깨어난 휴고의 머릿속에 한시도 지체하지 말고 로스앤젤레스 시내에 있는 은행에 가야 한다는 생각이 떠올랐다. 이유는 알 수 없었다. 아버지가 은행 이야기를 한 적이 있었나? 아버지 앞으로 온 우편물 중 은행에서 보낸 편지가 있었나? 어리둥절해하던 휴고가 아는 단 한 가지는 지금 당장 은행에 가봐야 한다는 것이었다. 서둘러 은행을 찾아간 휴고는 은행 직원으로부터 아버지가 생전에 그의 명의로 안전 금고를 등록해 뒀다는 말을 들었다. 금고를 열자 유언장이 마침내 모습을 드러냈다.

잠자리에 들 때 하는 생각은 내 안에 잠들어 있는 강력한 힘을 깨운다. 집을 팔아야 할지, 특정 주식을 사야 할지, 동업 관계를 끊어야 할지, 뉴욕으로 이사를 해야 할지 아니면 로스앤젤레스에 남는 게 나을지, 현재 계약을 종료할지 아니면 갱신할지 고민하고 있다고 가정해 보자. 이럴 때 해야 할 일은 다음과 같다.

안락의자나 사무실 책상에 조용히 앉아 작용과 반작용이라는 우주의 법칙이 존재함을 기억하라. 작용은 나의 생각이고 반작용은 잠재의식이 내게 건네는 대답이다. 잠재의식은 반작용하고 반사하는데, 이는 잠재의식의 속성이다. 잠재의식은 되돌려 주고 보상하며 보답한다. 잠재의식은 호응으로 응답한다. 올바른 작용을 생각한다면 잠재의식이 제공하는 인도나 해답에 해당하는 반작용 혹은 응답을 자동으로 경험할 것이다.

인도를 구하고 싶다면 그저 올바른 작용에 대해서만 조용히 생각하면 된다. 잠재의식에 내재한 무한한 지성을 사용하면 내가 행하는 작용은 내 안에 내재한 전능하고도 지극히 현명한 주관적 지혜의 지시와 관리를 받는다. 나는 올바른 결정을 내릴 것이다. 올바른 일을 하겠다는 주관적 충동을 지녔기 때문에 오직 올바른 작용만 나타날 것이다. 내가 충동이라는 단어를 사용한 이유는 잠재의식의 법칙이 바로 충동이기 때문이다.

인도 또는 올바른 작용의 비밀은 올바른 작용에 대한 응답을 내면에서 찾을 때까지 온 정신을 기울여 그 응답을 찾는 것이다. 응답은 감정이고 내면의 인식이며 내가 아는 것을 알고 있다는 압도적인 예감이다. 나는 오래전부터 그 힘을 사용해 왔다. 내 안의 주관적 지혜를 이용한다면 실패하거나 실수를 저지를 일은 없다. 나에게 주어진 모든 방법은 유쾌하며, 내 앞에 놓인 모든 길은 평화롭다는 사실을 깨달을 것이다.

- 모든 위대한 과학자가 성공적인 위업을 달성하도록 도운 것이 바로 잠재의식이라는 사실을 기억하라.

- 현재의식의 주의력과 헌신을 복잡한 문제를 해결하는 데 쏟는다면 잠재의식이 필요한 정보를 전부 모아 현재의식에 완벽하게 전달할 것이다.

- 문제에 대한 해답을 찾고 있다면 그 문제를 객관적으로 풀어 보려고 노력하라. 자료 조사나 지인들을 통해 얻을 수 있는 모든 정보를 모아라. 그래도 아무런 해답이 떠오르지 않는다면 잠들기 전에 그 문제를 잠재의식에 보내라. 그러면 답이 반드시 나타난다. 잠재의식은 절대 실패하지 않는다.

- 늘 하룻밤 사이에 해결책을 찾을 수 있는 건 아니다. 아침이 되어 모든 그림자가 사라지기 전까지 쉬지 말고 내 요청을 잠재의식에 끊임없이 보내라.

- 시간이 오래 걸리리라 생각하거나 문제가 복잡하다고 생각하면 해답을 찾는 데 더 오랜 시간이 걸린다. 잠재의식에는 문제 될 것이 아무것도 없다. 잠재의식이 아는 건 해답뿐이다.

- 지금 바로 답을 갖고 있다고 믿어라. 해답이 가져다주는 기쁨을 느끼고, 완벽한 해답을 찾아냈을 때 어떤 기분이 들지를 느껴라.

- 믿음과 인내가 뒷받침하는 모든 심상은 기적을 행하는 잠재의식의 힘을 가져올 것이다. 잠재의식을 믿고, 잠재의식의 힘을 믿어라. 그러면 내 기도에 따라 놀라운 일들이 일어날 것이다.

- 잠재의식은 기억 창고다. 잠재의식에는 내가 어린 시절부터 겪은 모든 경험이 기록되어 있다.

- 고대부터 전해 내려오는 문헌, 사원, 화석 등 과거의 여러 흔적을 연구하는 학자들은 과거를 현재에 소생시켜 살아나게 만들 수 있다. 학자들의 잠재의식이 그 일을 도와준다.

- 잠들기 전 해답을 구하는 요청을 잠재의식에 보내라. 잠재의식을 믿고 신뢰하라. 그러면 해답이 찾아올 것이다. 잠재의식은 모든 것을 알고 본다. 다만 잠재의식의 힘에 의심이나 의문을 품으면 안 된다.

- 작용은 생각이고 반작용은 잠재의식이 건네는 답이다. 현명한 생각을 한다면 행동과 결정 또한 현명할 것이다.

- 인도는 감정이고 내면의 인식이며 내가 아는 것을 알고 있다는 압도적 예감이다. 인도는 내면의 촉감이다. 굳게 믿으며 인도를 따라라.

13

잠자는 동안
잠재의식이 작동하는 법

❧

잠들기 전 잠재의식에 문제에 대한 해결책을 달라고 요청하라. 잠
재의식을 믿고 신뢰하면 해답을 받을 것이다. 잠재의식은 모든 것
을 알고 있다. 잠재의식의 힘에 의심을 품으면 안 된다.

사람은 하루 24시간 중 8시간, 즉 일생의 3분의 1에 해당하는 시
간을 잠자면서 보낸다. 이는 불변의 진리다. 수면은 신의 섭리다. 우
리의 문제에 대한 답 중 상당수도 숙면할 때 떠오른다.

낮에 활동하면 몸이 피곤해지고, 몸이 휴식을 취하기 위해서는 잠
을 자야 하며, 잠자는 동안 회복 작용이 일어난다는 이론에 많은 사
람이 동의한다. 그러나 이는 크나큰 오해다. 잠자는 동안 쉬는 것은
아무것도 없다. 심장과 폐를 비롯한 인체의 모든 주요 기관은 내가
잠자는 동안에도 기능한다. 잠자리에 들기 전에 음식을 먹으면 음식
은 자는 동안 소화되어 흡수된다. 피부는 계속 땀을 분비한다. 손톱

과 머리카락도 계속 자란다.

마찬가지로 잠재의식 또한 결코 쉬거나 자는 법이 없다. 잠재의식
은 늘 활동하면서 모든 생명력을 관리한다. 잠자는 동안 치유 과정
이 빠르게 진행되는 이유는 현재의식이 치유를 방해하지 않기 때문
이다. 놀라운 해답은 내가 잠자는 동안 찾아온다.

잠을 자는 이유

존 비글로 박사는 수면을 진지하게 연구했던 초기 과학자 중 한
명이다. 그는 밤에 잠을 자는 동안에도 사람은 눈, 귀, 코와 연결된
감각 신경과 피하 신경으로부터 계속해서 자극을 전달받는다는 사
실을 증명했다. 뇌 신경망도 잠자는 동안 꽤 활발한 활동을 유지한
다는 사실을 밝혀 냈다.

비글로 박사가 내린 결론은 이 책의 내용과 밀접한 관련이 있다.
박사는 사람이 잠을 자는 주된 이유를 '영혼의 더욱 고결한 부분이
초탈을 통해 인간의 더욱 고상한 천성과 하나가 되어 신들의 지혜와
예지에 속하기 위함'이라고 설명했다.

현재의식은 종일 짜증과 갈등, 언쟁에 휘말려 있다. 따라서 감각
적인 흔적과 객관적 세계에서 주기적으로 벗어나, 잠재의식에 내재
한 지혜와 조용히 교감해야 한다. 삶의 모든 시기에서 인도, 용기, 더
높은 지능을 추구한다면 모든 어려움을 극복하고 일상의 문제를 해

결할 능력을 갖출 것이다.

감각적 흔적과 일상에서 겪는 소음 및 혼란에서 주기적으로 벗어나는 행위는 수면의 다른 형태다. 감각의 세계에서 벗어나 잠을 자는 동안에는 잠재의식의 힘과 지혜의 세계에서 살아 있다는 뜻이다.

수면이 부족하면 짜증이 늘고 변덕이 심해지며 우울해진다. 인간은 매일 여섯 시간은 자야 건강을 유지할 수 있다. 대다수의 사람은 여섯 시간보다 더 오래 자야 한다. 여섯 시간보다 덜 자도 견딜 수 있다고 생각하는 이들은 바보다.

수면 단계와 수면 부족을 연구하는 의학 연구원들은 신경쇠약증을 겪는 이들이 심한 불면증도 겪을 수 있다고 설명한다.

잠자는 동안 영혼이 에너지를 재충전한다는 사실을 기억하라. 삶에서 즐거움과 활력을 느끼려면 충분한 수면은 필수다.

잠을 자지 않았을 때 무슨 일이 일어나는지를 살펴보면 잠을 자야 하는 이유를 알 수 있다. 1964년 17세 소년 랜디 가드너는 264시간, 무려 11일 동안 잠을 자지 않아 기네스북 세계 기록을 세웠다!

향후 검사를 통해 가드너에게 영구적인 후유증은 남지 않았다고 밝혀졌지만, 깨어 있는 시간 동안 가드너의 사고력은 저하되었고 말도 어눌했으며 기억력 감퇴 증상도 나타났다. 급기야 마지막으로 깨어 있던 몇 시간 동안 가드너는 환영에 시달리기까지 했다.

만성 수면 부족을 겪는 사람들은 가드너처럼 극단적인 증상은 아니더라도 심각한 부작용에 시달릴 수 있다. 미국 도로교통안전국에 따르면 매년 발생하는 교통사고 중 약 20만 건은 수면 문제가 원인이라고 한다. 미국의 운전자 5명 중 1명은 이따금 운전하다 졸 때가 있다고 한다. 그 결과 낮보다 늦은 밤에 교통사고가 일어날 확률이 5~10배 더 높아진다.

자원자들을 대상으로 실시된 여러 실험 결과, 피로한 두뇌는 너무나도 잠들고 싶은 나머지 수면을 위해서라면 모든 것을 희생하는 경향을 보인다는 것이 밝혀졌다. 수면 시간이 몇 시간만 부족해도 실험 참가자들은 자기도 모르게 순간적으로 잠이 드는 마이크로 수면 상태에 빠졌다. 참가자들의 이러한 모습은 한 시간에 3~4회 관찰되었다. 참가자 중에는 제대로 잠들 때처럼 눈꺼풀을 감는 사람과 잠잘 때 감지되는 느린 뇌파가 활성화된 사람도 있었다.

처음에는 이런 마이크로 수면 상태의 지속 시간이 몇 분의 일 초에 지나지 않았다. 그러나 수면 부족 시간이 늘어날수록 마이크로 수면의 횟수도 증가하고 시간도 2~3초씩 길어졌다. 뇌우가 불어닥치는 환경에서 비행기를 운전하는 시뮬레이션 상황에 놓였을 때조차도 참가자들은 단 몇 초밖에 안 되는 마이크로 수면 상태에 들고 싶어 모든 것을 포기했다.

수면이 조언을 가져다준다

로스앤젤레스에 사는 샌드라는 내 라디오 강연을 즐겨 청취하던 여성이다. 샌드라는 현재 연봉보다 두 배 더 받는 조건으로 뉴욕의 일자리를 제안받았다. 이 제안을 받아들여야 할지 결정을 내리지 못하던 그녀는 잠들기 전 이렇게 확언했다.

내 잠재의식의 창조적 지능은 내게 가장 최선이 무엇인지를 알고 있습니다. 잠재의식은 늘 삶을 향하는 경향을 보이며, 내게 축복과 보살핌을 가져다주는 올바른 결정이 무엇인지 알려 줍니다. 나는 잠재의식이 내게 해답을 가져다주리라는 것을 알며 그 사실에 감사합니다.

샌드라는 이 간단한 확언을 잠들기 전에 자장가를 부르듯 외우고 또 외웠다. 아침이 밝자 그 제안을 받아들이면 안 된다는 느낌이 계속 들었다. 결국 샌드라는 제안을 거절했다. 그 일자리를 제안했던 회사는 몇 달 후 파산했다. 그녀의 내면 감각이 옳았다는 사실이 증명되었다.

객관적으로 알려진 사실에 대해서는 현재의식의 판단이 맞을 수도 있다. 그러나 그 일자리를 제안한 회사에 숨겨진 문제를 발견하고 샌드라에게 즉시 알린 것은 바로 잠재의식의 직관력이었다.

기도로 재난을 피하다

올바른 행동을 하고 싶다고 잠들기 전에 기도한다면 잠재의식은 지혜를 발휘해 나를 가르치고 보호해 준다. 수년 전 나는 동아시아에서 일하며 돈을 꽤 벌 수 있는 일자리 하나를 제안받았다. 올바른 결정의 인도를 받고자 나는 확언을 했다.

내 안의 무한한 지성은 모든 것을 알고 있습니다. 신의 섭리에 따라 올바른 결정이 무엇인지 내 앞에 드러날 것입니다. 나는 해답이 모습을 드러내는 순간 그것을 알아볼 것입니다.

나는 잠들기 전 자장가를 부르듯 짧은 확언을 계속 외웠다. 그날 밤 오랜 친구가 꿈에 나왔다. 친구는 신문을 펼쳐 보이며 "이 신문 기사들 좀 봐, 가면 안 돼!"라고 말했다. 신문은 폭력, 불안, 전쟁과 관련된 소식으로 가득 차 있었다. 그로부터 얼마 뒤 꿈속 신문에서 읽은 모든 사건이 내가 갈 뻔했던 지역에서 전부 일어났다.

지극히 현명한 잠재의식은 모든 것을 알고 있다. 때로 잠재의식은 현재의식이 곧장 받아들일 수밖에 없는 목소리로 말을 걸어올 것이다. 크나큰 위험에 빠질 수도 있었던 나를 위해 잠재의식은 내가 믿고 존중하는 사람의 모습으로 꿈속에서 내게 경고했다.

잠재의식은 꿈속에 어머니의 모습으로 나타나 특정한 장소에 가지 말라고 경고하기도 한다. 때로 잠재의식은 깨어 있는 시간에 경고를 보내기도 한다. 어머니나 사랑하는 사람의 목소리가 들려 걸음을 멈추고 주위를 둘러본 덕분에 건물 창가에서 떨어지는 물건에 머리를 맞는 사고를 피할 수 있었던 사람도 있다.

미래를 보여 주는 잠재의식

미래는 습관적으로 하는 생각의 결과다. 기도를 통해 생각을 바꾸지 않는 한 미래는 생각대로 정해져 펼쳐진다. 마찬가지로 한 국가의 미래도 국민의 집단 잠재의식에 따라 정해진다.

어떤 지역에서 실제로 사건이 일어나기 전에 내가 꿈속에서 관련 신문 기사를 미리 읽은 것도 전혀 놀랄 일이 아니다. 그 사건은 사건을 일으킨 당사자들의 머릿속에서는 이미 벌어진 일이다. 그들의 계획은 위대한 기록 도구인 우주적인 마음의 집단인 잠재의식에 이미 기록되어 있었다. 내일 일어날 일은 잠재의식 안에 이미 존재한다. 다음 주, 다음 달에 일어날 일도 마찬가지다. 초자연적 신통력을 지닌 사람이나 날카로운 통찰력이 있는 사람은 미래에 일어날 일을 미리 감지할 수 있다.

달리 말하면 미리 정해진 것은 아무것도 없다. 정신적 태도, 즉 생각하고 느끼고 믿는 방식이 운명을 결정한다. 체계적으로 기도하면 자신의 미래를 직접 만들어 낼 수 있다.

수년 전 한 학생이 피츠버그 제철소에서 압연 업무를 담당하던 레이먼드 해머스트롬이라는 남성의 이야기가 담긴 신문 기사 조각을 내게 편지로 보낸 적이 있다.

당시 피츠버그 제철소에는 막 만들어진 철근을 쿨링베드로 전달하는 과정을 제어하는 기계가 새롭게 설치됐다. 그런데 설치자들이 아무리 애를 써도 기계가 제대로 작동하지 않았다. 엔지니어들이 문제를 고치려고 여러 날 동안 열심히 매진했지만 모두 허사였다.

해머스트롬은 이 문제를 고민하며 많은 시간을 보냈다. 문제 해결을 위해 새로운 디자인을 생각해 봤지만 아무런 아이디어도 떠오르지 않았다. 그러던 어느 날 오후 잠깐 낮잠에 빠진 그는 꿈속에서 스위치 때문에 기계에 문제가 발생한다는 사실을 깨달았고, 결함을 해결할 완벽한 디자인을 봤다.

잠에서 깬 그는 꿈에서 본 디자인을 스케치했다. 선견지명을 가져다준 낮잠 덕에 해머스트롬은 회사에 새로운 아이디어를 제안했다. 그리고 포상금으로 역대 최고 금액인 1만 5000달러를 받았다.

잠재의식의 창조력은 답을 알고 있다

헤르만 볼라트 힐프레흐트 교수는 아시리아 문명의 권위자였다. 그는 자신이 겪은 놀라운 경험을 회고록에 남겼다.

"어느 토요일 저녁 나는 바빌로니아 사람들이 끼던 반지에 달려 있던 것으로 추정되는 작은 마노 광물 조각 두 개의 정체를 알아내려고 골머리를 앓고 있었다. 자정 무렵 기진맥진해 잠이 들었는데 아주 놀라운 꿈을 꿨다. 마흔 살 정도 되어 보이는, 키 크고 마른 한니푸르 출신 사제가 나를 신전 안에 있는 보물의 방으로 데려갔다. 천장이 낮고 창문 하나 없는 작은 방 바닥에는 마노와 청금석 조각이 흩어져 있었다. 이윽고 사제가 말했다.

'22쪽과 26쪽에 따로 소개한 두 마노 조각은 사실 하나입니다. 반지가 아닙니다. 조각에는 원래 고리가 달려 있었는데, 신상神像에 거는 귀걸이로 쓰였습니다. 당신이 가진 조각은 그 귀걸이의 일부입니다. 두 조각을 함께 놓고 보면 내 말이 이해될 겁니다.'

사제의 말이 끝나자마자 나는 눈을 떴다. 두 조각을 살펴보니 놀랍게도 꿈속 사제가 말한 대로였다. 마침내 문제를 풀었다."

창조력을 지닌 잠재의식은 모든 문제에 대한 답을 알고 있다는 사실을 정확히 보여 주는 이야기다.

잠재의식이 가장 활발한 시간

《보물섬》을 쓴 스코틀랜드 소설가 로버트 루이스 스티븐슨은 여행기 《평원을 건너》를 남겼다. 이 책에는 오직 꿈 이야기로만 할애된 장이 있다. 생생한 꿈을 꾸고는 했던 그는 매일 밤 자기 전 잠재의식에 특정한 지시 내용을 보내는 습관이 있었다. 그는 자신이 잠자는 동안 이야기를 계속 집필해 달라고 잠재의식에 부탁했다. 예를 들어 통장에 돈이 얼마 남지 않았을 때면 "잘 팔려서 돈이 될 만한 재미있는 소설 하나 써줘"라고 부탁하는 식이었다. 스티븐슨의 잠재의식은 그에게 훌륭하게 답했다.

"이 귀여운 브라우니들은 내게 소설을 연재물처럼 한 편씩 나눠서 들려준다. 그 소설을 쓰는 사람은 분명 나일 텐데, 브라우니들은 나를 아무것도 모르는 상태에 붙잡아 둔 채 내게 계속 이야기를 들려준다. 깨어 있는 동안 내가 쓴 소설 중 일부는 절대로 내가 쓴 것이 아니다. 내가 깨어 있는 시간에 글을 쓰게 도와주는 건 바로 이 브라우니들이기 때문이다."

스티븐슨의 회고록 내용으로, 여기서 '브라우니'는 스티븐슨이 잠재의식의 지능과 힘을 부르던 명칭이다.

불면증에 시달리고 있다면 다음의 확언이 효과가 있을 것이다. 잠들기 전 천천히 조용히 성실하게 다음 문구를 반복해서 말하라.

내 발가락, 발목, 복근, 심장과 폐, 손과 팔, 목, 뇌, 얼굴, 눈은 전부 편안한 상태에 있습니다. 내 몸과 마음도 모두 편안합니다.

나는 기꺼이 온전하게 모두를 용서합니다. 화합, 건강, 평화를 비롯한 모든 축복이 그들의 인생에 가득하기를 진심으로 바랍니다.

나는 평안하고 차분하며 평화롭고 고요한 상태에 있습니다. 나는 안전과 평화를 느끼며 쉽니다. 신성한 존재가 내 안에 있음을 깨닫자 깊은 고요가 내 안에 스며들고 은은한 적막이 내 몸과 마음을 어루만집니다. 삶과 사랑에 대한 자각이 나를 치유한다는 것을 나는 압니다.

나는 사랑에 둘러싸인 채 만물을 향한 호의를 충만히 느끼며 잠듭니다. 밤새도록 평화가 나와 함께하며, 아침이 되면 삶과 사랑이 가득 느껴집니다. 나는 그 어떤 악도 두려워하지 않을 것입니다. 나는 평화롭게 자고 즐겁게 일어납니다.

- 제시간에 일어나지 못할까 걱정된다면 잠들기 전 잠재의식에 정확히 일어나고 싶은 시간을 말하라. 그러면 잠재의식이 깨워 줄 것이다. 잠재의식은 시계가 필요 없다. 모든 문제에 이 방식을 적용하라. 잠재의식이 하기에 어려운 일은 하나도 없다.

- 잠들기 전 자신과 모든 이를 용서하면 치유가 더 빨리 진행될 것이다.

- 인도는 잠들었을 때 찾아온다. 때로는 꿈의 형태로 찾아오는 경우도 있다. 치유의 파도도 잠들었을 때 펼쳐진다. 아침에 일어나면 상쾌한 원기가 느껴질 것이다.

- 낮에 일어난 문제와 갈등으로 걱정된다면 생각을 멈추고 나에게 응답할 준비가 되어 있는 잠재의식 안에 내재한 지혜와 지능을 떠올려라. 그러면 평화, 힘, 자신감이 생길 것이다.

- 수면은 마음의 평화와 신체 건강에 필수적이다. 수면 부족은 짜증, 우울, 정신장애를 일으킬 수 있다. 하루 여덟 시간은 자야 한다.

- 의학 연구원들은 신경쇠약증을 겪는 이들이 심한 불면증을 겪을 수 있다고 설명한다.

- 잠자는 동안 정신은 회복된다. 적절한 수면은 삶의 즐거움과 생명력에 필요하다.

- 지쳐 잠들고 싶은 뇌는 수면을 위해서라면 무엇이든 포기한다. 운전하다 잠들어 사고를 낸 운전자들이 이를 증명한다.

- 수면 부족을 겪는 이들 중 다수는 기억력이 좋지 않고 몸의 움직임도 잘

제어하지 못한다. 이들은 혼란을 겪으며 어리둥절한 상태에 놓이고, 방향 감각도 잃는다.

- 수면은 조언을 가져다준다. 잠들기 전, 잠재의식의 무한한 지성이 나를 인도하고 이끌어 준다고 믿어라. 그러면 잠재의식이 보낸 인도가 일어났을 때 내 곁에 있음을 확인할 것이다.

- 잠재의식을 온전히 믿어라. 잠재의식은 늘 삶을 향해 움직이는 경향을 보인다는 것을 기억하라. 때로 잠재의식은 한밤중 생생한 꿈이나 환영을 통해 해답을 주기도 한다.

- 미래는 습관적으로 하는 생각이나 믿음에 따라 이미 마음속에 정해져 있다. 무한한 지성에 인도와 조언을 구하고, 모든 좋은 일이 인생에 찾아올 것이며 멋진 미래가 펼쳐질 것이라고 말하라. 이 말을 믿고 수용하라. 최고를 기대하면 최고의 삶이 틀림없이 내 앞에 펼쳐질 것이다.

- 소설, 희곡, 책을 집필하거나 발명품을 개발하고 있다면 밤에 잠재의식에 말을 걸어라. 잠재의식이 지닌 지혜와 지성, 힘이 나를 인도하고 이끌며 나에게 완벽한 희곡, 소설, 책 또는 해결책을 가져다줄 것이라고 당당하게 주장하라. 이렇게 기도하면 놀라운 일이 일어날 것이다.

14

이상적인 결혼 생활의 조건과 잠재의식

매일 밤 배우자와 함께 기도하라. 그러면 신성한 질서에 따라 원만한 결혼 생활을 유지할 것이다. 하루 동안 배우자가 어떤 잘못을 저질렀든 잠들기 전에 모두 용서하라. 상대방에게 느낀 짜증과 실망은 그날 모두 털어 버려라. 아침에 일어나면 평화와 조화로 가득 찬 다정한 생각을 하라.

부부간에 일어나는 모든 문제는 마음의 기능과 힘을 제대로 이해하지 못해 발생한다. 남편과 아내가 각자 마음의 법칙을 올바르게 이용한다면 둘 사이 불화는 일어나지 않을 것이다. 함께 기도하면 함께 산다. 신성한 이상에 대해 명상하고, 삶의 법칙을 공부하고, 부부 공동의 목적과 계획에 대해 상호 협의하고, 각자의 자유를 즐겨라. 그러면 일심동체를 느끼며 조화로운 결혼 생활을 누릴 수 있다.

이혼을 막기 가장 좋은 때는 결혼 전이다. 너무나 끔찍한 관계에서 빠져나오겠다는 결정은 잘못된 게 아니다. 그런데 애당초 왜 나쁜 단계에 빠져들려 하는가? 애초부터 결혼 생활에서 문제를 일으킬 진짜 원인에 집중하고, 문제의 근원을 제대로 찾아내는 게 더 낫지 않겠는가?

불행한 결혼 생활, 불화, 별거, 이혼은 남녀 사이에 일어나는 모든 문제와 다를 바 없다. 부부간 문제는 현재의식과 잠재의식의 작동 방식과 상호관계를 제대로 알지 못하기 때문에 일어난다.

결혼은 건강한 정신으로 해야 한다

결혼의 진리는 건강한 영적 기반 위에서 결혼을 시작해야 한다는 것이다. 결혼은 심장에서부터 우러나오는 것이어야 한다. 심장은 사랑을 담은 성배다. 솔직함, 진정성, 다정함, 진실성은 모두 사랑의 양상이다. 부부는 지극한 솔직함과 진정성을 갖고 서로를 대해야 한다. 자존심을 세우려고 하거나 배우자의 돈과 사회적 지위를 누리려고 결혼한다면 이는 진정한 결혼이 아니다. 진정성, 솔직함, 사랑이 부족하기 때문이다. 이런 결혼은 우스꽝스럽게 과장된 가면무도회에 불과하다.

"일하는 게 지긋지긋해. 결혼해서 안정적인 삶을 살고 싶어."

이런 말을 하는 사람은 잘못된 전제에 기초해 생각하고 있다. 마음의 법칙을 올바르게 쓰지 않고 있다는 말이다. 안정적인 삶은 현재의식과 잠재의식 간의 상호관계를 이해하고 적용할 때 누릴 수 있다.

이번 장에서 소개하는 기술을 삶에 적용하는 사람은 부와 건강을 풍족히 누릴 것이다. 부는 배우자나 부모가 누구냐에 상관없이 찾아올 수 있다. 배우자에게 기대지 않아도 건강, 평화, 즐거움, 영감, 인도, 사랑, 부, 안정감, 행복 등 세상에 존재하는 모든 것을 누릴 수 있다. 마음의 안정과 평화는 자신 안에 내재한 힘을 알고 건설적인 방식으로 마음의 법칙을 계속 사용하면 찾아온다.

이상적인 배우자를 끌어당기는 법

지금까지 책을 읽었다면 이제 잠재의식이 작동하는 방식을 알게 되었을 것이다. 마음속에 새기는 것이 실제로 일어난다는 사실을 나는 알고 있다. 이제 내가 원하는 남편상을 잠재의식에 각인시키는 작업을 시작해 보자.

훌륭한 방법을 하나 소개하겠다. 밤에 안락의자에 앉아 눈을 감고 몸의 긴장을 풀어라. 조용하고 수동적이며 수용적인 상태에 들어가라. 그리고 잠재의식에 다음과 같이 확언하라.

지금 나는 솔직하고 진정성 있으며 충직하게 의리를 지키는 남성, 평화롭고 행복하며 번영하는 남성을 내 삶으로 끌어당기고 있습니다. 내가 흠모하는 여러 자질이 지금 내 잠재의식 깊은 곳에 들어오고 있습니다. 이 자질을 계속해서 생각하면 이것이 무의식중에 내 안에 스며들어 나도 이러한 자질을 갖춘 사람이 될 것입니다.

나는 끌어당김의 법칙이 불가항력적이라는 것을 알며, 이 법칙을 따라 내 잠재의식의 믿음에 부합하는 남성이 내게 가까워지고 있다는 것을 압니다. 나는 잠재의식이 진짜라고 느끼는 것을 끌어당깁니다.

나는 내가 이 남성에게 평화와 행복을 가져다줄 수 있다는 것을 압니다. 그는 내가 지닌 이상을 사랑하고, 나는 그의 이상을 사랑합니다. 그는 나를 바꾸려 하지 않고, 나도 그를 바꾸려 하지 않습니다. 우리는 서로를 사랑하고 자유를 누리며 존중합니다.

이 확언을 잠재의식에 불어넣는 훈련을 계속하라. 그러면 머릿속으로 그리던 자질과 품성을 지닌 남성이 나에게 끌어당겨져 오는 기쁨을 누릴 것이다. 잠재의식이 지성을 발휘해 열어 준 길 위에서 나와 그는 만날 것이다. 잠재의식이 꾸준하고 거부할 수 없는 흐름을 일으켜 그렇게 만들 것이다. 내가 가진 최고의 사랑, 헌신, 협동을 주겠다는 간절한 욕망을 가져라. 잠재의식에 베푼 사랑이 가져다주는 선물을 받아라.

이상적인 아내를 끌어당기고 싶다면 다음을 확언하라.

지금 나는 내게 딱 맞는 여성을 끌어당기고 있습니다. 나와 온전히 하나가 될 수 있는 사람의 내면에서 신성한 사랑이 작용해 우리는 영적인 결합을 이룹니다. 나는 내가 이 여성에게 사랑과 빛, 평화, 즐거움을 가져다줄 수 있다는 것을 압니다. 나는 내가 이 여성의 삶을 충만하고 경이롭게 만들어 줄 수 있다는 것을 압니다.

이제 내게 딱 맞는 여성이 갖춘 자질과 성격을 말하겠습니다. 영적이고 충직하게 의리를 지키며 진실한 사람입니다. 사람들과 조화를 이루고, 평화로우며 행복합니다. 우리는 거부할 수 없이 서로에게 끌립니다. 사랑, 진실, 아름다움만이 내 삶에 들어올 수 있습니다. 지금 나는 내 이상적인 배우자를 맞이합니다.

미래의 배우자가 지녔으면 하는 자질과 성품을 주의 깊게 생각하면서 나도 그에 상응하는 정신적 자질과 품성을 길러야 한다. 그러면 잠재의식이 영적 질서에 따라 깊은 파도를 일으켜 둘을 하나로 맺어 줄 것이다.

부정적인 과거의 패턴을 깨라

관리직에 종사하는 여성 실라가 얼마 전에 내게 물었다.

"지금까지 세 명의 남편과 살았는데 그들 모두가 수동적이고 순종적이었어요. 제가 모든 결정을 내리고 가정을 주도하기를 바라더라고요. 저는 왜 이런 남성들만 끌어당기는 걸까요?"

나는 실라에게 재혼하기 전 두 번째 남편이 될 사람이 첫 번째 남편과 비슷한 성격을 지녔다는 것을 알고 있었는지 물었다.

"당연히 몰랐죠."

그녀가 단호하게 답했다.

"그렇게 줏대 없는 남성인지 알았다면 재혼하지 않았을 거예요. 세 번째 남편도 마찬가지고요."

문제의 원인은 실라가 결혼한 남성들이 아닌, 실라의 성격에 있었다. 실라는 자기주장이 아주 강해 자신이 처한 모든 상황에서 통제권을 쥐어야만 직성이 풀리는 사람이었다. 어떻게 보면 그녀는 자신이 관계의 지배자 역할을 할 수 있는 순종적이고 수동적인 배우자를 끌어당긴 것이다.

하지만 실라는 가슴 깊은 곳에서 자신과 대등한 사람을 배우자로 원했다. 잠재의식에 그린 심상은 실라가 주관적으로 원하는 남성을 끌어당겨 줬지만, 그 남성은 실라에게 진정으로 필요한 사람이 아니었던 것이다. 이 패턴을 깨려면 실라는 올바르게 기도하는 절차를 배워야 했다.

마침내 실라는 '이상적인 배우자를 만날 수 있다고 믿으면 그대로 이뤄진다'라는 간단한 진리를 배웠다. 잠재의식에 새겨진 과거의 패턴을 깨고 이상적인 배우자를 끌어당기기 위해 실라는 다음의 확언을 사용했다.

나는 내가 진정으로 원하는 남성의 특징을 마음속에 새기고 있습니다. 내가 남편으로 끌어당길 남성은 강한 힘을 지녔고 다정합니다. 일에서 성공했고 솔직하며 충직하게 의리를 지키는 사람입니다. 그는 나와 함께하며 사랑과 행복을 깨닫습니다. 나는 그가 나를 이끄는 곳으로 따라가고 싶습니다.

나는 그가 나를 원하고, 나도 그를 원한다는 것을 압니다. 나는 솔직하고 진실하며 다정하고 상냥합니다. 나는 그에게 줄 멋진 선물을 가졌습니다. 내가 그에게 줄 선물은 선의와 기쁜 마음, 건강한 몸입니다. 내가 선물을 주면 그도 내게 같은 선물을 줍니다. 우리는 선물을 주고받습니다.

신성한 지성은 이 남성이 어디 있는지 압니다. 내 잠재의식이 지닌 깊은 지혜는 나와 이 남성을 맺어 주기 위해 지금 자기만의 방식으로 일하고 있습니다. 나와 이 남성은 만나는 즉시 서로를 알아봅니다. 나는 내 요청을 들어주는 방법을 아는 잠재의식에 이 요청을 보냅니다. 잠재의식이 내게 줄 완벽한 해답에 감사합니다.

실라는 아침에 일어났을 때와 밤에 잠들기 전 이 기도를 매일 반복했다. 마음속으로 계속 이 기도를 되뇌면 자신이 원하는 자질과 품성을 갖는다는 진리를 굳게 확신하며 확언했다.

여러 달이 지났다. 그동안 실라는 데이트도 자주 하고 사람들과도 많이 어울렸지만, 그녀가 찾는 남성은 만나지 못했다. 실라는 자신이 가망 없는 일을 바라는 건 아닌가 하는 의문과 의심을 품고 흔들리며 망설이기 시작했다. 바로 그때 실라는 무한한 지성이 나름의 방식으로 길을 열고 있다는 사실을 되새겼다. 걱정할 필요가 전혀 없었다. 세 번째 결혼을 마무리 짓는 최종 이혼확인서를 받은 실라는 크나큰 안도감과 정신적 자유를 느꼈다.

얼마 뒤 실라는 한 의료기관의 본부장 자리를 맡게 되었다. 출근 첫날 선임 의사 중 한 명이 실라의 사무실로 찾아와 인사를 건넸다. 실라가 본부장직 면접을 본 날 남성은 의학 콘퍼런스에 참여하러 다른 도시에 가 있었기 때문에 둘은 초면이었다.

남성이 들어오는 순간 실라는 그가 바로 자신이 찾던 사람이라는 것을 느꼈다. 남성도 같은 마음이었는지, 데이트를 시작하고 한 달도 지나기 전에 실라에게 청혼했다. 이후 결혼한 둘은 더할 나위 없이 행복했다. 남성은 수동적이거나 순종적인 사람이 아니었다. 그는 힘있고 자신감 넘치며 결정력도 있는 사람이었다. 과거 운동선수로 활동하다 이제는 자신의 전문 분야에서 인정받는 의사가 된 그는 영적 세계에 깊은 관심을 두기도 했다.

실라는 자신이 원하는 것을 마음속에서 최대한으로 되새겼기 때문에 그것을 얻었다. 마음과 감정을 원하는 것에 일치시키자 그것이 실라와 한 몸이 되었다.

해답이 찾아올 것이다

이혼은 대단히 개인적인 문제여서 모두에게 걸맞은 일반적인 해답은 있을 수 없다. 물론 애초부터 결혼하지 말았어야 하는 경우도 있다. 그러나 이혼이 정답이 아닐 때도 있다. 이혼이 한 사람에게는 정답이지만 다른 사람에게는 답이 아닐 수도 있다. 거짓으로 결혼 생활을 이어가는 수많은 사람보다 이혼한 사람이 더 진실하고 고결할 수도 있다.

예를 들어 내가 상담한 한 여성은 폭력을 행사할 뿐 아니라 마약을 사기 위해 습관적으로 아내의 돈을 훔쳐 가는 남편을 두었다. 그녀는 결혼은 영원히 지켜야 할 신성한 행위이며 이혼은 부도덕한 짓이라고 생각하는 가정에서 자랐다.

나는 그녀에게 진정한 결혼은 심장에서 우러나오는 결혼이며, 두 개의 심장이 조화롭고 성실하며 진실하게 하나가 되는 것이 이상적인 결혼이라고 말했다. 심장에서 우러나오는 순수한 행동은 바로 사랑이다.

이 설명을 들은 여성은 자신이 무엇을 해야 할지 깨달았다. 누군가가 "두 사람은 부부가 되었음을 선언합니다"라고 말했다는 이유로 협박과 괴롭힘, 폭력을 모두 감내하는 것은 신의 법칙이 아니라는 사실을 그녀는 가슴 깊이 깨달았다.

어떻게 해야 할지 모르겠다면 인도를 구하라. 언제나 문제에 대한 해답은 있으며 해답이 나를 찾아오리라는 사실을 알라. 영혼의 침묵 속에서 다가오는 안내자를 따라라. 그 안내자는 나에게 평화롭게 말을 건넬 것이다.

이혼은 마음에서 시작된다

결혼한 지 몇 달 만에 이혼을 생각하는 젊은 부부와 대화를 나눈 적이 있다. 남편은 아내가 자기를 떠날까 봐 끊임없이 두려워하고 있었다. 그는 아내가 자신을 거부하고 외도를 할 것이라고 생각했다. 남성의 머릿속에 계속 맴돌던 이 생각은 결국 강박감이 되었다.

남성의 정신적 태도를 구성하는 것은 이별과 의심이었다. 그는 아내가 자신에게 아무런 반응도 보이지 않는다고 생각했다. 하지만 그러한 생각은 전부 그가 혼자 느끼는 감정이었다. 잠재의식에서 계속 이별을 생각하니 행동은 잠재의식을 따랐다. 작용과 반작용의 법칙, 즉 인과 관계의 법칙은 존재한다. 생각은 작용이다. 잠재의식의 반응은 반작용이다.

그의 아내는 집을 나간 뒤 이혼을 요구했다. 그가 두려움에 떨며 예상하던 일이 실제로 일어난 것이다. 이혼은 가장 먼저 마음에서 시작된다. 법적 절차는 그다음에 시작된다. 부부의 마음은 원망, 두려움, 의심, 분노로 가득했다. 이런 태도는 사람의 심신을 약하고 지치게 만든다. 증오는 부부 사이를 갈라놓으며, 사랑은 부부 사이를 하나로 만든다는 것을 부부는 배웠다. 이들은 자신의 마음에서 무슨 일이 일어나고 있었는지 깨닫기 시작했다. 심리 작용의 법칙을 몰랐던 부부가 마음을 잘못 사용한 탓에 결혼 생활에 혼돈과 고통이 들이닥쳤다.

내 제안에 따라 부부는 다시 함께 살며 기도요법을 실험했다. 서로에게 사랑, 평화, 선의를 베풀기 시작했다. 남편과 아내 모두 조화와 건강, 평화를 주고받으며 서로 사랑하는 훈련을 했다. 매일 밤 한 명씩 번갈아 가며 상대에게 시편을 읽어 줬다. 지극정성으로 노력하며 각자의 잠재의식에 유익한 자극을 불어넣은 끝에 오늘날 부부는 하루하루 지날수록 더 행복해지는 결혼 생활을 영위하고 있다.

배우자를 칭찬하라

아내가 잔소리를 하는 주된 이유는 남편이 아내에게 관심을 주지 않기 때문이다. 남편의 사랑과 관심을 갈구하는 아내의 정당한 갈망이 남편을 더욱 멀리 밀어내는 방향으로 표출되는 것이다. 아내에게 관심을 가지고 감사하는 마음을 표현하라. 아내의 모든 장점을 크게 칭찬하라.

잔소리를 하는 또 다른 이유는 배우자가 특정한 패턴을 따르도록 만들고 싶어서다. 이는 배우자를 떠나게 만드는 몇 안 되는 확실한 방법이다. 아내와 남편은 상대의 사소한 잘못까지 들들 볶는 행동을 하지 않도록 주의해야 한다. 배우자에게 관심을 주고, 배우자의 건설적인 자질과 멋진 성품을 칭찬하라.

남편이 아내에게 뒤끝 있게 굴거나 아내의 사소한 말이나 행동을 붙잡고 늘어진다면 그는 심리학적 관점에서 간통을 저지르고 있는 것이다. 간통에 포함되는 행동 중 하나는 숭배다. 여기서 숭배는 부정적이거나 파괴적인 것에 정신적으로 집중하거나 결합하는 것을 뜻한다. 속으로 아내에게 원망을 품거나 겉으로 적의를 드러내는 남편은 외도를 저지르고 있다. 평생 아내를 사랑하고 소중히 여기며 존경하겠다는 결혼 서약을 충실히 지키지 않고 있기 때문이다.

뒤끝 있고 억울해하며 아내를 원망하는 남편일지라도 모진 말을 삼가고 분노를 누그러뜨리는 노력을 하면 사려 깊고 다정하며 정중한 배우자가 될 수 있다. 하지 말아야 할 말을 억누르는 일은 충분히 실천할 수 있다. 상대를 칭찬하며 정신적 노력도 더하면 반목을 일삼는 습관에서 벗어날 수 있다. 평화, 조화, 사랑을 잠재의식에 주입한다면 아내뿐 아니라 삶에서 만나는 모든 사람과 더욱 잘 지낼 것이다. 조화로운 상태에 있다고 상상하면 결국 평화와 조화를 누린다.

배우자를 향한 비판과 불평을 멈춰라

결혼 생활에서 일어나는 문제나 어려움을 이웃이나 친척과 의논하는 것은 크나큰 실수다. 예를 들어 아내가 이웃에게 "존이 제 친정어머니에게 너무 무례하게 굴고 술을 퍼마시는 데다가, 계속 저를 학대하고 모욕해요"라는 말을 했다고 가정해 보자.

아내는 자신과 대화를 나누는 모든 사람 앞에서 남편을 비하하며 깎아내리고 있다. 게다가 남편의 단점에 관해 이야기하면 그 단점은 자기 마음속에서 사실로 굳어진다. 남편의 단점을 생각하고 느끼는 사람은 누구인가? 바로 아내다! 사람은 생각하고 느끼는 대로 산다.

친척들이 해주는 조언은 대부분 틀린 경우가 많다. 친척들의 시선은 객관적이지 못하고 편향되어 있기 때문이다. 우주의 법칙인 황금률에서 벗어난 조언은 좋지도 건강하지도 않다.

신경질을 부리지 않고 서로에게 상처와 부담을 주지 않으며 함께 사는 법을 아는 사람은 아무도 없다는 사실을 기억하라. 결혼 생활이 행복하지 않다고 친구에게 하소연하지 마라. 배우자와 싸운 일은 혼자 간직하라. 배우자를 향한 비판과 불평도 삼가야 한다.

배우자를 바꾸려고 애쓰지 마라

남편과 아내는 상대방을 새사람으로 바꾸려 해서는 안 된다. 눈치 없이 상대방을 바꾸려는 시도는 상대방의 현재 모습은 아무런 가치가 없다고 모욕하는 것과 같다. 이런 시도는 바보 같은 일일 뿐이며, 부부 관계를 파국으로 이끌 수도 있다. 상대방을 바꾸려는 행위는 그의 자존심과 자신감을 파괴하고 고집과 원망만 키워 결혼 생활을 파국으로 이끈다.

물론 서로 맞춰 가는 건 필요하다. 완벽한 사람은 없다. 결혼한 부부들도 마찬가지다. 하지만 자신의 마음속을 잘 들여다보고 자신의 성격과 태도를 관찰한다면 평생 고쳐 나가도 모자란 수많은 단점이 보일 것이다. '배우자를 내가 원하는 대로 바꿀 거야'라는 생각은 문제를 일으켜 이혼 법정에 가고야 말겠다는 생각과 같다. 고통을 자초하는 생각이다. 이 세상에 바꿔야 하는 사람은 자신뿐이라는 사실을 배워야 한다.

함께 기도하며 함께 사는 방법

첫째, 매일 사소한 실망이 쌓여 짜증으로 변하지 않도록 주의하라. 매일 밤 잠들기 전, 상대방이 하루 동안 저지른 잘못을 완전히 용서하라. 아침에 일어나는 순간 무한한 지성이 모든 방면에서 나를 인도한다고 확신하라. 평화와 조화, 사랑이 담긴 다정한 생각을 배우자에게, 가족에게, 온 세상에 전하라.

둘째, 아침 식사 기도를 올려라. 맛있는 음식을 포함해 내가 누리고 있는 모든 풍요와 축복에 감사하라. 아침 식사 중에는 문젯거리나 걱정 이야기를 하지 않고 말다툼도 하지 말아야 한다. 저녁 식사 때도 마찬가지다. 아내나 남편에게 "늘 고마워. 나는 온종일 당신에게 사랑과 선의를 보내고 있어"라고 말하라.

셋째, 밤 기도는 남편과 아내가 하루씩 번갈아 가며 하라. 배우자의 존재를 당연하게 여기지 마라. 배우자에게 감사와 사랑을 표현하라. 비난, 비판, 잔소리 대신 감사와 선의를 생각하라. 가정을 평화롭게, 결혼 생활을 행복하게 만드는 방법은 사랑, 아름다움, 조화, 상호 존중, 신앙, 긍정적인 요소로 기반을 다지는 것이다.

잠들기 전에는 시대를 막론하고 모든 인류를 인도하는 메시지가 담긴 책을 읽어라. 영적인 내용을 논하는 종교 서적이나 철학 서적 또는 영감을 주는 문학 작품을 추천한다. 지금까지 소개한 진리를 실천하면 해가 지날수록 점점 더 축복이 넘치는 결혼 생활을 누릴 것이다.

- 마음과 정신의 법칙에 무지하면 결혼 생활이 불행해진다. 부부가 함께 체계적으로 기도하면 계속 함께 살아갈 수 있다.

- 이혼을 방지하는 최적의 시기는 결혼 전이다. 올바르게 기도하는 방법을 배우면 올바른 배우자를 끌어당긴다.

- 결혼은 사랑으로 이어진 남성과 여성의 결합이다. 부부의 두 심장은 하나처럼 함께 뛴다. 부부는 더 높은 곳을 향해 함께 나아간다.

- 결혼이 행복을 보장하지는 않는다. 영원한 진리를 탐구하고 인생에서 영적인 가치를 좇을 때 행복을 얻는다. 바로 그때 부부는 서로에게 행복과 즐거움을 가져다줄 수 있다.

- 배우자에게 원하는 자질과 성품을 계속 생각하면 올바른 배우자를 끌어당긴다. 그러면 잠재의식이 두 사람을 신의 섭리 안에서 함께하게 해줄 것이다.

- 결혼 상대가 지녔으면 하는 마음가짐에 걸맞은 품성을 나 또한 길러야 한다. 솔직하고 진정성 있고 다정한 배우자와 인생을 함께하고 싶다면 나 또한 솔직하고 진정성 있고 다정한 사람이어야 한다.

- 결혼 생활을 하며 같은 실수를 여러 번 반복할 필요는 없다. 이상적인 남편 또는 아내를 만날 수 있다고 진심으로 믿으면 믿는 대로 된다. 믿는다는 것은 무언가를 진실이라 인정하는 행위다. 지금 바로 마음속에서 이상적인 동반자의 존재를 인정하라.

- 원하는 이상적인 배우자를 어디서 어떻게 만날지 궁금해하지 마라. 잠

재의식의 지혜를 무조건 믿어라. 잠재의식은 임무를 달성하는 힘을 갖고 있다. 내가 도울 필요가 없다.

- 배우자에게 불쾌함, 원한, 악감정, 공격성을 드러내는 것은 배우자에게 실수를 저질러 정신적으로 이혼당하는 것이나 마찬가지다. "평생 남편을/아내를 사랑하고 소중히 여기며 존경할 것을 약속합니다"라는 결혼 서약을 충실히 지켜라.

- 두려움을 드러내는 패턴을 배우자에게 투영하지 마라. 사랑, 평화, 조화, 선의를 투영하면 해가 갈수록 점점 더 아름다운 결혼 생활을 누릴 것이다.

- 부부는 서로에게 사랑, 평화, 선의를 베풀어야 한다. 그러면 이러한 가치에서 발생하는 진동을 잠재의식이 받아 부부가 서로 신뢰, 애정, 존중을 나누도록 해준다.

- 배우자가 잔소리하는 주된 이유는 관심과 감사를 받고 싶기 때문이다. 잔소리하는 남편이나 아내는 사랑과 관심을 갈망하고 있다. 배우자의 장점을 칭찬하고 격려하라. 배우자를 사랑하고 그에게 고마움을 느낀다는 것을 보여 줘라.

- 결혼 생활에 문제가 있을 때는 꼭 전문가의 조언을 구하라. 이가 아픈데 목수를 찾아가면 안 되는 것처럼 부부 간 문제를 친척이나 친구들과 이야기하는 건 아무 소용이 없다. 조언을 구하고 싶다면 전문 상담 훈련을 받은 사람을 찾아가라.

- 절대로 아내나 남편을 바꾸려고 하지 마라. 이는 어리석은 행동으로, 배우자의 자존심과 자신감을 파괴할 뿐만 아니라 원망을 키워 관계를 파탄

낼 수도 있다. 상대방을 내 입맛에 맞는 사람으로 바꾸려고 하지 마라.

- 함께 기도하면 계속 함께 살 것이다. 체계적인 기도는 모든 문제를 해결해 준다. 즐겁고 행복하며 건강하고 아름다운 아내의 모습을 심상에 그려라. 굳세고 강단 있고 다정하며 사람들과 조화를 이루는, 친절한 남편의 모습을 상상하라. 이 심상을 계속 간직하면 조화와 평화로 가득한 천국에서 사는 듯한 결혼 생활을 누릴 것이다.

15

행복을 습관으로 만드는 감사 기도

❉

매일 아침 이렇게 말하며 하루를 시작하라.

"행복이 내게 옵니다. 나는 잠재의식의 힘을 지극히 확신합니다."

미국 심리학의 아버지 윌리엄 제임스는 19세기의 가장 위대한 발견은 물리학이 아닌, 믿음을 바탕으로 한 잠재의식의 힘이라고 말했다. 세상의 어떤 문제든 이겨낼 수 있는 무한한 힘의 저장고인 잠재의식은 모든 사람의 내면에 존재한다.

모든 약점을 이겨 낼 수 있다는 사실을 명확히 깨닫는 날, 즉 잠재의식이 문제를 해결하고 몸을 치유하고 평생 좇던 꿈을 이루며 번영하게 만들어 줄 수 있다는 사실을 깨닫는 날, 영원하고 진정한 행복이 삶에 찾아올 것이다.

꿈에 그리던 연인과 약혼한 날에 행복했을 수도 있다. 대학교를 졸업했을 때, 결혼했을 때, 자녀가 태어났을 때, 대회에서 우승하거나 큰 상을 받았을 때 행복했을 수도 있다. 이 외에도 행복을 느낀 경험은 많을 것이다. 그러나 이 모든 것이 비록 멋진 경험이기는 하지만, 영원히 계속되는 진정한 행복은 아니다. 이는 모두 일시적인 행복이다. 평생 이어지는 행복이라는 이름의 함선을 짓는 방법은 모든 이에게 사랑과 평화, 선의를 베푸는 것이다.

행복을 택해야 한다

행복은 정신 상태다. 나는 행복을 선택할 자유가 있다. 대단히 쉬운 일처럼 들리는 이 말은 실제로도 정말 쉽다. 그래서 사람들이 행복을 찾는 길 위에서 휘청거리는지도 모른다. 행복의 비밀이 아주 간단하다는 사실을 깨닫지 못하기 때문이다. 삶의 모든 위대한 일은 간단하고 역동적이고 창조적이다. 삶의 이러한 특징이 바로 안녕과 행복을 만들어 낸다.

지금부터 행복을 택하라. 방법을 알려 주겠다. 아침에 눈을 뜨면 자신에게 이렇게 확언하라.

영적 질서가 오늘을 포함한 매일 내 삶을 관장합니다. 오늘 모든 것이 내게 좋은 방향으로 움직입니다. 오늘은 내게 주어진 새롭고 아름다운 날입니다. 오늘 같은 날은 다시 오지 않을 것입니다. 나는 온종일 신의 인도를 받으며, 내 일은 모두 번영할 것입니다. 신의 사랑이 나를 다정히 감싸고, 나는 평화롭게 나아갑니다.

내 관심이 선하고 건설적인 것들에서 벗어날 때마다 나는 사랑과 선한 것들로 시선을 곧장 다시 돌릴 것입니다. 나는 내게 축복과 번영을 내리는 모든 것을 끌어당기는 영적이고 정신적인 자석입니다. 오늘 하는 모든 일에서 멋지게 성공할 것입니다. 나는 오늘 하루 반드시 행복할 것입니다.

매일 하루를 이렇게 시작하면 행복을 직접 택해, 밝게 빛나며 기쁨을 누리는 사람이 될 것이다.

행복을 습관으로 만들어라

수년 전 아일랜드 서부 해안 지역 코네마라에 있는 한 농부의 집에 일주일 정도 머문 적이 있다. 늘 휘파람을 불며 노래하던 농부는 언제나 기분이 좋아 보였다. 나는 그에게 행복의 비밀을 물었다.

"간단합니다. 행복한 습관을 들이는 거죠. 매일 아침 일어날 때와 매일 밤 자기 전에 저는 가족과 제가 기르는 농작물, 소를 위한 축복 기도를 합니다. 풍요로운 수확을 하게 해주신 하나님께도 감사 기도를 올리고요."

그는 40년이 넘도록 이러한 습관을 지켜왔다. 알다시피 주기적이고 체계적으로 반복된 생각은 잠재의식에 스며들어 습관이 된다. 행복은 습관이라는 사실을 농부는 알고 있었다.

행복을 진심으로 바라야 한다

행복해지고 싶다면 기억해야 할 중요한 점은 행복을 진심으로 바라야 한다는 것이다. 오랫동안 실의에 빠져 우울하고 불행하게 지내던 사람들이 갑자기 반갑고 좋은 소식을 들어 행복해질 때가 있다. 이때 이들은 "이렇게 행복한 건 잘못된 일이야!"라는 반응을 보인다. 내가 만났던 어떤 여성도 이렇게 말했다. 이들의 마음은 부정적 패턴에 너무 익숙해진 나머지 행복을 느낄 때 불편해한다. 이미 익숙해진, 우울하고 불행한 상태로 돌아가고 싶어 한다.

내가 아는 잉글랜드 출신 노부인은 수년 동안 관절염으로 고생하고 있었다. 그는 무릎을 만지며 "오늘 관절염이 심하네. 밖에 나갈 수 없겠어. 관절염이 나를 계속 비참하게 만드는구나"라고 말하고는 했다. 아픔에 시달리던 노부인은 아들딸과 이웃들의 많은 관심을 받았다. 그녀는 진심으로 관절염을 앓고 싶어 했다. 자신이 '비참함'이라고 부르는 것을 즐겼다. 잠재의식의 깊은 곳에서 노부인은 행복을 바라지 않았다.

나는 노부인에게 치료 방법을 제안했다. 그녀에게 성경 말씀을 몇 개 써준 뒤, 이 말씀에 담긴 진리에 주목하면 마음의 태도가 반드시 변해 그녀의 건강도 회복될 것이라 말해 줬다. 하지만 노부인은 치료법에 관심을 보이지 않았다. 다른 많은 사람들처럼 노부인도 불행한 사람들 특유의 병적인 정신 상태에서 고통받고 있었다. 그녀는 비참하고 슬픈 상태를, 비참한 상태일 때 얻을 수 있는 이익을 즐기고 있었다.

자신도 모르는 사이에 불행을 택하는 사람들

많은 사람이 자신도 모르는 사이에 불행을 택한다. 이들이 불행을 택하는 이유는 다음과 같은 생각을 하기 때문이다.

- 오늘은 재수 없는 날이라 되는 일이 없을 거야.
- 나는 성공하지 못할 거야.
- 모두가 내게 등을 돌렸어.
- 사업이 잘 안되네. 앞으로 더 나빠질 거야.
- 나는 항상 늦어.
- 나는 늘 운이 없어.
- 저 사람은 할 수 있지만 난 못 해.

아침에 일어나자마자 이런 생각을 한다면 그 생각과 같은 결과를 끌어당기고, 그러면 대단히 불행해질 것이다.

세상의 일은 마음에서 일어나는 일에 따라 결정된다는 사실을 인식해야 한다. 고대 로마의 위대한 철학자였던 현인 마르쿠스 아우렐리우스는 이렇게 말했다.

"한 사람의 삶은 그 사람의 생각에서 만들어진다."

19세기를 대표하는 미국 철학자 랠프 월도 에머슨의 다음 말은, 마음속에서 습관적으로 하는 생각이 그 사람의 몸을 통해 실현된다는 의미다.

"한 사람이 종일 생각하는 것이 바로 그 사람이다."

부정적이고 패배주의적이며 불쾌하고 음울한 생각에 빠지지 마라. 삶에서 실제로 경험할 수 있는 것은 머릿속에서 하는 생각뿐이라는 사실을 자주 상기하라.

행복은 돈으로 살 수 없다

부 자체가 행복을 가져다주지는 않는다. 그렇다고 해서 부가 행복해지는 걸 막는 것도 아니다. 오늘날에는 신기능이 탑재된 텔레비전, 신형 자동차, 명품 디자이너 의상, 교외 별장 등 물건을 사면서 행복을 함께 사려는 사람이 많다. 하지만 행복은 이런 식으로 얻거나 살 수 없다.

행복 왕국은 생각과 느낌 안에 있다. 많은 사람이 행복을 얻으려면 뭔가 인위적인 일을 해야 한다고 생각한다. 어떤 이들은 시장으로 선출된다면, 기업 CEO가 된다면, 신문 사회면 기사에 실린다면 행복해질 거라고 한다.

행복은 정신적·영적 상태라는 것이 진리다. 승진하거나 남들에게 인정받는다고 해서 행복을 얻을 수는 없다. 힘, 기쁨, 행복은 잠재의식에 내재한 영적 질서와 올바른 행동을 추구하고 이를 삶의 모든 양상에 적용하는 데서 비롯된다.

행복은 고요한 마음에서 거두는 수확

몇 년 전 샌프란시스코에서 강연할 때 사업이 잘 안돼 낙담한 남성이 내게 다가왔다. 기업 총괄 관리자였던 그의 마음은 기업 회장과 부회장을 향한 원한으로 가득했다. 그는 이들이 자기 생각과 반대되는 끔찍한 방향으로 기업을 이끌고 있다고 느꼈다. 기업 이익과 시장 점유율은 하락하고 있었다. 기업의 주가가 내려가는 것이 그에게는 특히 큰일이었는데 경영보상금 대부분을 스톡옵션으로 받았기 때문이었다.

그는 매일 아침 일어나자마자 다음처럼 확언해 경영 문제를 해결했다.

우리 기업의 모든 임직원은 정직하고, 진정성 있으며, 협동적이고
신의를 지킬 뿐 아니라 모두에게 선의를 지닙니다. 이들은 기업의
성장, 복지, 번영이라는 사슬을 잇는 정신적·영적 연결고리입니

다. 나는 내가 하는 생각, 말, 태도를 통해 사랑, 평화, 선의를 회장과 부회장을 비롯한 모든 임직원에게 보냅니다.

우리 기업의 회장과 부회장은 모든 일을 할 때 인도를 받습니다. 내 잠재의식이 지닌 무한한 지성이 나를 통해 모든 결정을 내립니다. 우리 기업이 하는 모든 거래와 모든 협업은 모두 올바른 행동을 통해 이루어집니다.

나는 출근하기 전에 평화, 사랑, 선의의 메시지를 보냅니다. 나를 포함한 모든 임직원의 머리와 가슴을 평화와 조화가 가득 채웁니다. 이제 나는 믿음, 자신감, 신뢰를 한껏 품고 새로운 하루를 시작합니다.

그는 아침에 일어나 이 확언이 진리임을 느끼며 천천히 세 번 읽었다. 회사에서 두렵거나 화나는 생각이 떠오를 때면 다음과 같이 확언했다.

평화, 조화, 평정심이 늘 내 마음을 이끕니다.

계속 이렇게 마음을 다스리자 해로운 생각은 모두 사라지고 평화만이 그의 마음을 채웠다. 그는 평화라는 작물을 수확했다.

이후 그는 내게 편지를 보내 명상을 한 지 약 2주가 지나자 회장과 부회장이 자기를 사무실로 불러 자기의 경영 능력과 신선한 건설적인 아이디어를 칭찬했고, 자기가 기업 총괄 관리자인 것을 큰 행운으로 생각한다고 말했다는 소식을 전했다. 행복은 자신의 마음속에서 찾는 것이라는 사실을 깨달은 그는 매우 행복했다.

장애물은 마음속에 있다

몇 년 전 한 친구가 길가의 나무 그루터기에 있던 뱀을 보고 겁먹은 말 이야기를 해준 적이 있다. 이 말은 이후 같은 길을 지날 때마다 주춤거렸다. 농부는 그루터기를 파내 불태운 뒤, 그루터기가 있던 자리를 평평하게 다졌다. 하지만 소용없었다. 몇 년이 지나도 말은 그루터기가 있던 자리를 지날 때마다 무서워했다. 말은 그루터기가 있던 기억을 무서워한 것이다.

삶의 행복을 가로막는 것은 생각과 이미지뿐이다. 두려움이나 걱정 때문에 앞으로 나아가지 못하는가? 두려움은 마음속 생각이다. 두려움의 기억을 파내 버리고, 모든 어려움을 딛고 성공해 성취와 승리를 거두리라는 믿음으로 그 자리를 채워라.

내가 알고 지내던 사업가의 기업이 파산한 적이 있었다. 그는 내게 이렇게 말했다.

"실수를 저질렀지만 덕분에 많이 배웠습니다. 다시 사업을 시작해 엄청난 성공을 거둘 거예요."

그는 기억 속에 남아 있는 나무 그루터기를 정면으로 마주했다. 징징대거나 불평하는 대신 그는 실패라는 그루터기를 파내 버렸다.

내면의 힘이 자신을 지탱해 주리라 믿으며 그는 두려운 생각과 해묵은 우울감을 멀리 던져 버렸다. 자신을 믿어라. 그러면 성공을 거두고 행복해질 것이다.

행복과 미덕은 상호 보완적이다

가장 행복한 사람은 자신의 가장 나은 모습을 갈고닦아 보여 주는 사람이다. 행복과 미덕은 상호 보완적 요소다. 최고의 모습을 보이는 사람들이 가장 행복할 뿐 아니라, 가장 행복한 사람들은 보통 가장 성공적인 삶을 살기도 한다. 사랑, 빛, 진리, 아름다움을 더 많이 표현하면 세상에서 가장 행복한 사람이 될 것이다.

고대 그리스 스토아 철학자 에픽테토스는 이렇게 말했다.

"행복과 마음의 평온을 얻는 길은 단 하나다. 아침 일찍 일어나 종일 깨어 있다가 밤에 잠들 때까지, 밖에서 마주하는 모든 것을 자기 것이라 여기지 말고 신께 바쳐라."

- 윌리엄 제임스는 19세기의 가장 위대한 발견은 물리학이 아니라, 믿음을 바탕으로 한 잠재의식의 힘이라고 말했다.

- 어마어마한 힘이 내 안에 있다. 이 힘을 지극히 확신할 때 행복이 내게 찾아올 것이다. 그러면 꿈을 이룰 것이다.

- 잠재의식의 놀라운 힘을 발휘한다면 패배 상황에서도 승리하며 일어나 행복을 찾을 수 있다.

- 행복을 택해야 한다. 행복은 습관이다. 자주 떠올리며 곰곰이 생각해야 하는 좋은 습관이다.

- 아침에 눈을 뜨면 "나는 오늘 행복을 택합니다. 나는 오늘 성공을 택합니다. 나는 오늘 올바른 행동을 택합니다. 나는 종일 사랑과 선의를 택합니다. 나는 오늘 평화를 택합니다"라고 말하라. 삶, 사랑, 관심을 담아 확언하라. 이제 나는 행복을 선택했다.

- 주어진 축복에 하루에도 여러 번 감사하라. 더 나아가 가족과 동료를 비롯한 세상 모든 사람의 평화와 행복, 번영을 위해 기도하라.

- 행복을 진심으로 바라야 한다. 바라지 않으면 아무것도 이뤄지지 않는다. 욕망은 상상력과 믿음이라는 날개가 달린 소망이다. 욕망이 실현된 모습을 상상하며 그 기분을 생생히 느껴라. 그러면 현실로 이뤄질 것이다. 행복은 기도에 대한 응답과 함께 온다.

- 두려움, 걱정, 분노, 증오, 실패에 관한 생각에 계속 갇혀 지낸다면 우울하고 불행해질 것이다. 기억하라. 생각이 삶을 만든다.

- 세상의 모든 돈을 갖다 바쳐도 행복을 살 수 없다. 백만장자 중에는 행복한 사람도 있고 불행한 사람도 있다. 속세의 관점에서 부유하지 않은 사람 중에도 행복한 사람이 있고 불행한 사람이 있다. 기혼자 중에도 행복한 사람이 있고 불행한 사람이 있다. 미혼자 중에도 행복한 사람이 있고 불행한 사람이 있다. 행복 왕국은 생각과 느낌 안에 존재한다.

- 행복은 고요한 마음에서 거두는 수확이다. 평화, 평정, 안전, 신의 인도에 생각의 닻을 내려라. 그러면 마음에서 행복이 우러나올 것이다.

- 행복을 가로막는 장애물은 없다. 외부 요소는 행복을 막는 원인이 아니라 행복이 가로막혀 발생한 결과일 뿐이다. 내 안에 있는 창조적인 원칙만을 따라라. 생각이 원인이며 새로운 생각은 새로운 영향을 낳는다. 행복을 택하라.

- 가장 행복한 사람은 자기 안에 있는 최대의 능력을 발휘하는 사람이다.

16

상처와 미움 없는
건강한 인간관계의 비결

❁

정서적으로 성숙한 사람이 되어 타인과의 의견 차이를 받아들여
라. 타인은 내 말에 반대할 자격이 당연히 있다. 마찬가지로 나도
타인의 말에 반대할 자유가 있다. 화내지 않고도 반대할 수 있다.

이 책에서 가르치는 중요한 개념은 잠재의식은 녹음기와 같아 생
각을 충실하게 재현한다는 사실이다. 이는 타인과 조화롭고 균형 잡
힌 인간관계를 만들고 유지하는 데 다음의 황금률이 그토록 중요한
이유이기도 하다.

"무엇이든지 남에게 대접을 받고자 하는 대로 너희도 남을 대접
하여라."(마태복음 7장 12절)

마태복음이 전하는 이 교훈에는 표면적 뜻을 넘어 숨은 뜻도 담
겨 있다. 숨은 뜻은 현재의식과 잠재의식 간의 연결에 대한 의미를
담고 있다.

- 사람들이 나에 대해 생각해 줬으면 하는 대로 사람들을 생각하라.

- 사람들이 나에 대해 가졌으면 하는 느낌을 사람들에게 가져라.

- 사람들이 나에게 했으면 하는 행동대로 사람들에게 행동하라.

예를 들어 회사 동료에게 정중하고 예의 바르게 대했는데 정작 그 동료는 매몰차게 등 돌리는 모습을 보고 마음속에 동료에 대한 비판과 원망을 품었다고 해보자. 이런 부정적인 생각은 독약을 마시는 것처럼 매우 파괴적으로 작용한다. 내가 만들어 내는 부정적인 에너지는 내 안의 활력·열정·힘·인도·선의를 빼앗아 간다. 부정적인 생각과 감정이 잠재의식에 스며들면 삶에서 온갖 문제와 병이 나타난다.

행복한 관계의 비결

"비판을 받지 않으려거든, 남을 비판하지 말아라. 너희가 남을 비판하는 그 비판으로 너희가 비판받을 것이요, 너희가 헤아리는 그 헤아림으로 너희가 헤아림을 받을 것이다."(마태복음 7장 1~2절)

타인과 조화로운 관계를 이루는 비결은 위의 성경 구절을 곰곰이 생각하며 그 안에 담긴 진리를 실천하는 것이다. 비판은 마음속에서 생각한 뒤 평가 또는 결론을 내리는 일이다. 타인에 대한 생각은 나만의 생각일 뿐이다. 생각하는 사람이 바로 나 자신이기 때문이다.

생각은 창조적이다. 따라서 타인을 향한 내 생각과 느낌은 실제로 그 사람을 대할 때 내가 느끼는 경험을 만들어 낸다. 타인에 대한 의견은 자신에 대한 의견이기도 하다. 내 마음이 그 의견을 만들어 내는 도구이기 때문이다.

마태복음에서 전하는 "너희가 남을 비판하는 그 비판으로 너희가 비판받을 것이요"라는 말씀도 같은 의미를 전한다. 타인에게 표준과 기준을 적용하는 것은 자신의 잠재의식에도 같은 표준과 기준을 들이대는 것과 같아 결국 자신까지도 그 표준과 기준의 적용 대상이 된다. 이 법칙을 알고 잠재의식이 작동하는 방식을 이해하고 나면 늘 신중하게 생각하고 느끼며 타인에게 행동하게 된다. 이렇게 하면 자신에 대해서도 올바르게 행동하고 느끼며 생각할 수 있다.

"너희가 헤아리는 그 헤아림으로 너희가 헤아림을 받을 것이다"라는 말씀은 타인을 선하게 대하면 선행이 자신에게 돌아올 것이며, 마찬가지로 타인을 악하게 대하면 마음의 법칙에 따라 악행을 되돌려받는다는 뜻이다. 다른 사람을 속여 사기 치는 사람은 사실 자신을 속여 사기 치고 있는 것과 같다. 이 사람이 느끼는 죄책감과 상실감은 언젠가 어떤 방식으로든 반드시 그에게 손해를 가져다준다. 잠재의식이 이 사람의 정신 활동을 기록해 마음속에 가졌던 의도와 동기에 따라 반응하기 때문이다.

인격이 없는 잠재의식은 불변의 성질을 지녀 사람을 가리지 않으며, 어떤 종류의 종교나 제도도 고려하지 않는다. 잠재의식은 동정심도 양심도 품지 않는다. 타인을 향한 생각, 느낌, 행동은 결국 자신에게 그대로 돌아온다.

화내지 않고도 반대할 수 있다

나 자신을 관찰하는 일부터 시작하라. 사람, 조건, 상황에 대해 어떻게 반응하는지 관찰하라. 관찰한 내용을 공책에 적은 후에 연구하라. 하루에 있었던 일이나 소식에 어떻게 반응하는가? 모든 사람이 틀렸는데 나만 맞았다 해도 달라지는 것은 전혀 없다. 신문을 읽고 불안해진다면 그것은 내 탓이다. 내 안의 불안정한 감정이 평화와 조화를 앗아갔기 때문이다.

한 여성이 자기 남편을 도와 달라며 내게 편지를 보낸 적이 있다. 남편은 신문에서 특정 칼럼니스트들이 쓴 글을 읽을 때마다 화를 냈다. 억눌린 분노를 이런 식으로 터뜨리는 행동이 남편의 고혈압 증상에 악영향을 미친다고 여성은 설명했다. 의사는 남편에게 감정을 치료하며 스트레스를 줄이는 방법을 찾아야 한다고 권했다.

나는 여성의 남편을 만나 마음이 기능하는 방식을 설명했다. 그는 신문 기사 때문에 화를 내는 게 정서적으로 미숙한 행동이라는 점은 알고 있었지만, 분노에서 오는 피해가 자신의 몸과 마음에 문제를 일으킨다는 사실은 알지 못했다.

그는 자신이 비록 칼럼니스트의 정치적, 종교적 견해에 동의하지 않더라도 칼럼니스트에게는 표현의 자유가 있다는 사실을 받아들여야 함을 깨닫기 시작했다. 그에게도 칼럼니스트가 신문에 기고한 글에 동의하지 않는다면 신문사에 항의 편지를 보낼 자유가 있었기 때문이다. 그는 성질부리지 않으면서 반대할 수도 있다는 것을 배웠다. 자신에게 영향을 미치는 것은 타인의 말이나 행동이 아니라, 그 말이나 행동에 대한 자신의 반응이라는 단순한 진리에 눈떴다.

진리를 깨달은 남성은 치유됐다. 그는 연습하면 아침마다 성질부리는 태도를 조절할 수 있다는 점도 깨달았다. 이후 아내가 내게 말하길 마침내 남편은 그토록 싫어하던 칼럼니스트의 글을 읽으며 웃는 법을 배웠다고 한다. 그는 신문 기사에 그토록 예민하게 반응했던 자신을 돌아보면서 웃는 법도 배웠다. 신문 기사는 더는 그를 방해하거나 괴롭히거나 귀찮게 하지 못한다. 감정적으로 평정심과 차분함을 기른 덕분에 고혈압 증상도 아주 많이 호전됐다.

대화 습관을 바꾸면 인관관계가 풀린다

대기업 임원 비서로 일하던 신시아는 동료 중 몇 명이 고깝게 느껴지는 것이 고민이라며 나를 찾아왔다. 신시아는 여성 동료들이 모여 자기를 험담하며 안 좋은 소문을 퍼뜨린다고 믿었다. 그녀는 여성들과의 관계에서 문제를 종종 겪는다는 사실을 인정하며 "남자들은 좋지만 여자들은 싫어요"라고 말했다.

계속 대화를 나누다 보니 신시아가 거만하고 고압적이며 짜증스러운 목소리로 사무실 사람들에게 이야기한다는 사실을 느낄 수 있었다. 그녀는 잘난 체하는 사람처럼 말하는 습관이 있었다. 그래서 어떤 사람들에게는 그녀의 목소리가 거슬리게 들릴 수도 있었다. 신시아는 이 사실을 몰랐다. 그녀는 동료들이 자기를 어려운 상황에 몰아넣으며 재미있어한다는 사실에만 집중했다.

사무실이나 일터의 모든 사람이 짜증 나게 군다면, 내면에서 나오는 잠재의식 패턴이나 정신적 투사가 그러한 짜증과 혼돈을 불러일으키는 것일 수도 있지 않을까? 개도 자기를 싫어하거나 무서워하는 사람을 보면 더 사납게 짖는다. 동물도 인간의 잠재의식이 일으키는 진동을 감지해 그에 따라 반응한다. 같은 관점에서 보면, 인간도 개나 고양이를 비롯한 다른 동물만큼이나 민감한 감각을 지니지 않았는가?

동성인 여자들을 싫어하는 신시아에게 나는 기도를 해보라고 제안했다. 영적 가치에 따라 자신을 발견하고 삶의 진리를 확언하기 시작할 때 여성들을 향한 증오가 완전히 사라질 것이며, 타인의 증오를 불러일으키는 목소리와 언어 패턴도 함께 사라질 것이라는 설명도 덧붙였다. 신시아는 인간의 감정이 말과 행동, 글을 비롯한 삶의 모든 양상에서 나타난다는 사실을 깨닫고 놀랐다.

나와 대화를 나눈 이후 신시아는 억울하고 화난 것처럼 말하는 것을 멈췄다. 그리고 주기적이고 체계적인 기도 패턴을 열심히 만들어 회사에서 실천했다.

신시아에게 성공을 가져다준 확언은 다음과 같다.

나는 다정하고 조용하고 평화로운 방식으로 생각하고 말하며 행동합니다. 지금 나는 나를 비판하고 험담했던 모든 사람에게 사랑과 평화, 관용, 온정을 베풉니다. 나는 평화, 조화, 선의를 향해 생각의 닻을 올립니다.

부정적으로 반응하려 할 때마다 나는 "나는 내면의 조화, 건강, 평화의 법칙에 따라 생각하고 말하며 행동합니다"라고 되뇝니다. 창조적인 지능이 모든 길에서 나를 이끌고 다스리며 안내합니다.

이 확언을 실천하자 신시아의 삶이 바뀌었다. 비판과 짜증으로 가득하던 직장 내 분위기가 조금씩 사라지는 것이 그에게 느껴졌다. 동료들은 그의 인생을 함께하는 친구이자 동반자가 되었다. 신시아는 자신을 탓할 사람은 자신뿐이며 변해야 할 사람도 자신뿐이라는 진리를 깨달았다.

내면의 생각이 앞길을 막을 수 있다

어느 날 영업 사원으로 일하는 짐이 나를 찾아왔다. 그는 회사 영업부장과 함께 일하는 게 어려워 속상해하고 있었다. 짐은 10년 동안 회사에 다녔는데도 승진은커녕 단 한 번도 인정받지 못했다. 짐은 내게 자신이 올린 판매실적도 보여 줬다. 지역 내 다른 영업 사원들과 비교하면 그의 실적이 뛰어나다는 것이 바로 보였다. 그는 부장이 자신을 싫어하며 부당하게 대우한다고 주장했다. 부장은 회의 때 짐이 내놓는 의견을 비웃었고, 때로는 그에게 유난히 무례하게 굴기도 했다.

상황을 자세히 들은 뒤 나는 짐에게 원인은 주로 그 자신에게 있다고 설명했다. 상사의 반응은 상사에 대해 짐이 가진 생각과 믿음을 드러내는 증거였다. 상대에게 가하는 잣대를 자신에게도 들이대야 한다. 짐은 속으로 영업부장이 무례하고 편협하며 심술궂은 사람이라 생각하며 그에 맞는 잣대를 상사에게 들이대고 있었다. 짐의 마음은 상사를 향한 응어리와 적대감으로 가득했다. 출근을 하면서도 짐의 머릿속은 상사를 향한 비판, 정신적 갈등, 거센 비난으로 가득 차 있었다.

짐이 속으로 하는 생각은 자신에게 고스란히 되돌아올 수밖에 없었다. 나와의 대화가 끝날 무렵 짐은 자신이 내적으로 굉장히 파괴적인 언어를 구사하고 있다는 사실을 깨달았다.

속으로 조용히 상사를 비난하고 욕하는 동안 자라난 생각과 감정의 강도와 힘이 자신의 잠재의식에 영향을 끼치고 있었다. 잠재의식의 영향에 따라 상사는 짐을 향해 부정적인 반응을 쏟아냈다. 잠재의식은 짐의 대인관계와 심신 건강에도 악영향을 미쳤다. 나는 다음 확언을 외우라고 강력하게 설득했고 짐은 나의 조언을 따랐다.

내 우주 안에서는 나만이 생각하는 사람입니다. 내가 상사에 대해 갖는 생각은 내 책임입니다. 상사는 내 생각에 책임이 없습니다.

나는 그 어떤 사람, 장소, 물건도 나를 괴롭히거나 방해하도록 내버려 두지 않습니다. 나는 내 상사의 건강, 성공, 내적 평안, 행복을 바랍니다. 나는 그의 안녕을 진심으로 바랍니다. 또한 나는 그가 모든 길에서 인도를 받는다는 것을 압니다.

짐은 이 확언을 천천히 조용히 실감 나게 여러 번 소리 내 외웠다. 확언을 하며 그는 자신의 마음은 정원이며, 정원에 뿌리는 씨앗의 성격에 맞는 식물이 자라난다는 사실을 깨달았다.

나는 그에게 잠들기 전 심상을 시각화하는 법도 가르쳤다. 그는 상사가 자신의 실적 달성을 축하하고, 열정적으로 일하는 태도를 칭찬하고, 고객에게서 받아 낸 긍정적인 답변을 인정하는 장면을 상상했다. 그는 이 모든 장면을 현실처럼 생생히 느꼈다. 상사와 악수할 때 느껴지는 손의 촉감, 상사의 목소리 톤, 상사의 얼굴에 번진 미소까지 실감 나게 느꼈다. 그는 자신의 능력을 최대한 발휘해 마음속 영화 한 편을 완성했다. 잠재의식은 현재의식이 만들어 낸 이미지를 받아들이는 도구라는 사실을 인식하면서 매일 밤 이 마음속 영화를 보고 또 봤다.

정신적, 영적 삼투라 할 수 있는 이 과정을 실천하자 짐의 잠재의식에 그가 만든 심상이 점점 자리 잡기 시작했다. 변화한 잠재의식은 곧장 바깥으로 표출됐다. 짐의 상사인 영업부장은 그를 샌프란시스코로 불러 그의 실적을 축하하며 다른 영업부 부장 자리를 맡겼다. 승진해 막중한 책임을 맡게 되자 짐의 연봉도 크게 인상됐다. 짐이 상사를 향한 생각과 판단을 바꾸자 그의 잠재의식이 변했고, 상사도 변화에 따라 반응했다.

정서적으로 성숙해져라

타인의 말은 내가 허락하지 않는 한 나를 짜증 나게 하거나 방해할 수 없다. 타인이 나를 속상하게 만드는 유일한 방법은 내 생각을 통해서다. 화가 나는 것은 마음속에서 생각, 감정, 반응, 행동이라는 4단계를 거치기 때문이다. 화를 내는 사람은 먼저 방금 들은 말을 생각하기 시작한다. 이어서 화를 내기로 한 뒤 분노라는 감정을 만들어 낸다. 그 감정에 반응해 행동하기로 결정한 다음에는 자신을 화나게 만든 사람을 뒤에서 욕하거나 같은 말을 되돌려 준다.

정서적으로 성숙하다는 것은 타인을 비판하고 타인에게 원한을 품으며 부정적인 반응을 보이는, 자연스럽지만 유치한 감정대로 행동하지 않는다는 것이다. 비판을 듣거나 하찮은 취급을 당하는 것을 좋아하는 사람은 아무도 없다. 하지만 비판과 과소평가의 대상이 되었을 때 어떤 반응을 보일지는 자신이 직접 선택할 수 있다. 정서적으로 성숙한 사람은 부정적인 방식으로 맞대응하지 않는다. 상대방과 똑같은 방식으로 답하는 것은 비판하는 사람과 똑같은 수준으로 내려가 타인에게 부정적인 기운을 뿜는 사람이 된다는 뜻이기 때문이다.

삶에서 내가 이루고자 하는 목표에 걸맞은 모습을 스스로 찾아라. 그 어떤 사람, 장소, 물건도 평화롭고 평온하게 빛나는 나의 내면을 완성하는 일을 방해하지 못하게 하라.

사랑을 베풀수록 돌려받는다

정신분석학의 창시자이자 역사적인 심리학자로 손꼽히는 지크문트 프로이트는 사랑받지 못하는 인격은 병들어 죽는다고 말했다. 사랑은 이해, 선의, 타인의 신성을 향한 존중을 포함한다. 더 많은 사랑을 베풀수록 더 많은 사랑을 돌려받는다.

누군가의 자아에 상처를 입혀 그 사람의 가치를 떨어뜨렸다면 그 사람에게서는 선의를 기대할 수 없다. 모든 사람은 사랑과 인정을 받고 싶어 한다는 사실을 인식하라. 모든 사람은 자신이 이 세상에서 중요한 존재임을 느낄 필요가 있다. 모든 사람은 자신의 진정한 가치에 관심을 두고 있다는 것을 깨달아라. 나와 마찬가지로 다른 모든 사람도 삶을 살아가며 자존감을 느낀다. 이 사실을 의식적으로 인식한다면 타인과 좋은 관계를 구축해 그로부터 사랑과 선의를 되돌려받을 것이다.

사람들에게 사랑과 선의를 전하라

늘 배우가 되기를 꿈꿨던 메리는 대학에서 연극을 전공했고, 이후 지방의 이름난 극단에 운 좋게 들어갔다. 입단 후 배우로 열연한 첫 공연에서 메리는 관객들에게 야유를 받았다. 충격을 받고 화가 난 그녀는 이 지역 사람들은 멍청하고 무지하며 수준도 낮다고 여기며 미워했다. 그 지역에 연고가 없던 메리는 끔찍한 시간을 보내다 결국 극단에서 해고됐고 고향으로 돌아가 식당 종업원으로 일했다.

어느 날 한 친구가 그녀에게 뉴욕 타운홀에서 열리는 강연을 들으러 함께 가자고 했다. 강연 주제는 '나 자신과 잘 지내는 법'이었다. 이 강연이 메리의 인생을 바꿨다. 메리는 지방 극단에서 일하던 시절 자신이 너무 과민 반응했다는 사실을 깨닫기 시작했다. 그때 공연한 작품이 썩 좋은 작품은 아니었고, 자신도 이제 막 입단한 배우였으니 아마 최고의 연기를 관객에게 보여 주지 못했을 거라는 사실을 인정했다. 잘못은 공연장을 찾아온 관객이 아니라, 관객의 반응을 그릇되게 받아들이고 부정적인 에너지를 가득 품은 채 관객에게 등을 돌린 자신의 태도에 있었다.

메리는 배우가 되겠다는 평생의 꿈을 이루고자 다시 무대로 돌아가기로 했다. 그리고 관객과 자신을 위해 진심으로 기도하기 시작했다. 매일 밤 무대에 오르기 전에는 사랑과 선의를 사방에 전했다. 평화가 모든 사람의 마음을 가득 채우고 있기에 모두가 솟구치는 영감을 지녔다는 생각을 습관적으로 반복했다. 매 공연마다 관객에게 사랑의 에너지를 보냈다. 지금 메리는 극장의 중심 배우로 활약하고 있다. 타인에게 보낸 선의와 존경심을 되돌려받은 것이다.

까다로운 사람을 다루는 방법

이 세상에 까다로운 사람들이 존재한다는 것은 놀랍지 않은 일이다. 마음이 뒤틀리고 꼬인 사람들은 상대하기 어렵다. 못된 마음을 지닌 이런 사람들은 남에게 시비를 걸고 사람들과 일할 때 협력하지 않으며 심술을 부리거나 냉소적이고 시큰둥한 자세로 삶을 살아간다. 마음의 병을 앓는 이들의 마음이 비뚤어지고 일그러진 이유는 과거의 경험 탓인지도 모른다.

이런 사람은 어떻게 다뤄야 할까? 나 역시 싫은 티를 내며 부정적인 에너지를 그대로 돌려주고 싶다는 유혹에 빠지기 쉽다. 하지만 이렇게 하려면 부정적인 에너지를 가장 먼저 자신에게 보내야 하므로 결국 모든 부정적인 영향이 나에게 돌아온다.

그러니 '원수를 은혜로 갚도록' 노력하라. 이 방법은 까다롭고 불쾌한 태도에서 오는 부정적인 영향을 막아 주는 갑옷과도 같다. 또한 내가 보인 연민과 이해심을 전달받은 상대의 마음속에서 변화가 시작될 수 있다.

불행은 친구를 찾는다

증오, 좌절, 왜곡, 비뚤어진 마음으로 이루어진 인격은 무한한 힘과는 거리가 멀다. 이런 인격을 가진 사람은 평화롭고 행복하고 즐거운 사람을 원망한다. 비뚤어진 인격을 가진 사람은 자신에게 친절하게 선의를 베푼 사람을 비판하고 비난하며 욕한다. "나는 이렇게 불행한데 왜 너는 그렇게 행복한 거야?"라는 생각에 선한 사람을 밑바닥으로 끌어내리고 싶어 한다. "불행은 벗을 부르기 마련이다"라는 오래된 격언은 여전히 유효하다. 이 격언처럼 나만 불행할 수 없다고 생각하는 사람들이 많다. 격언에 담긴 뜻을 이해하면 평정심과 침착하고 냉정한 태도를 유지할 수 있다.

런던에서 내 강연을 들은 브루스는 내게 자신의 경험을 들려줬다. 그는 자신이 사는 지역사회의 환경 개선 사업을 펼치는 자원봉사 기관에서 활발히 활동했다. 자원봉사자 대부분은 묘목 심기, 정원 가꾸기, 낙후 지역 정비, 건물 수리 등 여러 업무에 관심을 보이며 열심히 일했다. 그런데 다른 자원봉사자들이 제안을 내놓을 때마다 사사건건 반대하는 사람이 하나 있었다. 그뿐만 아니라 이 사람은 다른 자원봉사자들이 봉사활동에 참여하는 동기마저 끝없이 비난했다. 그가 모임에 참여할 때마다 분위기가 나빠져 모임 참석자 수가 점점 줄어들었다.

자원봉사자 중 몇 명이 브루스를 찾아와 함께 힘을 합쳐 불평꾼을 쫓아내자고 했다. 이들의 제안을 받아들이려던 브루스는 이런 방법을 쓰면 불평꾼은 비뚤어진 태도를 영원히 고치지 못할 것이라는 사실을 깨달았다. 그래서 브루스는 불평꾼이 유쾌하고 협력적인 일원으로 변하는 모습을 시각화하기 시작했다. 매번 모임에 참여하기 전, 브루스는 조용한 곳에서 다음의 확언을 반복해서 되뇌었다.

나는 내 안에 있는 조화와 평화의 원칙을 진심으로 따르며 생각하고 말합니다. 우리 기관의 목표를 달성하기 위해 함께 모인 모든 사람도 친절한 마음씨를 갖고 나처럼 생각하고 말하며 영적 질서를 따릅니다. 불화와 갈등은 존재하지 않습니다. 창조적인 지성이 우리가 무슨 일을 하든 우리를 이끌고 다스리며 안내합니다.

몇 주가 지나자 늘 불평하며 문제를 일으키던 남성이 새로운 계획을 제안했다. 그는 심지어 너무나 쾌활하고 협력적인 방식으로 자신의 계획을 발표했다. 남성을 쫓아내고 싶어 하던 사람들까지 그의 제안에 동의했고, 결국 기관의 모든 사람이 만장일치로 그의 의견에 찬성했다.

공감하는 연습을 하라

얼마 전 앨리스라는 젊은 여성이 나를 찾아와 같은 사무실에서 일하는 또래 여성 동료를 오래전부터 싫어했다고 털어놓았다. 앨리스가 동료를 싫어하는 이유는 동료가 자기보다 더 예쁘고 행복한 데다가 더 잘나가기 때문이었다. 자신이 오랫동안 좋아하던 회사 대표가 동료와 결혼하자 앨리스는 동료를 더욱 미워하게 되었다.

동료가 결혼식을 올린 뒤 어느 날 앨리스는 동료가 전남편과 낳은 딸을 데리고 사무실에 들어오는 모습을 봤다. 그는 동료에게 아이가 있었다는 사실도, 심지어 한 번 결혼했었다는 사실도 몰랐다. 동료의 딸은 선천적인 장애가 있어 다리에 보조대를 차고 있었다. 딸의 말소리가 들렸다.

"엄마, 새아빠도 여기서 일해요? 전 여기가 좋아요. 제가 사랑하는 사람들이 여기 다 있잖아요."

"그 순간 갑자기 그 애에게 마음이 쓰이더라고요. 아이가 얼마나 행복한지 느껴졌어요. 제가 상상도 못 할 많은 어려움을 겪은 동료가 행복해하는 모습도 머릿속에 그려졌지요. 그 순간 동료를 향해 사랑이 솟아났어요. 동료의 사무실로 들어가 행복을 기원하는 말을 전했어요. 진심으로요."

그 순간 앨리스는 심리학자들이 공감이라고 부르는 것을 경험했다. 공감은 타인의 감정을 이해하는 연민보다 더 깊은 감정으로, 타인의 정신 상태와 태도에 자신의 모습을 투사하는 것을 뜻한다. 앨리스는 자신의 기분과 감정을 동료의 기분과 감정에 투사해 동료의 경험을 바탕으로 생각하기 시작했다. 동료의 처지에서 느끼고 생각한 것이다. 앨리스는 자신의 마음을 어린이의 마음에도 투사해 동료의 딸이 된 것처럼 느끼고 생각했다.

타인을 해치고 싶거나 타인에 대해 나쁜 마음을 품고 싶다는 유혹이 들 때마다 자신의 마음을 타인의 마음에 투사하라. 그 사람의 감각과 감정을 느끼고 그 사람이 생각하는 대로 생각해 보라.

회유가 승리하게 둬서는 안 된다

타인이 분노 발작이나 눈물 공세 같은 정서적 협박 수단을 동원해 나를 이용함으로써 자신의 목적을 달성하도록 내버려 두지 마라. 이런 사람들은 타인을 자신의 종으로 만들어서 마음대로 부리려는 독재자나 다름없다. 친절하지만 단호한 태도를 유지하고 굴복하지 마라. 회유가 승리하게 둬서는 안 된다.

이기심에 가득 차 소유욕을 부리며 불량스러운 행동을 일삼는 이들을 돕지 마라. 옳은 일을 해야 한다는 것을 기억하라. 나는 이상을 실현하고 영원한 진리와 삶의 영적인 가치를 누리기 위해 존재한다.

자신의 이상을 지켜라. 지구상에 존재하는 모든 사람을 향한 축복만이 평화, 행복, 성취에 이바지할 수 있다는 사실을 명확하고 절대적으로 인지하라. 부분의 조화가 전체의 조화다. 부분을 위해 전체가 존재하며, 전체를 위해 부분이 존재한다. 내가 타인에게 돌려줘야 할 것은 사랑뿐이며, 사랑은 건강·행복·내적 평화의 법칙을 가져다준다.

- 잠재의식은 습관적으로 하는 생각을 재현하는 녹음기다. 타인을 긍정적으로 생각하는 것은 자신을 긍정적으로 생각하는 것과 같다.

- 증오나 원한이 담긴 생각은 마음의 독약이다. 타인을 향해 나쁜 마음을 먹으면 자신을 향해 나쁜 마음을 먹는 것과 같다. 나의 우주 안에서는 나만이 생각하는 사람이며, 내 생각은 창조적이다.

- 마음은 창조하는 도구다. 따라서 타인을 향한 생각이나 감정은 모두 자신의 경험에서 비롯된다. 이것이 황금률의 심리학적 의미다. 타인이 나에 대해 생각해 줬으면 하는 대로 타인을 생각하라.

- 타인을 속이고 강탈하면 결핍과 손해, 제한은 결국 자신에게 돌아온다. 잠재의식은 내면의 동기, 생각, 느낌을 모두 기록한다. 부정적인 것들이 기록되면 손해, 제한, 문제가 온갖 방식으로 나에게 되돌아온다. 타인을 향한 생각과 행동은 모두 자신에게 돌아온다.

- 선행을 베풀고 친절한 마음을 나누면 내가 보낸 사랑과 선의가 더 커져 여러 방법으로 나에게 돌아올 것이다.

- 타인에 대한 생각은 타인의 책임이 아니라 내 책임이라는 것을 기억하라. 생각은 재현된다. 지금 타인에 대해 어떤 생각을 하고 있는가?

- 정서적으로 성숙한 사람이 되어 타인과의 의견 차이를 받아들여라. 타인은 내 말에 반대할 자격이 당연히 있다. 마찬가지로 나도 타인의 말에 반대할 자유가 있다. 화내지 않고도 반대할 수 있다.

- 동물이 사람의 공포심을 읽듯, 사람도 동물만큼 예민하다. 마음속에 잘

숨겨 놓았다고 믿었던 생각은 목소리와 표정, 보디랭귀지를 통해 드러난다. 이는 긍정적인 생각과 부정적인 생각 모두에 해당하는 이야기다.

- 속으로만 조용히 생각하고 느낀다 해도 내면의 목소리는 나를 향한 타인의 반응에서 드러난다.

- 자신을 위해 바라는 것을 타인을 위해서도 바라라. 이것이 조화로운 인간관계의 비법이다.

- 상사에 관한 생각과 평가를 바꿔라. 상사가 사랑의 법칙과 황금률을 실천하고 있다고 느끼며 인식하면 상사는 그에 걸맞게 반응할 것이다.

- 내가 허락하지 않는 한 타인은 나를 짜증 나게 하거나 방해할 수 없다. 내 생각은 창조적이기 때문에 나는 타인을 축복할 수 있다. 누군가 나를 모욕하더라도 나에게는 "평화가 당신의 영혼을 채웁니다"라고 답할 자유가 있다.

- 타인과 잘 지내는 법은 바로 사랑이다. 사랑은 이해, 선의, 타인의 신성을 향한 존중을 포함한다.

- 부정적인 경험 때문에 까다롭고 불쾌한 사람이 된 이들을 이해하고 동정하라. 모든 사람과 마찬가지로 그들의 내면에도 신성이 반짝이고 있다. 모두를 이해하면 모두를 용서할 수 있다.

- 타인의 성공, 승진, 행운을 보며 기뻐하는 것은 자신에게 행운을 끌어당기는 것과 같다.

- 타인이 분노 발작이나 눈물 공세 같은 정서적 협박 수단을 동원해 나를 이용함으로써 자신의 목적을 달성하도록 내버려 두지 마라. 회유가 승리하게 둬서는 안 된다. 호구가 되지 마라. 올바른 일을 고수하라. 올바

르고 선량하며 진실한 정신이 평화, 행복, 기쁨을 가져다준다는 사실을 인지하며 이상을 간직하라.

- 타인에게 돌려줘야 할 것은 사랑뿐이다. 사랑은 내가 삶에서 원하는 건강, 행복, 축복을 모든 사람을 위해 비는 것이다.

17

나를 사랑하는 첫 단계,
잠재의식으로 용서하기

❉

마음의 평화를 얻고 온전하게 건강해지려면 타인을 반드시 용서해야 한다. 완전한 건강과 행복을 원한다면 나에게 상처를 준 모든 사람을 용서해야만 한다. 신의 법칙과 질서에 따라 생각하며 자신을 용서하라. 타인을 먼저 용서하지 않으면 자신을 온전히 용서할 수 없다. 자신을 용서하지 않는 것은 영적으로 오만하고 무지한 상태에 머무르는 것과 다름없다.

삶은 사람을 편애하지 않는다. 하나님은 삶이시며, 삶의 원칙은 지금 이 순간에도 나를 통해 흐른다. 하나님은 나를 통해 조화, 평화, 아름다움, 즐거움, 풍요의 모습으로 존재를 드러내기를 좋아하신다. 이는 하나님의 의지 또는 삶의 경향이라 불린다.

내 안에 흐르는 삶의 흐름에 정신적으로 저항한다면 정서적 체증이 일어나 잠재의식에 혼란을 일으켜 온갖 부정적인 상황이 발생할 것이다. 이 세상의 불행과 혼돈은 하나님과 아무런 관련이 없다. 불행과 혼돈은 인류의 부정적이고 파괴적인 생각 때문에 발생한다. 따라서 문제가 생기거나 몸이 아플 때 하나님을 탓하는 것은 크나큰 실수다.

많은 사람이 인류가 저지르는 죄악, 인류가 겪는 질병과 고통을 보며 습관적으로 하나님을 탓하고 원망하면서 삶의 흐름에 정신적으로 저항한다. 고통스럽거나 아플 때, 사랑하는 사람을 잃었을 때, 개인적으로 안 좋은 일이나 사고를 겪었을 때 하나님을 탓하는 사람도 있다. 이들은 하나님께 화를 내고, 모든 불행이 하나님 책임이라고 믿는다.

하나님을 향해 이렇게 부정적인 생각을 품으면 자연히 잠재의식은 부정적으로 반응한다. 부정적인 사람들은 이것이 자신을 벌주는 행동임을 이해하지 못한다. 이들은 진리를 깨우쳐 부정적인 생각에서 해방되어야 한다. 자신이 아닌 타인이나 다른 힘을 향한 모든 비난, 원망, 분노를 멈춰야 한다. 그러지 않으면 건강하고 행복하며 창조적인 활동을 해나갈 수 없다.

하나님의 사랑을 머리와 마음으로 품을 때 하나님은 우리를 지켜보고 돌보시며 인도하신다. 하나님이 우리에게 힘을 주는 자애로운 아버지라는 사실을 깨달을 때 잠재의식은 비로소 하나님, 즉 삶의 원칙이라는 개념과 믿음을 받아들여 우리의 인생에 축복을 가져다준다.

생명은 언제나 용서한다

생명의 원칙은 한없이 용서한다. 자기 손가락을 자르는 사람도 용서한다. 내 안에 있는 잠재의식이 지능을 발휘해 곧바로 손가락을 치료한다. 손가락이 잘려 나간 자리에 새로운 세포가 돋아나게 한다. 해로운 미생물에 감염되더라도 삶은 나를 용서하고 침입자를 포위해 처리한다. 손에 화상을 입더라도 생명의 원칙은 부종과 울혈을 줄여 새로운 세포, 조직, 피부를 만들어 준다.

생명은 원한을 품지 않는다. 생명은 언제나 용서한다. 자연과의 조화를 생각하며 협조한다면 생명은 건강, 활력, 조화, 평화를 다시 가져다준다. 부정적이고 해로운 기억, 괴롭고 나쁜 생각은 생명의 원칙이 내 안에서 자유롭게 흐르는 것을 방해한다.

나를 갉아먹는 죄책감을 내려놓아라

해리엇은 회사에서 매일 늦게까지 일했다. 자정이 넘을 때까지 퇴근하지 않는 날도 많았다. 그녀는 상사와 동료들의 칭찬을 기대했다. 하지만 그렇게 늦은 시간까지 회사에 남아 있는 사람은 해리엇뿐이었기에 다른 직원들은 해리엇이 유난히 열심히 일한다는 사실을 몰랐다.

한편 해리엇은 가정생활에서 심각한 문제를 겪고 있었다. 해리엇의 남편과 두 아들은 해리엇이 어떻게 생겼는지조차 기억 못 할 지경이었다. 둘째 아들이 속한 어린이 야구팀이 지역 리그 결승전에 진출했을 때 해리엇은 경기를 보러 가지 못했을 뿐 아니라 아들의 팀이 우승했는지 묻는 일조차도 잊어버렸다. 설상가상으로 주치의는 해리엇의 고혈압이 계속 심해져 위험 수준이라고 경고했다.

남편이 별거를 요구하자 해리엇은 나를 찾아왔다. 나는 그녀에게 인생에서 남편을 밀어내고 두 아들에게도 관심을 주지 않는 이유를 물었다. 그러자 그녀는 직장에서 도태되지 않기 위해 열심히 일해야 한다고 답했다. 다른 동료들도 그녀처럼 많이 일하는지 묻자, 그녀는 그렇지는 않다고 인정했다. 다른 동료들이 회사에서 보내는 시간은 보통 수준인데, 자기보다 더 일을 잘하는 사람은 없다고 했다. 나는 해리엇에게 그렇게 일에 몰두하는 이유를 물었다.

"뭔가가 당신 속을 갉아먹고 있어요. 그러지 않으면 그렇게 열심히 일할 리가 없거든요. 무엇 때문인지는 모르겠지만 당신은 지금 자신에게 벌을 주고 있습니다."

한참 동안 내 말을 인정하지 않으며 자기의 업무 습관이 정상적이고, 동료들이 게으른 거라고 주장하던 그녀는 결국 다른 일로 가슴 깊이 죄책감을 느끼고 있다고 고백했다. 15년 전 아버지가 돌아가셨을 때 유언 집행자로 지정된 해리엇은 남동생에게 돌아갈 큰돈을 가로챘다.

"왜 그러셨지요? 돈이 탐나서 그랬나요?"

"절대 아니에요! 제 동생은 심각한 약물 중독자예요. 상속받은 돈을 동생이 어떻게 쓸지가 훤히 보였어요. 그때는 동생이 정신을 차릴 때까지 돈을 대신 맡아 주는 것뿐이라고 생각했어요."

"그런데요?"

나는 계속 물었다. 해리엇이 심호흡을 했다.

"동생이 정신을 차리는 일은 없었어요. 자살했거든요. 고의로 자살한 것은 아닐지도 모르지만, 어쨌든 약물 때문에 죽었어요. 고작 스물여섯 살에요. 그래서 계속 생각했지요. 동생에게 돈을 줬다면 그 아이가 그 돈으로 약물중독 치료소에 들어갈 수 있지 않았을까, 그러면 아직 우리 곁에 있었을 텐데. 이런 생각을 하다 보니 동생이 죽은 게 제 탓으로 느껴졌어요."

"시간을 돌릴 수 있다면 어떻게 하시겠습니까?"

해리엇이 고개를 저으며 답했다.

"모르겠어요. 다만 동생을 더 열심히 도와줄 거라는 건 알아요. 동생에게 문제가 있다고 해서 무시하지도 않을 거고요."

"당시에는 그 행동이 정당하다고 생각했나요? 올바른 행동을 하고 있다고 느꼈나요?"

"그랬죠. 이제는 그게 틀렸다는 걸 알아요. 그 돈은 제 것이 아니었어요."

"다시 돌아간다면 같은 행동을 하지 않을 거라는 말인가요?"

"네, 그러지 않을 거예요. 하지만 소용없어요. 저는 절대 용서받지 못할 거예요. 동생의 돈을 훔쳤고 그 아이는 이미 죽었잖아요. 하나님께서 저를 벌하시는 게 맞죠. 저는 벌을 받아도 싸요."

대답하는 해리엇의 표정이 점점 심각해졌다. 나는 하나님이 그녀를 벌하지 않을 거라고 설명했다. 그녀는 자신을 벌주고 있었다.

삶의 법칙을 오용하면 그로 인해 고통받는다. 피복이 벗겨진 전선에 손을 가져다 대면 전기충격을 받는다. 자연의 힘 그 자체는 악하지 않다. 그 힘을 쓰는 사람이 어떻게 하느냐에 따라 선한 영향 또는 악한 영향이 일어나는 것이다. 전기도 악한 물질이 아니다. 전기로 집 안에 불을 밝힐지, 누군가에게 강력한 전기충격을 가할지는 전기를 쓰는 사람에게 달려 있다. 유일한 죄는 삶의 법칙에 무지한 것이다. 유일한 벌은 삶의 법칙을 오용하는 이들이 자동으로 겪게 되는 반응이다.

화학 물질을 제대로 쓰지 않으면 실험실이 폭발로 날아가 버릴 수 있다. 딱딱한 판자에 손을 내리치면 손에서 피가 날지도 모른다. 판자의 잘못이 아니라 판자를 잘못 사용한 사람의 잘못이다.

나는 하나님은 그 누구도 비난하거나 벌하지 않으신다는 사실을 해리엇이 깨닫도록 도와줬다. 그녀가 고통받는 이유는 잠재의식이 자신의 부정적이고 파괴적인 생각에 따라 반응하기 때문이었다. 해리엇에게 필요한 건 용서였다. 그런데 진정한 용서란 자기 용서다. 용서는 신성한 조화의 법칙과 결을 같이하는 생각이다. 자책은 지옥(구속과 제약)이며, 용서는 천국(조화와 평화)이다.

죄책감과 양심의 가책이라는 짐을 마음속에서 내려놓자 해리엇은 완전히 치유됐다. 이후 검진에서는 혈압도 정상으로 돌아온 것이 확인됐다. 진정한 용서에 대한 설명이 그녀에게 치유제가 되었다.

자신을 용서해도 괜찮다

아서는 수년 전 유럽에서 한 남성을 죽여 살인자가 되었다. 정신적으로 끔찍한 고문을 받는 듯한 괴로움에 시달리다가 나를 찾아온 그는 하나님이 자신의 죄에 맞는 벌을 내리고 계신다고 믿었다. 나는 자세한 정황을 물었다.

사냥을 마치고 집에 돌아온 아서는 한 남성이 자기 아내와 바람 피우고 있는 현장을 우연히 목격했다. 분노를 참지 못한 그는 들고 있던 총으로 남성을 쐈다. 그러나 그는 법정에서 자세한 정황을 인정받아 몇 개월만 복역하는 비교적 가벼운 형을 살았다.

출소한 뒤 아서는 아내와 이혼하고 미국으로 이주했다. 몇 년 뒤 그는 미국 여성과 결혼했다. 눈에 넣어도 아프지 않을 아이도 셋이나 낳았다. 그는 많은 사람을 도울 수 있는 분야에 종사하며 성공적인 경력을 구축해 나가고 있었다. 동료들도 그를 좋아하며 따랐다. 하지만 모두 부질없었다. 오랜 시간이 지난 후에도 아서는 계속 자책하고 있었다.

나는 이야기를 마친 그에게 사람의 몸은 세포 활동을 통해 11개월마다 새로 형성된다는 말을 들려줬다. 그러니 그는 신체적으로나 정신적으로나 더는 수년 전 살인을 저지른 사람이 아니었다. 게다가 그는 정신적으로든 영적으로든 과거와는 완전히 다른 사람이 되어 있었다. 지금 그는 인류를 향한 사랑과 선의를 가득 품은 사람이었다. 수년 전 살인을 저지른 사람은 정신적으로도 영적으로도 이미 오래전에 죽었다. 아서는 과거의 자신을 용서하지 못해 현재의 무고한 자신에게까지 벌주고 있었다.

이 설명을 들은 아서의 마음은 크게 움직였다. 마음속에 지고 있던 크나큰 짐을 덜어 낸 느낌이라고 했다.

비판에 상처를 입을지 말지는
내 선택이다

교사인 라모나는 강연이 끝난 뒤 내게 다가왔다. 최근 학교에서 어떤 발표를 했는데, 한 동료 교사가 발표에 대한 비판을 가득 담은 편지를 보냈다고 했다. 동료는 라모나의 말이 너무 빠르고 발음도 부정확해 발표 내용을 알아듣기 힘들었다며 라모나의 어휘력과 작문력까지 비판했다. 동료의 말에 라모나는 상처 입고 화가 나 앙심을 품은 채 학교에서 최대한 동료를 피해 다녔다.

하지만 결국 라모나는 비판 내용 중 대부분이 일리 있는 말이라고 인정했다. 성인 청중 앞에서 발표한 경험이 적어 발표 전 크게 긴장했고, 발표를 마친 뒤에는 '끝나서 다행이다'라는 생각만 들었다고 한다. 라모나가 동료의 비판에 큰 상처를 입은 이유도 이제 막 걸음마를 배우는 아이가 왜 빨리 뛰지 못하냐고 꾸지람을 들은 것 같은 느낌이었기 때문이다.

나와 대화를 나누며 라모나는 자기가 보인 반응이 유치했다는 점을 깨달았고, 동료가 보낸 편지는 자신에게 꼭 필요한 값진 내용을 담고 있다는 사실을 인정했다. 결국 라모나는 학교 근처 공립 스피치 학원에 등록해 발표력을 기르기로 했다. 동시에 라모나는 편지를 보낸 동료에게 전화를 걸어 자신의 발표를 주의 깊게 들어 줘서 고맙다는 말을 전했다.

만약 라모나가 받은 편지 내용이 전혀 사실이 아니었다면, 그 점을 뒷받침할 타당한 근거도 있었다면 상황은 어떻게 달라졌을까? 그러면 라모나는 자신의 발표 방식이나 내용이 동료가 지닌 편견이나 미신 또는 동료의 편협한 사고를 건드렸다는 결론을 내렸을 것이다. 그런 경우라면 문제는 라모나가 아니라 편지를 보낸 동료에게 있는 것이다.

이렇게 상대방을 이해하려면 가장 먼저 동정심을 베풀어야 한다. 그다음에는 상대방이 평화로운 마음으로 타인과 조화를 이루며 이해심을 발휘하는 사람이 되기를 빌어 줘야 한다. 자신의 생각, 반응, 감정에 통달하면 상처받을 일이 없다. 감정은 생각을 따른다. 나를 화나거나 짜증 나게 하는 모든 생각을 거부할 힘이 내 안에 있다.

무한한 지성에 귀 기울여라

몇 년 전 동네 근처 교회에서 결혼식 주례를 서달라는 부탁을 받은 적이 있었다. 그런데 결혼식 당일, 신랑이 결혼식장에 나타나지 않았다. 두 시간 정도 기다려도 약혼자가 나타나지 않자 신부가 될 여성은 슬피 울었다. 여성은 내게 이렇게 말했다.

"저는 하나님께 인도를 구하는 기도를 올렸었지요. 이게 그 기도 의 답인지도 몰라요. 하나님은 절대 틀리지 않으시니까요."

여성은 하나님을 향한 신앙과 하나님의 선행을 향한 믿음을 되새기는 쪽으로 반응했다. 여성은 괴롭지 않았다.

"결혼을 정말 하고 싶었지만 결혼이 올바른 결정은 아니었던 건지도 몰라요. 저는 저 자신뿐 아니라 약혼자와 저, 둘을 위한 올바른 행동을 하게 해달라고 기도했거든요."

다른 사람이라면 미치고 팔짝 뛰며 반응할 만한 경험을 이 젊은 여인은 차분하게 받아들였다.

잠재의식 깊은 곳에 있는 무한한 지성에 귀 기울여라. 아이가 자신을 품에 안은 부모의 말을 신뢰하듯 무한한 지성이 주는 해답을 전적으로 신뢰하라. 바로 이것이 정신적, 정서적 건강을 가져다주는 평안으로 향하는 지름길이다.

자신을 새롭게 보려면
잘못된 믿음을 버려라

강연이 끝난 뒤 한 젊은 여성 수강생이 내게 다가와 자신의 이름을 '캐럴'이라고 소개했다. 나는 캐럴의 모습을 보고 깜짝 놀랐다. 그녀는 수수한 검은색 드레스를 입고 검은색 스타킹을 신고 있었다. 창백하고 건조한 얼굴에는 화장기가 전혀 없었다. 태도도 이상했다. 얌전하게 있으면서도 마치 금방이라도 주위에서 이상한 사람이 튀어나오지는 않을까 걱정하며 조심하는 모습이었다.

캐럴은 자신의 어린 시절 이야기를 들려줬다. 캐럴의 어머니는 춤, 카드놀이, 수영, 데이트 같은 것은 모두 죄악이라고 가르쳤다. 또한 모든 남성은 사악하며, 섹스도 악마가 부추기는 방탕한 행위에 불과하다고 주장했다. 그러면서 어머니는 캐럴에게 자신의 가르침에 반항하거나 가르침을 따르지 않으면 지옥에서 영원히 불타는 벌을 받을 거라고 겁을 줬다.

캐럴은 이성과 데이트를 하는 것에 깊은 죄책감을 느꼈고, 하나님이 자신에게 벌을 내리실 거라 믿었다. 사랑하는 남성의 청혼도 거절했다. 그 이유를 캐럴은 이렇게 설명했다.

"결혼은 나빠요. 섹스는 사악한 행위고 저도 사악한 사람이에요."

캐럴의 현재 정신 상태에서 비롯된 말이었다.

젊은 캐럴은 어머니의 믿음에서 벗어나지 못했기 때문에 죄책감에 빠질 수밖에 없었다. 어머니의 믿음에 잘못된 점이 있다는 사실을 받아들이는 것이 캐럴에게는 불가능했다. 모든 사람 안에서 자유롭게 흐르는 삶의 원칙을 캐럴은 마음속으로 인정하지 않은 채 표현을 억누르고 있었다.

나는 캐럴에게 자기 용서를 배우라고 조언했다. 용서는 무언가를 얻기 위해 버리는 것이다. 새로운 진리를 익혀 자신에 관한 판단을 새롭게 내리기 위해서는 잘못된 믿음을 모두 버려야 했다.

캐럴은 10주 동안 일주일에 한 번씩 나를 보러 왔다. 나는 지금 이 책에서 설명하는 현재의식과 잠재의식의 작동법을 캐럴에게 가르쳤다. 무지하고 미신적이며 편향된 시각을 가진 채 불만이 많은 어머니로부터 그동안 세뇌와 조종을 당했다는 사실을 점차 깨달은 캐럴은 멋진 삶을 살기 시작했다.

내 제안에 따라 캐럴은 옷차림에 신경 쓰기 시작했다. 번화가에 있는 화장품 판매장에서 메이크업도 받아 보며 변신을 시도했다. 운전면허학원에 등록하고 춤, 수영, 카드놀이도 배우고 또래 남성들과도 어울렸다. 캐럴은 가족으로부터 완전히 독립해 자기 삶을 사랑하고 소중히 여기기 시작했다.

자기 안에 갇혀 있던 성격을 발견한 캐럴은 무한한 힘을 가진 잠재의식에 자신과 조화롭게 살며 평생을 함께할 동반자를 끌어당겨 달라고 기도했다. 어느 날 저녁 나와 상담을 마치고 나가던 캐럴은 문밖에서 나를 기다리던 남성과 마주쳤다. 나는 별생각 없이 둘을 인사시켰다. 6개월 뒤 둘은 결혼했다. 이들은 지금까지 행복한 삶을 함께하고 있다.

치유하려면 반드시 용서해야 한다

마음의 평화를 얻고 온전히 건강해지려면 타인을 반드시 용서해야 한다. 온전한 건강과 행복을 원한다면 나에게 상처를 준 모든 사람을 용서해야만 한다. 신의 법칙과 질서에 따라 생각하며 자신을 용서하라. 타인을 먼저 용서하지 않으면 자신을 온전히 용서할 수 없다. 자신을 용서하지 않는 것은 영적으로 오만하고 무지한 상태에 머무르는 것과 다름없다.

오늘날 심신 치유 분야에서는 타인을 향한 원망과 비난, 자책, 공격성은 관절염에서 심장병에 이르는 만병의 근원이라는 점을 강조한다. 부정적 감정에서 비롯된 스트레스는 면역 체계에 직접적인 영향을 미쳐 신체를 감염과 질병에 취약하게 만든다.

스트레스 관련 장애를 연구하는 전문가들은 상처와 피해를 받으며 학대와 기만을 당한 사람들은 자신에게 상처를 준 이들에게 원한과 증오를 품는 경우가 많다고 지적한다. 이들의 부정적인 반응은 잠재의식을 곪고 덧나게 한다.

치료책은 단 하나다. 그간 받은 상처를 모두 도려내야 한다. 상처를 효과적으로 도려내는 가장 확실하고 유일한 방법은 용서다.

용서는 사랑이 행동으로 드러난 것

용서의 기술에서 가장 중요한 요소는 바로 용서하려는 의지다. 타인을 진심으로 용서하려는 마음이 있다면 벌써 절반의 성과를 달성한 것이나 다름없다.

물론 타인을 용서하려면 반드시 그 사람을 좋아하거나 그 사람과 어울려 지내야 한다는 뜻은 아니다. 정부가 선의, 사랑, 평화, 관용을 법으로 제정할 수 없듯이 누군가를 억지로 좋아할 수는 없다. 명령을 받는다고 해서 타인을 좋아할 수는 없지 않은가. 중요한 건 누군가를 좋아하지 않아도 사랑할 수 있다는 것이다.

성경에는 "서로 사랑하여라"(요한복음 15장 12절)라고 쓰여 있다. 처음에는 불가능한 일처럼 보이겠지만 사랑하고 싶다는 마음을 먹은 사람은 사랑할 수 있다. 사랑은 타인이 건강, 행복, 평화, 기쁨을 비롯한 삶의 모든 축복을 누리기를 바라는 것이다.

사랑에 필요한 유일한 전제 조건은 진정성이다. 타인을 용서하는 사람은 사실 관대한 사람이 아니라 매우 이기적인 사람이다. 타인을 위한 바람은 곧 자신을 위한 바람이기 때문이다. 이는 그 바람을 생각하고 느끼는 주체가 바로 자신이기 때문에 그렇다.

내 생각과 느낌이 바로 나다. 이보다 더 간단한 이치는 없다.

자신을 용서하는 방법

자기를 용서하는 간단하면서도 효과적인 방법이 있다. 이 방법을 실천하면 삶에서 놀라운 일이 일어날 것이다. 마음을 차분히 가라앉힌 뒤 긴장을 풀고 다음을 확언하라.

나는 ○○○을 온전하고 자유롭게 용서합니다. 나는 정신적·영적으로 그를 석방합니다. 나는 그와 관련된 모든 것을 완전히 용서합니다. 나는 자유롭고, 그도 자유롭습니다. 놀라운 느낌입니다.

오늘은 내가 일반 사면을 선언하는 날입니다. 나는 내게 상처를 준 적이 있는 모든 사람을 석방하며 건강, 행복, 평화를 비롯한 삶의 모든 축복이 그들과 함께하기를 바랍니다. 나는 자유롭고 즐겁게, 사랑을 담아 사면합니다. 내게 상처를 준 사람이 떠오를 때마다 나는 "나는 당신을 석방했습니다. 삶의 모든 축복이 당신 것입니다"라고 말합니다. 나는 자유롭고 그들도 자유롭습니다. 놀라운 일입니다!

진정한 용서에 담긴 위대한 비밀은 누군가를 용서하고 나면 이 확언을 반복할 필요가 없다는 것이다. 나에게 상처를 준 사람이 머릿속에 떠오르거나 상처받았던 기억이 마음속에 생각날 때는 그 사람을 생각하며 다음과 같이 말하라.

평화가 당신과 함께하길.

그런 생각이 떠오를 때마다 이 말을 반복하라. 상처를 준 사람이나 상처받았던 기억이 시간이 지날수록 점점 떠오르지 않다가 마침내 사라질 것이다.

진심으로 용서하면
상처는 느껴지지 않는다

광석 채굴자와 보석 세공사들이 광물을 평가할 때 쓰는 시금석이라는 돌이 있다. 시금석은 광물의 품질을 평가하는 데 쓰이는 검은빛의 단단한 암석이다. 광물을 시금석으로 평가한다면 용서는 어떻게 평가할 수 있을까?

나에게 잘못을 저지르거나 나를 속인 사람 또는 나에게 사기를 친 사람이 잘나간다는 이야기를 들었다고 가정해 보자. 이런 소식을 듣고 속이 부글부글 끓는다면 그 사람을 향한 증오의 뿌리가 아직 잠재의식에 남아 그 안을 헤집고 있다는 뜻이다.

어떤 사람이 작년에 몹시 아픈 치과 치료를 받았던 이야기를 지금 내게 하고 있다고 상상해 보라. 내가 지금도 통증이 느껴지는지 묻는다면 그는 어리둥절한 표정으로 나를 바라보며 답할 것이다.

"당연히 아니죠! 통증이 기억나기는 하지만 이제는 안 아픈걸요."

용서도 마찬가지다. 누군가를 진심으로 용서했다면 과거의 일은 기억나도 그 일 때문에 받았던 상처는 느껴지지 않는다. 이것이 진정한 용서를 평가하는 방법이다.

심리적으로도 영적으로 완전히 용서해야 한다. 진정으로 용서하지 않는다면 용서의 진정한 기술을 실천하지 못하고 자기 기만에 빠질 뿐이다.

마음에 내재한 창조의 법칙을 이해하면 삶을 어렵게 만드는 사람이나 상황을 더는 탓하지 않게 되고, 자기 운명을 만들어 내는 것은 자기 생각과 느낌이라는 사실을 받아들이게 된다.

더 나아가 외부 요인은 자신의 삶과 경험에 영향을 미치는 원인이나 조건이 될 수 없다는 점까지 깨닫는다. 생각의 중요성을 이해하면 다른 사람이 자기 삶을 망칠 수 있다는 생각, 자신을 잔인한 운명의 희생양이라 여기는 생각, 살아남기 위해서는 남들과 대립하고 싸워야만 하는 생각은 파괴적일 뿐이라는 사실도 이해할 수 있다.

- 삶은 사람을 편애하지 않는다. 조화, 건강, 기쁨, 평화의 원칙에 따라 살아간다면 삶이 내 편을 들어 준다.

- 삶은 질병, 아픔, 사고를 일으키거나 고통을 주는 법이 없다. 부정적이고 파괴적인 생각을 하면 '뿌린 대로 거둔다'라는 법칙에 맞게 부정적이고 파괴적인 일을 자초할 뿐이다.

- 사랑을 진심으로 믿는다면 잠재의식이 그에 반응해 삶에 무한한 축복을 가져다줄 것이다. 사랑을 믿어라.

- 삶은 원한을 품지 않는다. 삶은 비난하지 않는다. 삶은 잘린 손을 치유한다. 삶은 자기 손가락을 불에 태우는 사람도 용서하며, 부종과 울혈을 줄여 불에 탄 자리를 완전하고 완벽하게 재건한다.

- 죄의식을 갖는 것은 삶에 대해 잘못 생각하는 것이다. 이는 잘못된 믿음, 부정적인 생각, 자책감을 가진 사람의 잠재의식이 그 사람의 믿음, 생각, 감정에 맞게 반응하는 것뿐이다.

- 삶은 비난하거나 벌을 내리지 않는다. 자연의 힘 그 자체는 악하지 않다. 그 힘을 쓰는 사람이 어떻게 하느냐에 따라 그에 맞는 영향이 일어나는 것이다. 전기로 집 안의 불을 밝힐 수도 있고 전기충격을 일으켜 사람을 죽일 수도 있다. 물로 어린아이를 익사시킬 수도 있고 아이의 갈증을 해소해 줄 수도 있다. 선과 악은 사람의 마음에 담긴 생각과 목적이 무엇인지에 따라 모습을 드러낸다.

- 삶은 절대 벌을 내리지 않는다. 삶, 우주에 대해 잘못 생각하는 사람들

이 자신에게 벌을 주는 것뿐이다. 이런 사람들은 생각의 창조력을 이용해 불행을 직접 만들어 낸다.

- 누군가 나에게 일리 있는 비판을 했다면 비판을 들은 것에 기뻐하며 그 사람에게 감사 인사를 전하라. 나의 결점을 고칠 기회를 준 사람이기 때문이다.

- 내 생각과 반응, 감정에 통달하면 비판에 상처받을 일이 없다. 비판을 받았다면 비판을 한 사람의 축복을 빌며 스스로에게 축복을 비는 기회로 삼아라.

- 인도와 올바른 행동을 구하는 기도를 하면 기도한 것을 얻는다. 기도를 통해 아주 좋은 것들만 얻고 있다는 사실을 깨달아라. 그러면 자기 연민, 비판, 증오가 사라진다.

- 좋은 것과 나쁜 것을 구분하는 것은 생각이다. 음식, 섹스, 부, 감정 표출을 원하는 것이 사악한 행위는 아니다. 중요한 것은 그런 충동, 욕구, 욕망을 이용하는 방식이다. 음식을 먹고 싶다고 해서 꼭 살인을 저질러 빵을 훔칠 필요는 없다.

- 원한, 증오, 악감정, 적개심은 만병의 근원이다. 나에게 상처를 준 모든 사람에게 사랑, 삶, 기쁨, 선의를 아낌없이 쏟아 자신과 모든 이를 용서하라. 상처를 준 사람이 마음속에 떠올라도 평정심을 유지할 때까지 계속 용서하라.

- 용서는 주는 것이다. 마음속에 그 어떤 원한도 남지 않을 때까지 사랑, 평화, 기쁨, 지혜를 비롯한 삶의 모든 축복을 베풀어라. 베푸는 것이 바로 용서의 시금석이다.

- 나에게 상처를 주거나 거짓말을 한 사람, 나를 비난하며 나에게 나쁜 짓을 한 사람을 미워하고 원망하는가? 그렇다면 아직 그 사람을 용서한 게 아니다. 그 사람을 향한 증오의 뿌리가 아직 잠재의식에 남아 내 안을 헤집고 있다. 증오의 뿌리를 시들게 하는 방법은 사랑뿐이다. 그 사람의 삶에 온갖 축복이 가득하길 바라라.

18

좋은 습관을 만들 때 효과 좋은 생각법

삶에서 마주친 장애물을 뛰어넘고 싶다는 욕구가 강렬하고 진실할 때, 해결책은 존재한다는 사실을 뚜렷이 믿을 때, 이 길을 걸어가고 싶다고 확신에 차 결정할 때 비로소 승리와 성공이 찾아온다.

벗어나기 어려워 보이는 상황에 부닥쳤을 때는 어떻게 해야 할까? 해답은 문제 안에 있다. 모든 문제는 답을 내포하고 있다. 잠재의식의 무한한 지성은 모든 것을 보고 알며 바로 지금 답을 말하고 있다. 중요한 것은 듣는 것이다. 잠재의식이 강력하게 전하는 답을 완전히 믿고 따라야 한다. 내면의 창조적 지능이 행복한 해답을 가져다준다는 새로운 마음가짐을 받아들이면 원하는 답을 얻는다. 이런 마음가짐을 지니면 내가 하는 모든 일에 질서, 평화, 의미가 찾아올 것이라고 확신하라.

습관은 잠재의식의 기능이다

우리는 모두 습관의 동물이다. 습관은 잠재의식의 기능이다. 수영, 자전거 타기, 춤, 운전을 의식적으로 반복해서 연습하면 잠재의식 안에 습관으로 굳어진다. '제2의 천성'이라고도 불리는 습관은 제1의 천성인 생각과 행동에 잠재의식이 보이는 반응이다.

습관을 스스로 만들어 내면 좋은 습관이나 나쁜 습관을 자유롭게 선택할 수 있다. 부정적인 생각을 일정 기간 반복한다면 부정적인 생각을 습관적으로 하고 싶다는 충동에 빠진다. 잠재의식의 법칙은 충동이다.

절망에 가까운 상황에 놓여 있던 밥이 나를 찾아왔다.

"술 때문에 직장, 아내, 가족을 전부 잃었습니다. 아내는 제 전화도 안 받아요. 딸을 만나게 해주지도 않고요. 어디에 도움을 청할지 모르겠습니다."

"술을 끊으려는 노력은 해보셨나요?"

"물론이죠. 여러 번 시도해 봤어요. 한동안은 정말 술을 끊은 적도 있고요. 하지만 2주도 못 가 다시 술을 찾습니다. 미치겠어요!"

이 불행한 남성은 같은 실패를 몇 번이고 반복했다. 남성은 폭음이 습관이 되었다는 사실을 알았고, 새로운 습관을 만들어야 한다는 사실을 깨달았다. 그러나 술을 마시고 싶은 마음을 억지로 억누르는 것은 역효과만 낳았다. 금주에 번번이 실패하자 그는 충동이나 강박에 대한 제어력을 완전히 잃고 절망에 빠졌다. 남성의 절망감은 잠재의식에도 크나큰 영향을 미쳤다. 의지가 더욱 약해진 남성의 삶에서는 실패가 연이어 일어났다.

나는 그에게 현재의식과 잠재의식 간 기능의 조화를 이루는 법을 가르쳤다. 두 의식이 협력하면 잠재의식에 내재한 생각과 욕망에도 영향을 미친다. 남성은 그동안 오래된 습관이 그를 잘못된 길로 이끌었으니 이제 의식적으로 노력해 자유, 맑은 정신, 마음의 평안으로 향하는 길을 구축해야 한다는 사실을 깨달았다.

자동으로 튀어나오는 파괴적인 습관도 사실은 자신이 선택한 것임을 깨달았다. 부정적으로 생각할 수 있다면 긍정적으로도 생각할 수 있다는 사실 또한 깨달았다. 마침내 그는 자신이 무력하다는 생각을 멈춰 나쁜 습관을 떨쳐 냈다. 자신의 치유를 방해하는 것은 자기 생각뿐이라는 사실을 완벽히 깨달은 것이다. 이제 그는 나쁜 습관을 없애기 위해 억지로 정신적인 노력을 할 필요가 없게 되었다.

밥은 몸의 긴장을 풀고 명상에 들어가는 연습을 하기 시작했다. 그러자 그의 마음은 그가 이루려는 욕구로 가득 차게 되었다. 밥은 잠재의식이 가장 쉬운 방법을 통해 자신이 원하는 것을 모두 가져다주리라는 것을 알았다. 그는 딸이 자신을 안아 주며 "아빠, 집에서 다시 보니까 너무 좋아요!"라고 말하는 모습을 상상했다.

그는 똑바로 앉아 주기적이고 체계적으로 이 명상을 반복했다. 집중력이 흩어질 때는 곧바로 딸이 미소 짓는 모습과 딸의 발랄한 목소리가 집에 울려 퍼지는 장면을 상상하는 습관을 만들었다. 밥은 서서히 일어나는 변화 과정을 계속 수행해 나갔다. 언젠가는 잠재의식 안에 새로운 습관이 자리 잡을 것이라고 믿으며 인내했다.

나는 밥에게 현재의식을 카메라에 비유할 수 있다고 알려 줬다. 잠재의식은 자신이 찍은 사진을 기록하는 필름이라는 사실을 깨닫고 깊은 감명을 받은 밥은 마음속에서 사진을 찍어 잠재의식을 통해 사진을 인화하겠다는 목표에 집중했다. 필름 사진을 캄캄한 암실에서 인화하듯 마음의 그림은 잠재의식이라는 깊고도 어두운 암실에서 발전한다.

현재의식이 카메라라는 사실을 이해한 밥은 더는 정신적 고통을 겪지 않았다. 자신이 찍고 싶은 사진이 나올 때까지 그저 조용히 생각을 조절하고 관심을 집중하면 됐기 때문이다. 그는 마음속 공간에 푹 빠져 그곳에서 자신이 찍은 영화를 여러 번 돌려 봤다.

이후 치유가 시작되었다. 술을 마시고 싶을 때마다 밥은 술 쪽으로 켜져 있던 상상의 스위치를 가족이 있는 집으로 돌렸다. 마음속에서 촬영하고 있는 사진을 반드시 현실에서 인화하겠다는 확고한 마음을 지킨 끝에 밥은 성공했다. 그는 술을 완전히 끊고 가족과 재결합했다. 오늘날 그는 성공적인 업무 경력을 쌓으며 행복한 삶을 살고 있다.

마음의 악순환을 끊어라

"지난 3개월간 하는 일마다 난관에 부딪혔어요. 징크스가 저를 따라다니는 것 같아요!"

루스는 전문직 종사자를 주 고객으로 하는 회계법인 설립자다. 그런데 설립 초기에는 성공적으로 발전하던 회사가 왠지 모를 변화를 맞닥뜨리게 되었다.

"이해가 안 돼요. 저를 향해 활짝 열려 있던 모든 문이 갑자기 쾅 닫힌 것만 같아요. 잠재 고객과 계약 성사 직전까지 갔다가도 마지막 순간에 모든 게 엎어져요. 대체 왜 이러는 걸까요?"

"언제부터 이런 문제가 일어났나요?"

"아까 말씀드린 것처럼 3개월 정도 됐어요. 4월 중순부터요."

뭔가 이상하다는 점을 감지하고 나는 다시 물었다.

"시기를 정확히 기억하시는 이유가 뭔가요? 그때 뭔가 특이한 일이라도 일어났었나요?"

루스가 얼굴을 찡그리며 말했다.

"제 이야기를 듣고 믿어 주셔야 해요. 그때 저는 한 치과 교정 전문의와 계약을 체결하려고 애쓰고 있었어요. 그 의사 이름은 말씀드릴 수 없지만 치아 교정 분야에서는 이름만 대면 모두가 알 정도로 잘나가는 사람이에요. 저는 정말 열심히 영업했어요. 우리 회사에서 모든 서류 처리를 대신해 주면 시간과 돈을 엄청나게 아낄 수 있다는 걸 똑똑히 확인시켜 줬고요. 그 의사도 제 말에 동의하더니 계약하겠다는 구두 약속까지 했어요. 그런데 계약서를 우편으로 보내니까 처음에는 계약일을 차일피일 미루더니 결국 계약 약속을 철회하더라고요. 정말 화가 났어요!"

"그다음에는요?"

내가 재차 물었다.

"똑같은 일이 계속 반복됐어요. 제가 징크스에 걸렸나 봐요! 그게 아니라면 달리 설명할 방법이 없어요."

루스가 손으로 두 눈을 가리고 절망적으로 말했다.

"그렇지는 않아요."

나는 교정 전문의를 원망하며 짜증을 냈기 때문에 루스의 잠재의식 안에 다른 잠재 고객들도 등을 돌리고 말 것이라는 믿음이 자리잡은 거라고 설명했다. 이 믿음은 좌절, 적개심, 장애물의 패턴으로 표현됐다. 루스는 점차 마음속에서 마지막 순간에 모든 것이 무산될 것이라는 기대를 품게 되었다. 생각이 잠재의식에 한번 심어지면 그 생각에 부합하는 상황이 발생한다. 이후 실패가 계속 반복되자 자신은 실패하고 말 것이라는 루스의 생각은 확신으로 더욱 굳어졌다. 그는 자기 마음속에 악순환을 일으켰다.

나와 대화를 나누며 루스는 자기 마음이 문제였다는 사실을 깨달았고, 마음을 치료하는 방법은 정신 태도를 바꾸는 것이라는 사실 또한 깨달았다. 루스는 다음 확언을 외우기 시작했다.

나는 내 잠재의식이 무한한 지성을 가졌다는 사실을 깨닫습니다. 무한한 지성은 장애물을 마주하지 않고 어려움이 없으며 일이 지연되는 일도 없습니다. 나는 최고의 상황을 기대하며 즐겁게 삽니다. 내 생각에 대한 응답은 내 마음속 깊은 곳에서 나옵니다. 내 잠재의식이 지닌 무한한 힘은 아무런 방해를 받지 않는다는 사실을 나는 알고 있습니다. 무한한 지성은 시작한 일은 무엇이든 성공으로 끝냅니다.

창조적인 지혜가 내 안에서 발현되어 내 계획과 목적을 완성합니다. 내가 하는 일은 무엇이든 성공으로 귀결됩니다. 내 인생의 목적은 고객에게 멋진 서비스를 제공하는 것이며, 나와 연락하는 모든 사람은 내가 베푸는 것으로부터 축복을 받습니다. 내가 하는 모든 일은 영적 질서에 따라 큰 열매를 맺습니다.

루스는 매일 아침 고객에게 전화를 걸기 전과 매일 밤 잠들기 전에 이 확언을 반복했다. 얼마 지나지 않아 루스의 잠재의식에 새로운 습관이 자리 잡았고, 루스는 예전처럼 잠재 고객들을 설득해 계약을 따냈다. 자신이 징크스에 걸린 피해자라는 생각은 어느새 사라졌다.

얼마나 간절히 원하는가

한 젊은 남성이 소크라테스에게 지혜를 얻는 방법을 물었다.

"나를 따라오시오."

소크라테스는 남성을 강가로 데려가 남성의 머리를 물속으로 처넣더니 남성이 숨이 막혀 죽을 지경이 되어서야 머리를 놓아줬다.

정신을 차린 남성에게 소크라테스가 물었다.

"물속에 머리가 잠겨 있을 때 가장 원했던 게 무엇이었습니까?"

"공기를 원했습니다."

남성이 답했다. 소크라테스는 천천히 고개를 끄덕였다.

"물속에서 숨을 못 쉴 때 공기를 원하던 만큼 지혜를 원하시오."

소크라테스가 덧붙였다.

"그러면 지혜를 얻을 것입니다."

마찬가지로 다음과 같은 때에 비로소 승리와 성공이 찾아온다.

- 삶에서 마주친 장애물을 뛰어넘고 싶은 욕구가 강렬하고 진실할 때
- 해결책은 존재한다는 사실을 뚜렷이 믿을 때
- 이 길을 걸어가고 싶다고 확신에 차 결정할 때

진심으로 마음의 평화와 내면의 평온을 얻고자 한다면 얻을 것이다. 그동안 얼마나 불공평한 대우를 받았든, 상사가 나를 얼마나 부당하게 대했든, 얼마나 나쁜 사람에게 시달렸든 상관없다. 내 안의 정신적, 영적 힘을 깨달으면 이 모든 것은 전혀 문제 될 것이 없다. 원하는 것을 확실히 알고 있다면 증오, 분노, 적개심, 악의라는 도둑들이 평화, 조화, 건강, 행복을 빼앗아 가는 것을 반드시 막아 낼 수 있다.

생각을 삶의 목표와 완벽히 동일시하는 습관을 기르면 사람, 환경, 뉴스와 사건으로 인해 속상해질 일은 없다. 내가 추구할 목표는

평화와 건강, 영감, 조화, 풍요다. 지금 평화의 강이 내 안에 흐르고 있음을 느껴라. 생각은 보이지 않는 무형의 힘이다. 내 생각이 나에게 축복과 영감, 평화를 가져다주도록 만드는 길을 선택하라.

마음의 고통이 몸의 통증이 된다

앨런은 교과서를 유통하는 한 대기업에서 현장 관리자로 일했다. 그에게는 아내와 네 명의 자녀가 있었지만 출장 중 만난 여성과 비밀스러운 관계를 맺었다. 나를 찾아온 앨런은 불안하고 예민해 보였다. 그는 수면제 없이는 잠을 못 잤다. 고혈압 증상뿐 아니라 의사가 원인을 밝혀내지 못한 온갖 통증에도 시달렸다. 설상가상으로 술도 많이 마셨다.

그가 겪는 모든 문제의 원인은 책에서 앞서 소개한 것과 마찬가지로 무의식중 느끼는 죄책감이었다. 어린 시절 듣고 자란 종교의 교리가 그의 잠재의식 깊숙한 곳에 단단히 자리 잡고 있었다. 결혼의 신성함을 강조하는 교리를 배우며 자라난 그는 교리의 가르침을 계속 노골적으로 어기고 있었다. 내면의 죄책감을 씻어 내고 싶어 술을 퍼마셨지만 아무 소용 없었다. 심각한 만성 통증을 안고 사는 환자가 모르핀과 코데인(진통제)을 달고 살듯 앨런은 마음의 고통과 상처를 술로 잠재우려 하고 있었다. 불에 기름을 붓는 꼴이었다.

나는 앨런에게 마음이 작동하는 방식을 설명했다. 그는 자신의 문제를 마주해 주의 깊게 생각해 본 뒤 불륜 관계를 정리하겠다는 결정을 내렸다. 그동안 술을 마셨던 것도 문제 상황에서 도피하고 싶은 무의식적인 마음이 발현됐기 때문이라는 사실도 깨달았다. 잠재의식 깊은 곳에 숨겨져 뿌리 박힌 원인을 뽑아내야만 치유가 시작될 수 있었다.

그는 다음 확언을 잠재의식에 하루 세 번 새겼다.

내 마음은 평화, 평정, 균형과 평형으로 가득합니다. 무한한 힘이 미소 지으며 내 안에 존재합니다. 나는 과거, 현재, 미래의 그 무엇도 두렵지 않습니다. 잠재의식의 무한한 지성이 모든 길에서 나를 인도하며 이끌고 안내합니다.

나는 평정 속에서 믿음을 지키고 확신하며 모든 상황을 마주합니다. 이제 나는 습관에서 완전히 자유롭습니다. 내 마음은 평화와 자유, 기쁨으로 가득합니다. 내가 나를 용서했기에 나는 용서받습니다. 마음에 평화가 퍼져 나가고 정신이 맑으며 확신이 내 마음을 다스립니다.

앨런은 기도를 반복하며 기도라는 행위와 그것의 의미를 온전히 인식했다. 자신이 무얼 하고 있는지를 깨달은 앨런은 자신에게 필요한 믿음과 확신을 얻었다. 나는 그에게 이 확언을 큰 소리로 천천히 정성을 다해 성실히 외우면 기도 내용이 점차 잠재의식에 뿌리내려 씨앗처럼 자라난다고 설명했다. 확언을 외는 소리가 귓가에 울려 퍼지면 확언에 담긴 치유의 진동이 잠재의식에 닿아, 그간 그에게 문제를 일으킨 모든 부정적인 정신 습관을 없앤다고 설명했다. 건설적인 생각은 부정적인 생각을 무너뜨린다. 한 달 만에 앨런은 새사람이 되었다.

자유와 마음의 평화에 관한 생각을 마음속에 들이면 잠재의식의 깊은 곳까지 그 생각이 도달한다. 전능한 잠재의식은 나쁜 습관을 따르고 싶은 욕망에서 벗어나게 도와준다. 잠재의식의 도움을 받으면 마음이 어떻게 작동하는지 새롭게 이해한다. 원하는 것을 표현하고 자신의 진정한 모습을 찾는 것을 도와주는 무한한 자원이 내 안에 있음을 깨닫는다.

부정적이고 파괴적인 생각을 버려라

만약 알코올 중독자거나 마약 중독자라면 그 사실을 인정하라. 문제를 피하지 마라. 많은 알코올 중독자가 중독에서 벗어나지 못하는 이유는 자신의 문제를 인정하지 않기 때문이다.

알코올 중독이라는 병은 불안정한 상태와 내면의 공포를 나타낸다. 삶을 마주하지 않고 싶어 술을 마시며 책임을 회피하는 것이다. 알코올 중독자에게는 자유의지가 없다. 하지만 당사자는 자기에게 자유의지가 있다고 생각할 수도 있다. 자신의 의지력이 세다며 자랑할지도 모른다.

술을 마시던 습관이 있는데 "이제 술을 끊을 거야"라고 자신 있게 말한다고 해서 그 말을 현실로 이룰 힘이 있는 것은 아니다. 힘을 어디에 위치시켜야 할지 모르기 때문이다.

알코올 중독자는 자기 스스로 만들어 낸 심리적 감옥 안에 갇혀 산다. 이는 자신의 믿음, 의견, 훈련, 환경적 영향에 구속된 상태다. 대다수 사람은 습관의 동물이다. 일반적으로 사람은 자기 생각에 따라 반응한다.

파괴적인 습관에서 벗어나고 싶다는 간절한 욕망을 갖기만 해도 이미 절반 이상 치유된다. 나쁜 습관에서 벗어나겠다는 욕망이 그 습관을 그대로 두겠다는 욕망보다 커질 때 완전한 자유가 코앞까지 다가온다는 사실을 확인하면 매우 놀랄 것이다.

마음속에 들어온 생각은 점점 커진다. 자유(파괴적인 습관에서 벗어나는 자유)와 마음의 평화를 향한 생각을 마음에 들여라. 새롭게 마음에 들인 생각에 계속 집중하라. 그러면 자유와 평화라는 생각이 마음속에서 점차 커지는 게 느껴질 것이다. 잠재의식은 감정이 받아들이는 모든 생각을 수용해 현실로 만들어 낸다.

고통 안에서도 좋은 일이 일어날 수 있다는 사실을 깨달아라. 고통은 헛되지 않다. 하지만 계속 고통을 겪는 것은 바보 같은 짓이다.

알코올 중독자인 채로 계속 살면 정신적, 심리적 악화와 쇠퇴를 겪는다. 잠재의식의 힘이 나를 도와주고 있다는 사실을 깨달아라. 크나큰 우울감에 빠져 있을 때도 마음속에 있는 즐거움과 자유를 상상할 수 있다.

이것이 바로 '치환의 법칙'이다. 내 상상이 나를 술로 이끌었다. 이제 내 상상이 나를 자유와 마음의 평화로 이끌게 하라. 약간의 고통은 따르겠지만 그 고통은 건설적인 목표를 위한 것이다. 출산의 고통을 감내하는 어머니처럼 고통을 감내하라. 그러면 마음속에 건강한 아이를 낳을 것이다. 잠재의식이 '맑은 정신'이라는 아이를 낳을 것이다.

알코올 중독의 진정한 원인은 부정적이고 파괴적인 생각이다.

"사람은 생각한다. 고로 존재한다."

알코올 중독자는 열등감, 무능감, 좌절감, 패배감을 심각하게 느낀다. 이러한 감정은 내면의 깊은 적개심을 동반할 때가 많다. 알코올 중독자는 술을 마시는 이유를 백 가지도 넘게 댈 수 있겠지만, 사실 유일한 이유는 중독자가 지니는 삶에 대한 생각뿐이다.

마음의 장벽을 제거하는 마법의 3단계

1단계, 평정심을 가져라. 마음속에서 돌아가는 쳇바퀴를 멈춰라. 나른하고 졸린 상태에 들어가라. 편안하고 평화롭고 수용적인 상태에 들어가면 2단계로 나아갈 수 있다.

2단계, 쉽게 기억하며 자장가처럼 여러 번 반복해서 외울 수 있는 짧은 문장 하나를 택하라. 다음 문장을 이용하라.

맑은 정신과 마음의 평화가 내 것입니다. 나는 이에 감사합니다.

마음속에서 의심이 들지 않도록 이 문장을 크게 소리 내어 읽어라. 이 문장을 마음속에서 되뇔 때는 문장을 발음하는 입술과 혀의 움직임을 상상하라. 잠재의식에 이 문장이 들어가는 것을 도와주는 방법이다. 이 문장을 5분 이상 반복해 읽어라. 마음 깊은 곳에서 정서적 응답을 받을 것이다.

3단계, 잠들기 직전에 독일의 대문호 괴테가 썼던 방법을 실천하라. 친구나 사랑하는 사람이 옆에 있다고 상상하라. 눈을 감고 편안한 상태에 있어라. 사랑하는 사람 또는 친구가 "축하해!"라고 말하는 모습이 마음속에 떠오를 것이다.

미소 짓는 그들의 얼굴이 보이고 목소리가 들린다. 그들의 손을 잡는 촉감이 느껴진다. 모든 것이 생생하고 실감 난다. '축하해'라는 단어는 완전한 자유를 뜻한다. 잠재의식이 만족스럽게 반응할 때까지 '축하해'라는 단어를 마음속에서 듣고 또 들어라.

두려운 마음이 불쑥 떠오를 때나 마음에 걱정, 불안, 의심이 싹틀 때는 상상과 목표에 집중하라. 생각과 상상을 만들어 내는 잠재의식의 무한한 힘을 생각하라. 잠재의식의 힘이 나에게 확신, 에너지 그리고 용기를 줄 것이다. 인내하며 계속해라. 날이 저물고 그림자가 사라질 때까지.

- 해답은 문제 안에 있다. 모든 문제는 답을 내포하고 있다. 무한한 지성의 힘을 믿고 확신하며 도움을 구하면 무한한 지성이 답을 준다.

- 잠재의식의 기능은 습관이다. 습관은 힘을 발휘해 삶을 뒤흔들며 잠재의식의 놀라운 힘을 증명한다. 사람은 습관의 동물이다.

- 잠재의식에 흔적이 남아 자동으로 발현될 때까지 생각이나 행복을 반복하면 잠재의식에 습관 패턴이 만들어진다.

- 나에게는 선택의 자유가 있다. 좋은 습관을 선택할 수도, 나쁜 습관을 선택할 수도 있다. 기도와 명상은 좋은 습관이다.

- 믿음으로 뒷받침된 모든 이미지를 현재의식에 간직하면 잠재의식이 그 심상을 실현한다.

- 성공과 성취를 방해하는 유일한 장애물은 자신의 생각 또는 이미지다.

- 집중력이 흩어질 때는 다시 목표나 목적을 깊이 생각하는 것을 습관으로 만들어라. 이것이 바로 마음 수련이다.

- 현재의식은 카메라이고 잠재의식은 카메라가 찍은 사진을 기록하는 필름이다.

- 사람을 따라다니는 유일한 징크스는 마음속에서 반복되는 두려운 생각이다. 무슨 일을 시작하든 영적 질서에 따라 결론에 이르리라는 사실을 깨달아 징크스를 깨라. 행복한 결말을 상상하고 확신을 가지며 그것을 유지하라.

- 새로운 습관을 만들려면 새로운 습관을 만드는 것이 가능하다고 확신해

야 한다. 나쁜 습관에서 벗어나겠다는 욕망이 그 습관을 그대로 두겠다는 욕망보다 커지면 치유는 이미 절반 이상 진행된 것이나 마찬가지다.

• 생각과 정신이 허락하지 않는다면 타인의 말은 나에게 상처를 입힐 수 없다. 평화, 조화, 기쁨이라는 목표에 자신을 일치시켜라. 내 우주 안에서는 나만이 생각하는 사람이다.

• 과도한 음주는 도피하려는 무의식적 욕망에서 비롯된다. 알코올 중독의 원인은 부정적이고 파괴적인 생각이다. 알코올 중독을 치유하려면 자유, 맑은 정신, 온전함을 생각하고 목적을 달성했을 때의 황홀감을 느껴야 한다.

• 많은 사람이 알코올 중독에서 벗어나지 못하는 이유는 자신의 문제를 인정하지 않기 때문이다.

• 그동안 나를 속박하며 행동의 자유를 구속한 잠재의식의 법칙은 이제 나에게 자유와 행복을 가져다줄 것이다. 모든 것은 잠재의식을 활용하는 방법에 달렸다.

• 내 상상이 나를 술로 이끌었다. 이제 자유를 상상하며 상상이 나에게 자유를 가져다주게 하라.

19

두려움에 맞서 웃을 수 있는 용기

❧

위대한 치환의 법칙이 두려움에 대한 답이다. 모든 두려움의 해답은 욕망 안에 있다. 아픈 사람은 건강을 바란다. 두려움에 갇힌 사람은 자유로워지고 싶어 한다. 좋은 것을 기대하라. 좋은 것에 정신을 집중하면 잠재의식이 늘 해답을 줄 것이다. 잠재의식은 절대 실패하지 않는다.

한 학생이 자기가 몸담은 전문직협회의 연례행사에서 연설을 맡았던 경험을 들려줬다. 그는 각자 자기 분야에서 영향력을 발휘하며 잘나가는 수천 명의 사람 앞에서 연설해야 한다는 사실에 공황 상태에까지 이르렀다고 한다.

그는 며칠 동안 밤이 되면 안락의자에 앉아 5분 정도 천천히 고요하게 긍정적인 마음을 담아 자신에게 확언하며 두려움을 이겨 냈다.

나는 이 두려움에 통달할 것입니다. 나는 지금 두려움을 극복하고 있습니다. 나는 평정심을 유지하며 자신 있게 연설합니다. 나는 긴장하지 않고 편안합니다.

이렇게 기도하자 마음의 법칙이 그의 마음속에서 확실하게 작용했고, 그는 결국 두려움을 이겨내 멋진 연설을 해낼 수 있었다.

잠재의식은 제안을 잘 받아들인다. 잠재의식은 제안의 지배를 받는다. 침착하고 평안한 생각을 하면 현재의식의 생각이 잠재의식에 전해진다. 이는 여러 막을 통과한 다양한 종류의 액체가 서로 혼합되는 삼투 현상과 비슷하다고 볼 수 있다. 긍정적인 생각의 씨앗을 잠재의식에 심으면 시간이 지날수록 그 씨앗이 쑥쑥 자라 침착하고 평온하며 고요한 마음 상태에 들어간다.

인간의 가장 큰 적은 두려움이다

인간의 가장 큰 적은 두려움이다. 실패, 질병, 나쁜 인간관계 등의 원인도 바로 두려움이다. 수많은 사람이 과거, 미래, 고령, 노년기 정신 질환, 죽음을 두려워한다. 하지만 두려움은 마음속 생각이다. 두려움을 느끼는 사람은 결국 자기 생각을 두려워하는 사람이다.

어린아이는 침대 밑에 숨은 괴물이 밤이 되면 사람을 잡아먹는다는 이야기를 친구에게 듣고 두려움에 떤다. 하지만 부모가 방 안의 불을 환하게 켠 뒤 괴물이 없다는 것을 보여 주면 다시 두려움에서 벗어난다. 괴물이 있다고 믿으며 진심으로 두려움에 시달리던 아이는 마음속 잘못된 생각에서 벗어나 치유된다. 아이가 두려워하는 것은 실제로 존재하지 않는다. 마찬가지로 대부분의 사람이 두려워하는 것은 현실에 존재하지 않는다. 사람들을 두렵게 만드는 것은 그림자 덩어리 같은 해로운 생각일 뿐이다. 그림자에는 실체가 없다.

내가 두려워하는 일을 하라

19세기 사상가이자 시인 랠프 월도 에머슨은 "두려워하는 일을 하라. 그러면 두려움은 반드시 사라진다"라는 말을 남겼다.

나도 청중 앞에 서서 강연하는 것이 말로 표현할 수 없을 정도로 두려웠던 때가 있었다. 그때 내가 두려움에 굴복했다면 오늘날 이 책이 출간되는 일도 없었을 것이다. 내가 배운 잠재의식의 작동법을 다른 사람과 나누지 못했을 것이기 때문이다.

나는 에머슨의 말을 실천해 두려움을 극복했다. 속으로는 덜덜 떨면서도 연단에 올랐다. 강연하면 할수록 점차 두려움을 덜 느끼게 되어 마침내 나는 편안히 즐기면서 강연하는 경지에 이르렀다. 나중에는 강연 일정이 잡히면 그날을 손꼽아 기다리기까지 했다. 두려워하던 일을 하자 두려움이 정말 사라졌다.

두려움에 통달할 것이라고 긍정적으로 확언하며 그 내용을 현재의식에 확고히 새기면 잠재의식이 힘을 발휘해 확언에 맞게 응답한다.

두려움을 극복하고 실력을 발휘하다

남편과 자녀를 낳아 기르며 펜실베이니아주 교외에서 사는 주디는 도자기 페인팅 솜씨가 뛰어났고 자기 실력에 큰 자부심이 있었다. 주디의 친구들은 주디가 만든 아름다운 작품을 집에 진열해 놓고는 했다.

어느 날 주디는 딸의 담임 선생님으로부터 도자기 페인팅 일일교사가 되어 달라는 제안을 받았다. 하지만 주디는 사람들 앞에서 이야기하는 것이 너무나 두려워 여덟 살짜리 아이들을 가르쳐 달라는 선생님의 요청을 거절하고 말았다. 그러다 내 책에 소개된 두려움 극복법을 읽은 주디는 이 방법을 한번 실천해 보기로 했다.

주디는 매일 아침 일어난 직후와 잠들기 직전에 몸의 긴장을 풀고 다음 확언을 외웠다.

나는 재능 있는 예술가입니다. 나는 사람들에게 내 능력을 선보이며 기술을 알려 줍니다. 나는 사람들에게 내 예술적 능력을 소개하는 것이 두렵지 않습니다. 나는 딸아이의 교실에서 발표할 것이며, 다른 곳에서도 할 것입니다.

몇 개월 뒤 주디는 학교에 가서 아이들에게 자신이 완성한 도자기 작품을 소개하며 작품을 만든 방법을 설명했다. 주디가 내게 보낸 편지에는 딸아이의 반 친구들과 담임 선생님이 자신에게 고맙다고 했을 뿐 아니라 다른 반 선생님에게도 같은 발표를 해달라는 부탁을 받았다고 쓰여 있었다. 무대 공포증을 완전히 떨쳐 낸 주디는 정기 발표 모임을 열며 참여자들의 발표력과 자신감 향상을 도와주는 비영리단체 토스트마스터스 클럽에도 가입했다.

이러한 방식을 성실하고 자신 있게 실천한다면 두려움은 완전히 사라질 것이다.

실패를 두려워하면 실패가 찾아온다

내 활동지 인근에 있는 대학교 학생들이 나를 찾아올 때가 많다. 대학생들이 공통으로 호소하는 문제가 있다. 바로 시험을 칠 때 겪는 암시적 기억상실증이다. 이 증상을 겪는 학생들은 한목소리로 토로한다.

"시험을 보기 전에는 배운 내용을 다 이해하고, 시험에 나올 문제의 답까지 전부 알고 있어요. 그런데 시험 날 책상에 놓인 빈 답안지만 보면 머릿속에 아무것도 떠오르지 않아요!"

많은 사람이 이와 비슷한 경험을 한다. 이 현상도 잠재의식의 법칙으로 설명할 수 있다. 잠재의식은 사람이 가장 집중해서 생각하는 것을 실현한다. 나를 찾아온 대학생과 이야기를 나누다 보면 대부분이 실패에 관한 생각에 집중하고 있다는 점이 드러난다. 그러니 잠재의식은 자연스레 실패를 실현한다. 실패를 생각하며 두려워했기 때문에 일시적 기억상실을 겪으며 실패를 실제로 경험하게 되는 것이다.

의대생 실라는 손꼽히는 우등생이었다. 그런데 필기시험이나 구술시험을 볼 때마다 머릿속이 하얘져서 아주 쉬운 질문에도 답하지 못했다. 나는 실라에게 이유를 설명했다. 시험을 보기 며칠 전부터 혹시 시험을 못 보지는 않을까 하는 걱정에 시달렸기 때문에 부정적인 생각이 실라의 마음속에 두려움을 키운 것이었다.

두려움이라는 강력한 감정에 뒤덮인 생각은 잠재의식 안에서 실현된다. 다시 말해 실라는 잠재의식에 자신이 실패하는 모습을 보여 달라고 요청했기 때문에 실패라는 응답을 얻은 것이다.

잠재의식의 작동법을 공부하며 실라는 잠재의식이 기억의 저장고라는 사실을 배웠다. 자신이 의대 수업에서 보고 들은 모든 것이 잠재의식에 완벽하게 기록되어 있다는 점을 배웠다. 더 나아가 실라는 잠재의식이 반응적이고 상호적이며, 잠재의식과 깊이 연결되려면 긴장을 풀어 평화롭고 자신감 있는 마음을 지녀야 한다는 사실도 이해했다.

실라는 우수한 성적을 받아 부모님에게 칭찬받는 자신의 모습을 밤낮으로 상상했다. 부모님이 자신에게 보낸 축하 카드를 손에 든 모습까지 상상했다. 행복한 결과에 집중하자 실라의 잠재의식도 행복하게 반응하기 시작했다.

행복한 상상을 한결같이 반복하자 잠재의식이 전지전능한 힘을 발휘해 실라의 현재의식을 올바른 쪽으로 인도했다. 자신이 원하는 결말을 상상하자 상상 속 결말이 실현됐다. 이 방법을 실천한 뒤 실라는 시험을 칠 때 더는 기억상실을 겪지 않았다. 잠재의식의 주관적 지혜는 실라가 훌륭한 성적을 얻는 방향으로 실라의 마음을 강제로 이끌었다.

극복할 수 있다는 마음의 힘을 이용하라

열 살 때쯤 나는 수영장 물에 빠진 적이 있다. 수영을 배운 적이 없었기 때문에 아무리 팔을 휘저어도 물에서 빠져나올 수가 없었다. 몸이 가라앉는 게 느껴졌다. 새까만 물이 나를 휘감던 때의 공포가 아직도 생생히 기억난다. 숨을 쉬려 입을 벌리자 입 안으로 물이 가득 들어왔다. 결국 한 소년이 허우적대는 나를 발견하고 수영장에 뛰어들어 나를 뭍으로 끌어냈다. 이 기억이 내 잠재의식 깊숙한 곳에 자리 잡아 나는 오랫동안 물을 무서워했다.

어느 날 나는 한 현명한 중견 심리학자에게 나를 괴롭히던 물 공포증 이야기를 했다.

"수영장으로 가서 물을 보세요. 물은 그저 수소 원자 두 개와 산소 원자 한 개가 결합해 만들어진 화합물일 뿐입니다. 물은 인식력도 의지도 없어요. 하지만 박사님은 둘 다 갖고 있잖아요."

나는 심리학자가 이어서 무슨 말을 할까 기대하며 고개를 끄덕였다.

"물의 근본적 성질은 수동적이라는 걸 이해한 다음 큰 소리로 외치세요."

내가 너를 통제할 것이다. 나는 마음의 힘으로 너를 지배할 것이다.

"그다음 물속으로 들어가세요. 수영을 배우세요. 물을 극복할 수 있다는 마음의 힘을 이용하세요."

나는 심리학자의 말대로 했다. 머릿속에 새로운 태도를 받아들이자 잠재의식의 전능한 힘이 응답해 내게 힘과 믿음 그리고 자신감을 줬다. 잠재의식의 도움을 받아 두려움을 극복하고 물을 통제하게 되었다. 수영은 내가 좋아하는 운동이자 효과적인 건강 관리 습관이 되었다. 이제 나는 매일 아침 수영한다. 물이 나를 통제하도록 두지 마라. 물의 주인은 나라는 사실을 기억하라.

두려움을 극복하는 기술을 익혀라

내가 강연을 통해 수많은 사람에게 가르친, 두려움을 극복하는 기술을 소개한다. 신통할 정도로 효과가 좋은 방법이다. 한번 실천해보라!

물속에서 수영하는 게 무섭다고 가정해 보자. 먼저 하루에 서너 번 5~10분간 차분히 앉아 깊은 이완 상태에 들어가라. 이제 수영하는 자신의 모습을 상상하라. 마음속에서 나는 수영하고 있다. 물속에 있는 자신의 모습을 마음속에 그려라. 차가운 물의 감촉과 팔다리의 움직임이 느껴진다. 현실처럼 실감 나며 생생하면서도 즐거운 활동이 마음속에 일어난다.

이런 생각은 한가한 공상이 아니다. 상상 속에서의 경험은 잠재의식에서 발전한다는 사실을 나는 이해한다. 마음속 깊은 곳에 자리 잡은 상상은 현실로 나타난다. 다음번에 실제로 수영할 때는 즐거운 마음이 솟아날 것이다. 바로 이것이 잠재의식의 법칙이다.

물 공포증이 아닌 다른 공포증에도 같은 기술을 적용하면 된다. 고소공포증이 있다면 등산하는 자신의 모습을 상상하라. 맑은 공기, 산에서 자라는 꽃, 아름다운 경치를 생생하게 상상하며 즐겨라. 마음속에서 이 상상을 반복하면 상상이 평화롭고 안락한 방식으로 실현된다는 사실을 기억하라.

대기업 임원인 조녀선은 오래전부터 엘리베이터를 무서워했다. 그는 엘리베이터를 타기 싫어 매일 7층에 있는 사무실까지 계단으로 걸어 올라갔다. 고층 사무실에서 일하는 다른 회사 사람들과 업무 차 만나야 할 때는 늘 적당한 핑계를 대서 약속 장소를 자기 사무실이나 식당으로 바꿨다. 다른 도시로 출장 가는 것은 그에게 고문과도 같았다. 그는 늘 출장지 호텔에 미리 전화해 계단으로 오르내릴 수 있는 저층에 객실을 배정해 달라고 요청했다.

조녀선의 두려움은 그의 잠재의식의 산물이었다. 현재의식이 너무나 오래전에 겪어 이제는 기억하지 못하는 경험을 잠재의식이 기억하고 그 경험에 맞는 응답을 보내는 것인지도 몰랐다. 자기 공포증을 인식한 조녀선은 변하기로 했다. 그는 하루에도 여러 번 엘리베이터를 축복하기 시작했다. 차분하고 자신감 있는 상태에서 그는 다음의 확언을 되뇌었다.

우리 빌딩에 엘리베이터를 설치한 것은 우주적인 마음에서 비롯된 멋진 생각입니다. 엘리베이터는 모든 직원에게 편리한 서비스를 제공하는 요긴한 기계입니다. 엘리베이터는 영적 질서에 따라 작동합니다. 나는 편안하고 즐거운 마음으로 엘리베이터를 탑니다. 삶과 사랑, 이해의 파도가 내 생각의 패턴 안에 흐르는 동안 나는 조용하고 편안히 엘리베이터를 탑니다.

나는 엘리베이터를 타고 올라가 사무실에 도착하는 내 모습을 상상합니다. 엘리베이터 안은 우리 회사 직원으로 가득합니다. 나는 엘리베이터에 함께 탄 사람들과 이야기를 나눕니다. 모든 직원은 다정하고 즐겁고 자유롭습니다. 나는 엘리베이터에서 자유, 믿음, 자신감을 경험한다는 사실에 감사합니다.

조녀선은 이 확언을 열흘간 반복해서 외웠다. 그리고 열한 번째 날 그는 완전히 자유롭게, 동료들과 함께 엘리베이터를 탔다.

두려움은 좋은 것이다

갓 태어난 아기가 두려워하는 것은 높은 곳에서 떨어지는 것과 갑자기 들리는 큰 소리, 단 두 개뿐이다. 이는 정상적인 두려움이다. 태어났을 때부터 자기 보호 수단으로 주어진 일종의 경보 시스템이기 때문이다.

그러니 정상적인 두려움은 좋은 것이다. 길을 걷고 있는데 오토바이 소리가 들리면 한 걸음 물러서 사고를 피할 수 있다. 오토바이에 치일지도 모른다는 순간적인 두려움은 한 걸음 물러서는 행동으로 극복된다.

그 외 다른 모든 두려움은 비정상적 두려움이다. 비정상적인 두려움은 과거 부모, 친척, 선생님 등 유년기에 만난 사람들의 영향에서 비롯된 특정한 경험 때문에 만들어진다.

비정상적 두려움은 상상이 폭주하면 생긴다. 비행기를 타고 세계 일주를 할 기회를 얻은 여성이 있었다. 그녀는 신문에서 찾을 수 있는 모든 비행기 추락 사고 관련 기사를 스크랩하기 시작했다. '세계 최악의 비행기 추락 사고'라는 제목의 영상까지 찾아봤다. 바다에 추락해 익사하는 자기 모습을 상상했다. 이는 비정상적 두려움이다. 이런 생각을 반복하며 두려워할수록 자기가 가장 두려워하는 상황으로 스스로를 끌고 갈 확률이 더욱 커진다.

뉴욕에서 큰 성공을 거두며 잘나가는데 비정상적 두려움에 시달리는 기업가를 만난 적이 있다. 그는 회사가 파산해 모든 것을 잃고 마는 자신의 모습을 마음속에서 상상으로 키워 냈다. 실패하는 모습을 생각할수록 그는 점점 더 깊은 우울감에 빠졌다. 그는 끔찍한 상상을 멈추지 않았으며 아내에게 부정적인 말들을 했다.

"계속 이렇게 잘될 수는 없어. 불황이 언제든 다시 시작될 거야. 희망이 없어. 우리는 망할 거야."

그의 아내는 결국 남편의 파산 소식을 전했다. 그가 상상하며 두려워하던 모든 일이 실제로 일어났다. 그가 두려워하는 일은 실존하지 않았지만, 금융위기가 올 것이라 믿고 계속 두려워하며 위기를 기다리자 위기가 정말로 찾아온 것이다.

이 세상에는 자기 자식에게 끔찍한 재난이 일어날 거라며 무서워하는 사람이 너무나도 많다. 전염병이 창궐하거나 희귀병이 발견됐다는 소식을 들으면 이들은 자기가 병에 걸리지 않을까 두려워한다. 자기가 이미 그 병에 걸렸다고 상상하는 사람도 있다. 이는 모두 비정상적인 두려움이다.

두려움에 반하는 생각을 하라

비정상적인 두려움에 시달리고 있다면 두려움에 반하는 생각을 하도록 노력해야 한다. 계속 극한의 두려움을 느끼며 산다면 몸과 마음의 건강은 계속 악화할 것이다. 두려움이 솟구칠 때면 즉시 그 두려움과 반대되는 욕망을 잠재의식에 불어넣어야 한다.

지금 바로 원하는 욕망에 몰두하고 또 몰두하라. 주관적인 생각은 늘 객관적인 현실이 된다는 것을 기억하라. 이런 태도를 가지면 자신감이 생기고 영혼이 고양될 것이다. 나를 위해 움직이는 잠재의식의 무한한 힘은 실패할 수가 없다. 그러므로 평화와 확신은 나의 것이다.

한 다국적 대기업 영업 담당자는 길가를 여러 번 서성인 다음에야 비로소 고객에게 전화를 걸 용기가 생긴다고 내게 털어놓았다. 그의 상사는 경험이 많고 통찰력도 있는 사람이었다. 상사는 그에게 말했다.

"문 뒤에 괴물이 숨어 있지 않을까 무서워하지 마세요. 괴물은 없습니다. 당신은 잘못된 믿음의 피해자일 뿐이에요."

이어서 상사는 두려운 마음이 들 때마다 자신은 두려움에 맞서 일어난다고 설명했다. 상사는 두 눈을 똑바로 뜨고 두려움을 마주했다. 이렇게 할 때마다 두려움은 점점 작아져 마침내 대수롭지 않은 일이 되어 버린다고 했다.

두려움의 정글에서 탈출하다

전 미군 군목이었던 존은 2차 세계대전 당시 그가 타고 있던 비행기가 대공미사일에 맞아 격추되었던 이야기를 내게 들려줬다. 그는 뉴기니의 정글이 우거진 산에서 탈출해야 했다. 당연히 무서웠지만,

두려움에는 정상적인 두려움과 비정상적인 두려움이 있다는 사실을 알고 있었다. 정글 속에서 비정상적인 두려움에 사로잡힌 그는 공황 상태에 빠지기 직전에 놓였다.

그는 두려움을 없애기 위해 즉시 뭔가를 해야겠다고 마음먹었다. 그래서 자신에게 "존, 두려움에 굴복해서는 안 돼. 네가 두려워하는 이유는 이곳을 안전하게 빠져나가고 싶다는 욕망을 지녔기 때문이야"라고 되뇌었다.

그는 정글 속 작은 공터에 서서 호흡을 가다듬으며 공황의 첫 번째 증상을 가라앉혔다. 다소 진정되자 다음과 같이 확언했다.

행성의 궤도를 안내하는 무한한 지성이 지금 나를 안전하게 정글 밖으로 인도하고 있습니다.

그는 10분이 넘는 시간 동안 이 말을 큰 소리로 계속 되뇌었다. 그다음에 일어난 일을 존은 이렇게 설명했다.

"갑자기 제 안에 뭔가가 소용돌이치기 시작하는 게 느껴졌습니다. 자신감과 믿음이라는 감정이었어요. 공터 한쪽 끝에서 길이 있던 흔적을 발견하고 계속 걸었습니다. 이틀 후 기적적으로 작은 마을에 도착해 주민들의 환대를 받았습니다. 주민들은 제게 먹을 것을 주고 저를 정글 밖으로 데려다줬어요. 마침내 저는 구조기를 탈 수 있었습니다."

존이 새롭게 확립한 정신 태도가 그를 살렸다. 자기 안에 내재한 주관적인 지혜와 힘을 믿고 확신하자 문제의 해답이 그에게 주어졌다. 존은 덧붙여 말했다.

"정글에 갇힌 처지를 한탄하며 두려움이 마음속에서 활개 치도록 내버려 뒀다면 크나큰 두려움이 저를 잠식했을 겁니다. 그러면 두려움과 굶주림을 못 이기고 죽었을 거예요."

두려울 때는 생각의 방향을 돌려라

한 대규모 재단의 임원 라파엘은 지난 3년간 임원직을 잃을지도 모른다는 두려움에 빠져 살았다고 내게 털어놓았다. 그는 늘 실패를 상상했고, 부하 직원들이 승진해 자신의 상사가 되리라는 생각을 계속했다. 그는 실재하지 않는 두려운 상황을 마음속에서 스스로 만들어 내고 있었다. 직장을 잃을지도 모른다는 상상을 너무나 생생하고도 극적으로 한 나머지 그는 점점 예민하게 굴고 성과는 내지 못하는 사람이 되었다. 결국 그는 권고사직 당했다.

사실 라파엘을 해고한 사람은 자신이었다. 끊임없이 이어진 부정적인 생각과 두려움이 잠재의식에 홍수처럼 쏟아져 잠재의식이 그의 생각대로 반응하게 만든 것이다. 그의 잠재의식은 그가 실수를 저지르고 어리석은 결정을 내리게 해 그를 결국 실패로 이끌었다. 두려운 생각이 드는 즉시 곧바로 생각의 방향을 반대로 돌렸다면 라파엘은 해고되지 않았을 것이다.

마음속 고요한 바다를 찾아내라

전 세계를 돌며 순회 강연하던 때의 일이다. 나는 당시 방문한 국가의 저명한 정부 인사와 두 시간 동안 대화했다. 이 남성에게서는 내면의 깊은 평화와 평정심이 느껴졌다. 그는 야당을 지지하는 언론사에서 아무리 그를 비방하는 기사를 써대도, 기사 내용이 자신의 마음을 어지럽히게 두지 않는다고 말했다. 그는 매일 아침 15분 정도 조용히 앉아 자신의 마음속에 있는 깊고 고요한 평화의 바다에 집중했다. 그는 명상을 통해 크나큰 힘을 발휘해 모든 어려움과 두려움을 물리쳤다.

몇 개월 전 그는 동료로부터 다급히 걸려 온 전화를 받은 적이 있었다. 동료는 그에게 대항해 음모를 꾸미는 세력이 있다고 알렸다. 이 세력은 군대 내 반체제 인사들의 도움을 받아 무력으로 그의 행정부를 전복시킬 계획을 갖고 있었다.

그는 수화기 너머 동료에게 이렇게 답했다.

"이제 완전히 평화로운 마음으로 잠자리에 들려 합니다. 내일 오전 열 시에 만나서 논의합시다."

그는 내게 말했다.

"내가 마음속에 받아들이지 않는 이상 부정적인 생각은 아무런 힘도 발휘할 수 없다는 사실을 알고 있습니다. 나는 두려움이 내 마음속에 들어오는 걸 허락하지 않습니다. 따라서 내가 허락하지 않는 한 그 무엇도 내게 해를 끼칠 수 없습니다."

너무나 침착하고 차분하며 자신감 있는 모습이 아닌가! 그는 긴박한 소식을 듣고도 화내면서 머리칼을 쥐어뜯지 않았다. 그는 자신의 마음속 한가운데 자리 잡은 평화롭고 고요한 바다를 찾아냈다.

두려움에서 자신을 구하라

성경에는 두려움을 쫓아내는 완벽한 방법이 나와 있다.

"내가 주님을 간절히 찾았더니 주님께서 나에게 응답하시고, 내 모든 두려움에서 나를 건져내셨다."(시편 34편 4절)

하나님을 뜻하는 '여호와Lord'의 고대 의미는 바로 '법칙law'이다. 즉 하나님은 잠재의식이 발휘하는 힘이시다.

잠재의식이 어떤 기적을 행하는지 배워라. 잠재의식의 작동법과 기능을 이해하라. 이 장에서 설명한 기술을 완벽히 숙지하라. 오늘부터 이 기술을 실천하라! 그러면 잠재의식이 응답해 모든 두려움에서 자유롭게 해줄 것이다.

- 두려워하는 일을 하라. 그러면 두려움은 반드시 사라진다. 완전한 확신과 믿음을 가진 채 두려움에 통달할 것이라는 긍정적인 확언을 하라. 그러면 이루어질 것이다.

- 두려움은 마음속에 있는 부정적인 생각이다. 건설적인 생각으로 두려움을 대체하라. 두려움은 수백만 명의 사람을 죽였다. 자신감은 두려움보다 위대하다.

- 두려움은 인간의 가장 큰 적이다. 실패, 질병, 나쁜 인간관계 등의 원인도 바로 두려움이다. 두려움을 쫓는 것은 사랑이다. 사랑은 삶의 좋은 것을 향한 감정적 애착이다. 솔직함, 진정성, 정의, 선의, 성공과 사랑에 빠져라. 기쁜 마음으로 최고를 기대하며 살아라. 그러면 내 삶이 최고의 것들로 가득 찰 것이다.

- 두려운 마음이 들면 반대되는 생각으로 응수하라. "나는 아름다운 노래를 부르는 사람이야. 나는 침착하고 평온하며 차분한 사람이야"라고 생각하라. 그러면 크나큰 상을 받을 것이다.

- 시험을 볼 때 암시적 기억상실증을 겪는 이유는 두려움 때문이다. "나는 내가 알아야 할 모든 것을 완벽히 기억하고 있습니다"라고 자주 확언하면 암시적 기억상실증을 극복할 수 있다. 시험 점수를 잘 받아 친구에게 축하받는 모습을 상상하라. 이를 계속하면 상상이 이루어질 것이다.

- 물가를 건너거나 수영하는 게 무섭다면 자유롭고 즐겁게 수영하는 자신의 모습을 상상하라. 물속에 있는 자신의 모습을 마음속에 그려라. 수영

장을 가로질러 수영하며 즐겁게 노는 느낌을 상상하라. 생생하게 상상하라. 주관적인 마음속에서 이 상상을 계속하면 결국 물속으로 들어가 물을 지배한다. 이것이 바로 마음의 법칙이다.

- 엘리베이터 같은 폐쇄된 공간이 무섭다면 엘리베이터의 모든 부분과 기능을 진심으로 축복하라. 엘리베이터를 타는 자신의 모습을 마음속으로 상상하라. 엘리베이터를 향한 두려움이 너무나 빨리 사라지는 것을 느끼고는 깜짝 놀랄 것이다.

- 타고난 두려움은 높은 곳에서 떨어지는 것과 갑자기 들리는 큰 소리에 대한 두려움뿐이다. 그 외 모든 두려움은 후천적으로 얻어진 것이다. 타고나지 않은 두려움은 모두 없애라.

- 정상적인 두려움은 좋은 것이지만 비정상적인 두려움은 몹시 나쁘고 파괴적이다. 두려운 생각은 계속 커져 비정상적 두려움, 강박, 콤플렉스를 낳는다. 무언가를 계속 두려워하면 공황과 공포로 귀결된다.

- 잠재의식은 상황을 바꾸고 마음속 소중한 욕망을 실현할 힘을 지녔다는 것을 알면 비정상적 공포를 극복할 수 있다. 두려움과 반대되는 욕망으로 즉시 관심을 돌려 집중하라. 두려움을 물리치는 것은 사랑이다.

- 실패할까 두렵다면 성공에 집중하라. 병에 걸릴까 두렵다면 건강한 모습을 상상하라. 죽음이 두렵다면 영생을 생각하라.

- 위대한 치환의 법칙이 두려움에 대한 답이다. 모든 두려움의 해답은 욕망 안에 있다. 아픈 사람은 건강을 바란다. 두려움에 갇힌 사람은 자유로워지고 싶어 한다. 좋은 것을 기대하라. 좋은 것에 정신을 집중하면 잠재의식이 늘 해답을 줄 것이다. 잠재의식은 절대 실패하지 않는다.

- 두려움은 생각 속에서만 존재한다. 생각은 창조적이다. 좋은 것을 생각하면 좋은 것이 따라온다.

- 두려움을 바라봐라. 이성의 빛으로 두려움을 비춰라. 두려움에 웃는 방법을 배워라. 이것이 최고의 치료제다. 나를 방해하는 것은 내 상상뿐이다. 타인의 의견, 발언, 위협은 아무런 힘이 없다. 힘은 내 안에 있다.

- 잠재의식의 유일무이한 창조력은 조화롭게 움직인다. 창조력은 분열되거나 갈등하지 않는다. 창조력의 근원은 사랑이다.

20

정신적으로 영원히 젊게 사는 법

�

고령은 비극적인 현상이 아니다. 노화의 진정한 의미는 변화다. 인생의 모든 과정은 끝없는 길로 향하는 다음 단계다. 우리에게는 신체적 힘의 한계를 뛰어넘는 엄청난 힘, 오감의 한계를 뛰어넘는 엄청난 감각이 있다. 삶은 영적이며 영원하다.

피로나 나이는 영적인 특성이나 힘에 아무런 영향을 미치지 않는다. 인내, 친절, 진실성, 선의, 평화, 조화, 이웃을 향한 사랑은 절대 나이 들지 않는 자질이자 성품이다. 삶에서 이러한 성품을 계속 유지한다면 정신적 젊음을 늘 유지할 것이다.

퇴행성 장애가 나타나는 이유는 꼭 나이 때문만은 아니다. 몸과 마음에 해로운 노화 현상을 일으키는 것은 세월 그 자체가 아니라 세월을 향한 두려움이다. 세월이 미칠 영향을 과도하게 두려워하는 것이 실제로 조기 노화의 원인일 수도 있다.

수년간 강연자로 살면서 나는 평균수명보다 오래 살며 생산적인 활동을 계속한 유명인들의 전기를 연구할 기회를 누렸다. 내가 연구한 사람 중에는 노년기에 접어들어서야 처음으로 위대한 업적을 달성한 이도 있었다. 딱히 유명하지는 않지만, 나이가 들었다고 해서 꼭 몸과 마음의 창조력이 파괴되지는 않는다는 사실을 보여 준 수많은 사람을 만난 것도 내게 큰 복이었다.

삶에 대한 자기 생각 속에서 늙다

몇 년 전 영국 런던에 사는 오랜 친구의 집을 방문한 적이 있다. 친구가 막 여든 살이 되었을 때였다. 80세 생일을 맞았다는 사실에 기뻐하는 사람도 많은데 안타깝게도 친구는 그러지 못했다. 나는 다시 만난 친구를 보고 큰 충격을 받았다. 친구는 크게 쇠약해 보였다. 의사들은 친구에게 특별한 건강상 문제는 없다고 했지만 친구는 심지어 아파 보이기까지 했다. 친구가 말했다.

"의사들은 전부 멍청이야. 내 병이 뭔지는 내가 잘 알지. 삶 자체가 내 병이라고."

나는 친구에게 무슨 말이냐고 물었다. 친구가 소리쳤다.

"나를 원하거나 필요로 하는 사람은 아무도 없어. 그리고 사람들이 나를 찾을 이유도 없지. 나는 아무짝에도 쓸모없잖아. 사람은 태어나서 자라고 늙어서 죽어. 그게 이야기의 끝이야."

어떤 면에서 친구는 자신의 병을 정확히 파악하고 있었다. 친구는 삶 때문이 아니라 삶을 바라보는 시선 때문에 아팠다. 자기가 쓸모없고 무가치하다는 정신적 태도가 그를 아프게 했다. 친구는 그저 늙기만을 바랐다. 사실 친구는 삶에 대한 자신의 생각 속에서 늙어 갔다. 그의 잠재의식은 그가 기대하고 꿈꾸는 모든 것을 보여 줬다.

안타깝게도 불행한 내 친구와 같은 태도로 살아가는 사람이 많다. 이들은 '고령'이 끝, 종말을 뜻한다고 생각하며 두려움에 빠진다. 사실 이들은 삶을 두려워하는 것이다. 그러나 삶에는 끝이 없다. 나이는 시간의 흐름이 아니라 지혜의 여명이다.

지혜는 잠재의식의 힘을 인지하는 능력이자 충만하고 행복한 삶을 사는 데 그 힘을 적용할 줄 아는 능력이다. 65세, 75세, 85세라는 나이가 삶의 끝을 뜻한다는 생각을 머리에서 떨쳐 내라. 고령은 영광과 성취, 활력과 생산이라는 패턴을 보이며 그 어느 때보다도 더 충만하게 사는 삶의 시작점이 될 수도 있다. 이를 믿고 기대하라. 그러면 잠재의식이 이를 현실로 이뤄 줄 것이다.

노화는 인생의 다음 단계를 위한 과정

고령은 비극적인 현상이 아니다. 사람들이 '노화'라고 부르는 현상의 진정한 의미는 변화다. 변화를 기쁘고 반갑게 맞아들여야 한다. 인생의 모든 과정은 끝없는 길로 향하는 다음 단계다. 우리에게는 신체적 힘의 한계를 뛰어넘는 엄청난 힘, 오감의 한계를 뛰어넘는 엄청난 감각이 있다.

삶은 영적이며 영원하다. 삶은 늙지 않기 때문에 우리도 늙지 않는다. 삶은 자기 재생적이고 영원불멸한다. 이는 모든 사람에게 적용되는 이치다.

전기의 마법사 토머스 에디슨에게 한 여성이 물었다.

"에디슨 씨, 전기란 무엇인가요?"

에디슨이 답했다.

"부인, 전기는 전기입니다. 전기를 쓰세요."

전기는 우리가 완전히 이해하지 못하는 무형의 힘에 우리가 붙인 이름이다. 하지만 누구나 전기의 원리를 이해하고 전기를 쓸 수 있다. 전기는 여러 방면에서 쓰인다.

과학자들은 눈에 보이지 않는 전자를 과학적 요소라고 인정한다. 여러 실험에서 전기의 존재가 유효하게 증명되었기 때문이다. 생명은 눈에 보이지 않지만, 우리는 우리가 살아 있음을 안다. 생명은 생명이다. 우리는 생명의 아름다움과 영광을 표현하기 위해 존재한다.

마음과 영혼은 늙지 않는다

유아기, 청소년기, 청년기, 장년기, 노년기라는 세상의 순환을 생각하거나 믿는 사람은 삶에 끝이 있다는 사실에 애석해한다. 이런 사람에게는 정신적 지주도 희망도 비전도 없다. 이런 생각을 하는 사람에게 삶은 아무런 의미도 없다.

이런 믿음은 모든 신경, 정신적 장애의 원인이 되는 좌절, 침체, 냉소, 무력감을 일으킨다. 어릴 때만큼 빠르게 테니스공을 치거나 수영할 수 없다면? 몸의 움직임이 둔해져 걸음이 느려진다면? 삶은 그 자체로 늘 새로워진다는 사실을 기억하라. 사람들이 죽음이라 부르는 것은 삶의 다른 차원에 있는 새로운 도시로 향하는 여정에 불과하다.

나는 내 강연을 들으러 오는 모든 사람에게 우리가 '고령'이라고 부르는 것을 품위 있게 받아들여야 한다고 말한다. 나이 자체에 영광, 아름다움, 지혜가 깃들어 있다. 평화, 사랑, 기쁨, 아름다움, 행복, 지혜, 선의, 이해는 절대로 늙거나 죽지 않는 성품이다.

"우리는 달리 헤아릴 것이 없을 때까지 사람의 나이를 헤아리지 않는다."

시인이자 사상가인 랠프 월도 에머슨의 말이다. 내가 지닌 성격, 마음의 성품, 믿음, 신념은 쇠퇴하지 않는다.

나는 내가 생각하는 만큼 젊다

런던에서 열린 내 강연을 들은 한 외과 전문의가 내게 말했다.

"저는 여든네 살입니다. 매일 아침 수술을 집도하고 오후에는 환자를 방문 진료합니다. 저녁에는 의학·과학지 기고문을 쓰지요."

그는 스스로 생각하는 만큼 쓸모 있으며, 젊다는 듯한 태도로 삶을 살았다. 그가 말을 이었다.

"박사님 말씀이 맞습니다. 사람은 자기가 생각하는 만큼 강하고, 자기가 생각하는 만큼 가치 있습니다."

이 외과 의사는 나이에 굴복하지 않았다. 그는 자신이 불멸의 존재라는 것을 알고 있다. 그가 말했다.

"내일 이 세상을 떠난다면 다른 차원에서 환자를 돌보고 치료할 겁니다. 그때는 메스를 들고 외과 수술을 하는 게 아니라 정신과 영혼을 치료하는 수술을 하고 있겠지요."

"이 일을 하기에는 내 나이가 너무 많지"라는 생각 때문에 기회를 놓치지 마라. 이 생각은 마음의 침체와 죽음을 부른다. 삶이 끝났다고 생각한다면 잠재의식이 그 믿음을 받아들여 실제로 삶을 끝낼 것이다. 어떤 사람은 30세에 다 늙어 버리지만 어떤 사람은 80세에도 젊음을 유지한다. 마음은 숙련된 방직공, 건축가, 디자이너, 조각가다. 극작가 조지 버나드 쇼는 90세에도 활발히 희곡을 썼다. 그의 마음은 나이에 얽매이지 않고 예술적 재능을 발휘했다.

나는 40세가 넘은 나이를 밝히는 순간 고용주들이 눈앞에서 문을 닫아 버리다시피 한다고 말하는 사람들을 만난다. 고용주들의 이런 반응은 연민과 이해가 전혀 없는 냉정하고 냉담한 행동이다.

나이가 35세 미만이어야 취업할 수 있다고 말하는 사람이 있는가? 허울만 좋은 얄팍한 말이다. 이런 깊이 없는 생각을 멈춘다면 고용주들은 흰머리가 난 나이 든 구직자들이 오히려 삶이라는 시장에서 수년간 일하며 얻은 재능과 경험, 지혜를 발휘해 열심히 일할 것이라는 사실을 깨달을 것이다.

나이는 황금률의 원칙, 사랑과 선의의 법칙을 실천하고 적용했다는 증거이기 때문에 모든 조직에서 탁월한 자산으로 인정받아야 한다. 나이 든 사람의 흰머리는 더 큰 지혜, 더 뛰어난 기술, 더 높은 이해심의 증거로 인정받아야 한다. 정서적, 영적 성숙함은 어느 조직에서든 크나큰 축복으로 환영받아야 한다.

65세가 되었거나 그보다 더 늙었다는 이유로 외면받는 사람은 없어야 한다. 노년기에 접어든 사람은 인간관계에서 일어나는 문제를 처리하고 미래 계획을 세우고 의사결정을 내리고 비즈니스의 본질을 경험하며 얻은 통찰력을 활용해 창의적인 아이디어를 내며 다른 사람을 이끄는 일을 가장 유능하게 해낼 수 있는 삶의 시기에 접어든 사람이다.

젊음은 과연 좋기만 할까?

할리우드 영화 대본 작가가 내게 말했다.

"더는 이 일을 못 하겠어요! 이 업계에서 수년 동안 일류 작가로 일했습니다. 제 일을 업계의 그 누구보다 잘 알고 있어요. 전 세계 영화제에서 상도 받았어요."

"그런데 뭐가 문제죠?"

나는 어리둥절해 물었다. 그가 두 손을 번쩍 들며 말을 이어 갔다.

"지난번 대본 회의에서 30대인 스튜디오 임원이 제가 요즘 관객의 취향을 못 따라간다고 하더군요. 제 의견을 피력해 보려고 했는데, 그 임원이 하는 말이 10대 소년들의 성격과 취향을 반영하지 못하는 대본은 필요가 없대요. 그래서 그냥 회의실을 나왔습니다."

슬픈 현실이다. 깊이 없는 콘텐츠만 즐기는 대중이 어떻게 정서적, 영적으로 성숙할 수 있겠는가? 이는 마음속에 잠재된 자기 계발의 가능성을 보지 못하도록 대중의 눈을 가리는 짓이나 다름없다. 사실 청년기는 경험과 변별력, 판단력 부족으로 요약할 수 있는 시기인데도 사회는 젊음을 찬미하라고 말한다.

60세 이상인 사람 중 젊음을 유지하고 싶어 안달인 이들이 많다는 걸 안다. 이들은 최신 유행하는 약을 먹고, 다이어트를 하며, 텔레비전 예능 프로그램에 소개된 쓸데없는 운동법을 따라 한다. 돈이 많은 사람은 고급 피부 관리실에서 관리를 받고, 지방 흡입술이나 미용 목적의 성형 수술까지 받는다. 이런 사람들은 부질없는 말을 계속 외친다.

"보세요, 나 아직 젊다니까요!"

다이어트를 하거나 종합비타민을 먹고 온갖 시술을 받는다고 해서 젊음이 유지되는 것은 아니다. 젊음과 노화는 생각에 달려 있다. 잠재의식은 생각에 따라 작동한다. 아름답고 우아하고 선한 생각을 계속한다면 신체 나이에 상관없이 영적으로 젊음을 유지한다.

나이 드는 것을 두려워하지 마라

욥은 "내가 두려워하는 그것이 내게 임한다"라고 말했다. 많은 사람이 나이 드는 것을 두려워한다. 이들은 나이가 들수록 정신적, 신체적으로 쇠락할 것이라 믿기 때문에 미래에 대해 확신하지 못한다. 이들의 생각과 느낌은 현실로 이뤄진다.

삶을 향한 흥미를 잃고 꿈꾸기를 멈출 때, 새로운 세계를 탐험하기를 멈출 때 노화가 시작된다. 마음을 열어 새로운 아이디어와 새로운 관심사를 받아들이고, 마음속 빗장을 거둬 삶과 우주의 새로운 진리를 전하는 햇살과 영감을 안으로 들일 때 영원한 젊음과 활력이 찾아온다.

나이가 65세든 95세든 상관없이 베풀 것은 많다는 점을 깨달아야 한다. 나이 든 사람은 젊은 세대를 안정시키고 이들에게 조언을 베풀며 이들을 이끌어 줄 수 있다. 지식과 경험, 지혜를 젊은이에게 나눠 줄 수도 있다. 무한한 삶을 바라보는 사람은 늘 앞을 내다볼 수 있다. 이런 사람은 자신이 삶의 영광과 경이를 끝없이 보여 줄 수 있다는 사실을 알 것이다. 매일 새로운 것을 배우려고 한다면 늘 젊은 마음을 유지할 수 있다는 사실을 깨달을 것이다.

인도에서 강연할 때 110세의 현지인을 소개받은 적이 있다. 그의 얼굴은 내가 본 사람의 얼굴 중 가장 아름다웠다. 내면에서 뿜어나온 빛이 그의 얼굴을 아름답게 변화시킨 것 같았다. 그의 두 눈도 보기 드물게 아름다웠다. 그가 기쁘게 나이를 먹었으며, 그의 마음속

빛은 전혀 어두워지지 않았다는 것이 생생하게 보였다.

은퇴는 새로운 모험의 시작이다

내 마음은 은퇴하는 법이 없다고 확신하라. 마음은 펼치지 않는 이상 쓸 곳이 없는 낙하산과 같다. 마음을 열고 새로운 아이디어를 받아들여라. 65~70세에 은퇴한 사람들을 본 적이 있다. 이들은 기력이 쇠퇴하더니 몇 달 만에 세상을 떠났다. 이들은 은퇴 후 자기 삶이 끝났다고 생각했다. 현실은 이들이 생각한 대로 이루어졌다.

은퇴는 새로운 모험, 새로운 도전, 새로운 길의 시작이 될 수 있다. 오랫동안 꿈꿔 온 일을 달성하기 위한 시작이 될 수 있다. "내가 은퇴하고 할 일이 뭐 있겠어?"라는 말은 형언할 수 없을 정도로 우울한 말이다. 이런 말을 하는 사람은 사실 "나는 정신적으로나 신체적으로 죽은 사람이야. 이제 내 마음속에는 아이디어가 없어"라고 말하는 것과 같다.

이는 잘못된 생각이다. 60세에 이룬 것보다 더 많은 것을 90세에 이룰 수 있다. 이것이 진리다. 매일 새로운 것에 관심을 두고 연구하면 삶과 우주에 관한 지혜가 넓어져 더 많은 것을 이해할 수 있기 때문이다.

회사를 졸업하고
새로운 삶에 입학하다

내 지인 프랭크는 직장에서 쫓겨날 위기에 처했다. 회사에서는 새로운 구조조정 계획에 따른 결정이라 했지만, 그는 자신이 65세가 되었기 때문에 해고되는 것이라 믿었다.

"차별받는 피해자가 되어 속상한가요? 회사를 고소할 겁니까?"

내가 묻자 그가 씁쓸히 웃었다.

"그럴 수도 있겠지요. 법정에 가면 손쉽게 승리할 것 같기도 합니다. 하지만 그런 일에 시간과 에너지를 허비할 필요가 있겠어요? 내가 직업을 잃은 게 아닙니다. 회사가 나라는 인재를 잃은 것이지요."

그가 잠시 말을 멈췄다가 다시 덧붙였다.

"어떻게 보면 유치원을 졸업하고 초등학교 1학년으로 입학한 것 같기도 합니다."

"무슨 말씀인가요?"

"예를 들어 볼게요. 저는 고등학교를 졸업한 뒤 사다리를 한 계단 올라 대학교에 입학했어요. 한 단계 더 높은 교육을 받으며 삶의 전반에 대한 이해도를 한층 더 높인 거죠. 대학교를 졸업한 뒤 회사에 들어가 일을 시작하면서 사다리의 한 계단을 더 높이 올라갔어요. 여러 계단을 올라갔다고 할 수도 있겠네요. 이제 자유로워졌으니 그동안 하고 싶었던 일을 할 수 있어요. 즉 해고당한 것도 인생이라는 사다리를 한 계단 더 오른 것이라고 볼 수 있지요."

프랭크는 더는 밥벌이에 열중하지 않겠다는 현명한 결정을 내렸다. 이제 그는 자신의 삶을 사는 데 전념할 준비가 되어 있었다. 그는 수년 전부터 취미로 사진을 촬영했다. 그는 집 근처 예술 교육 기관에서 촬영기법 수업을 들었다. 이후 그는 세계 여행을 떠나 각 여행지에서 수십 장의 사진을 찍었다. 오늘날 그는 여러 기관과 클럽으로부터 강연 요청을 끝없이 받고 있다.

주변의 가치 있는 일에 관심을 두는 방법은 무궁무진하다. 새로운 창의적 아이디어에 열광하고 영적인 발전을 이루면서 계속 배우고 성장하라. 늘 새로운 진리를 배우려 한다면 항상 젊은 마음을 유지할 것이다. 마음이 젊으니 몸도 그런 마음 상태를 반영해 젊음을 유지할 것이다.

고용상 나이 차별금지법은 올바른 방향을 향한 발전이다. 그러나 법을 제정한다고 해서 사람들의 사고방식이 완전히 바뀌지는 않는다. 65세 중 누군가는 30세인 사람보다 정신적·육체적·생리학적으로 더 젊을 수도 있다. 우리는 스스로 맺은 노동의 결실을 누리기 위해 존재한다. 나이 들었으니 게으르게 살라는 형벌을 선고받은 사회의 죄수가 아닌, 무언가를 창조하는 생산적인 사람으로 살기 위해 존재한다.

인체는 시간이 지날수록 점점 느려지지만, 현재의식은 잠재의식에서 영감을 얻어 더욱더 활동적이고 기민해지며 더욱 큰 활기와 활력을 발휘할 수 있다. 실제로 마음은 절대 늙지 않는다.

긴 인생의 비전을 그려라

젊음을 되찾으려면 나라는 존재에 흐르는 잠재의식의 기적적인 치유력과 자기 재생력을 느껴라. 영감이 넘치고 정신적으로 고양되며 활기와 활력이 넘치고 영적으로 재충전된 자신의 모습을 알고 느껴라. 나는 젊었을 때처럼 열정과 기쁨으로 넘치는 삶을 살 수 있다. 정신적으로나 감정적으로 즐거웠던 그 상태를 되찾는 것은 언제나 가능하기 때문이다.

신성한 지성이 내 머리 위를 비추며 내가 알아야 할 모든 것을 보여 준다. 신성한 지성은 여러 모습으로 나타나 내 안에 선함이 존재한다는 사실을 스스로 확언하도록 도와준다. 새벽이 밝으면 그림자가 사라진다는 것을 아는 잠재의식의 인도를 받으며 걸어라.

"나는 늙었어"라는 말 대신 "나는 신성한 삶의 길 위에서 지혜로워"라고 말하라. 기업 보고서나 신문 기사, 통계 자료에서 고령, 쇠락, 노쇠, 노망, 노년의 무용성에 대해 늘어놓는 말은 모두 거짓이니 거부하라. 이런 선동에 넘어가지 마라. 죽음이 아니라 삶을 확언하라. 행복하고 빛나고 평온하고 튼튼한 자신의 모습을 담은 비전을 그려라.

미국 심장전문의 마이클 드베이키 박사는 1932년 최초의 심장용 롤러 펌프를 개발해 심장 수술의 새 지평을 열었다. 90세의 나이에 드베이키 박사는 중증 환자의 흉부에 이식할 수 있는 작은 펌프를 발명하기 위한 임상 시험 허가를 받아 냈다. 박사는 연구 활동에만 만족하지 않고 수술도 활발히 집도했다. 한 동료는 "다른 사람이라면 인생을 대여섯 번 살면서 했을 일을 그는 이번 생에 모두 해냈다"라고 말했다.

90세 때 박사는 자신의 철학을 이렇게 요약했다.

"하고 싶은 일에 도전할 신체적, 정신적 능력이 있는 한 활력과 활기 넘치는 삶을 살 수 있다."

내 아버지는 65세에 프랑스어를 배워 70세에 프랑스어 권위자가 되었다. 60세가 넘었을 때 게일어를 배우기 시작해 유능한 게일어 교사가 된 아버지는 99세에 세상을 떠나기 전까지 고등 교육 기관에서 누나를 도와 일했다. 사실 아버지의 언어적 추리력은 나이가 들수록 더욱더 날카로워졌다. 진정 사람은 자신이 생각하고 느끼는 만큼 늙는다.

우리에게는 인생 선배가 필요하다

고대 로마의 정치인 마르쿠스 포르키우스 카토는 80세에 그리스어를 배웠다. 오스트리아 출신의 미국 알토 가수 에르네슈티네 슈만 하잉크는 손주를 본 뒤 가수로서 커리어의 정점을 찍었다.

80세 때 그리스 철학자 소크라테스는 악기를 배웠고, 미켈란젤로는 가장 위대한 작품을 그렸다. 마찬가지로 80세 때 케오스 시모니데스는 시인상을 받았고, 괴테는 역작 《파우스트》를 완성했다. 역사가 레오폴트 폰 랑케는 80세에 《세계사》를 집필하기 시작해 92세에 완성했다.

영국 계관시인 앨프리드 테니슨 경이 〈모래톱을 넘어서〉라는 아름다운 시를 쓴 건 83세 때였다. 아이작 뉴턴은 나이가 85세에 가까워질 때까지 연구에 매진했다. 감리교를 창시한 존 웨슬리 목사는 88세에도 목회 활동을 계속하며 신도들을 이끌었다.

프랑스 아를 출신 잔 루이즈 칼망은 앞서 소개한 위인들만큼 유명한 인물은 아니다. 젊은 시절 유명 화가 빈센트 반 고흐를 만난 적이 있지만, 이 일 때문에 명성을 얻지는 않았다. 칼망이 100세를 넘기고도 건강하게 사는 '슈퍼센티네리언'이 되자 사람들은 그에게 관심을 두기 시작했다. 칼망은 100세가 되어서야 매일 자전거 타는 일을 포기해야 했다!

110세 생일날 칼망은 전 세계 사람들에게 축하를 받았다. 118세 생일을 맞은 날에는 인류 역사상 가장 장수한 사람이 되었다. 장수의 비결을 묻는 질문에 칼망은 이렇게 답했다.

"나는 할 수 있을 때마다 즐겁게 지냈어요. 매사에 분명하고 도덕적으로 행동하며 후회는 남기지 않았지요. 나는 참 운이 좋습니다."

122세의 나이에 칼망은 주위 사람들마저도 웃게 하는 특유의 환한 미소를 띤 채 세상을 떠났다.

인생 선배들에게 더 높은 지위를 부여하자. 이들이 살면서 천국의 꽃을 피워 낼 기회를 주자. 은퇴했다면 삶의 법칙과 경이로운 잠재의식에 관심을 기울여라. 늘 하고 싶었던 일을 하라. 새로운 분야를 공부하고 새로운 아이디어를 연구하라.

고령은 사실 가장 높은 관점에서 진리를 묵상할 수 있는 시기다. 삶이라는 끝없이 멈추지 않고 지치지도 않는 바다 위에서 끝나지 않는 중요한 여정을 이어가는 시기가 바로 노년기라는 사실을 깨달아라. 나는 끝없이 무한한 삶이 낳은 아이이며 영원의 계승자다.

- 인내, 친절, 사랑, 선의, 기쁨, 행복, 지혜, 이해는 절대 나이 들지 않는 성품이다. 이러한 성품을 함양하고 표현해 젊은 몸과 마음을 유지하라.
- 세월이 미칠 영향을 두려워하는 것이 조기 노화의 원인일 수 있다.
- 나이는 시간의 흐름이 아니라 인간의 마음속에 있는 지혜의 여명이다.
- 65~95세 시기에 삶에서 가장 생산적인 시기를 보낼 수도 있다.
- 세월을 기쁘고 반갑게 맞아들여라. 나이 든다는 것은 삶의 끝없는 길에서 더 멀리 나아가고 있다는 뜻이다.
- 마음은 눈에 보이지 않지만 우리는 마음이 존재하는 것을 안다. 정신은 보이지 않지만 우리는 스포츠 정신, 예술가의 정신, 음악가의 정신, 연사의 정신이 실재하는 것을 안다. 마찬가지로 내 마음속의 선함, 진리, 아름다움의 정신도 실재한다. 삶은 눈에 보이지 않지만 나는 내가 살아 있음을 안다.
- 고령은 가장 높은 관점에서 진리를 묵상할 수 있는 시기다. 노년기의 기쁨은 청년기의 기쁨보다 크다. 노년기에 접어든 사람의 마음은 영적, 정신적 운동을 한다. 노년기에 접어들어 몸이 느려지는 이유는 신성한 것에 대해 명상할 기회를 얻기 위해서다.
- 우리는 그 사람에 대해 더 이상 헤아릴 것이 없을 때 그제서야 나이를 묻는다. 내가 지닌 성격, 마음의 성품, 믿음, 신념은 쇠퇴하지 않는다.
- 나는 내가 생각하는 만큼 젊다. 나는 내가 생각하는 만큼 강하다. 나는 내가 생각하는 만큼 쓸모 있다.

- 흰머리는 자산이다. 나이 든 사람은 흰머리를 파는 게 아니라 수년간 일하며 얻은 재능과 능력, 지혜를 판다.
- 다이어트를 하거나 비싼 약을 먹는다고 해서 젊음이 유지되지 않는다.
- 고령에 대한 두려움이 신체적·정신적 악화를 야기할 수 있다. "내가 두려워하는 그것이 내게 임한다."
- 꿈꾸는 것을 멈추고 삶을 향한 관심을 잃으면 늙기 시작한다. 짜증 내고 심술부리며 불평하면 늙기 시작한다. 마음을 진리로 채우고 사랑이라는 햇빛을 발산하라. 이것이 젊음이다.
- 무한한 삶을 바라보는 사람은 늘 앞을 내다본다.
- 은퇴는 새로운 모험이다. 새로운 것을 공부하고 새로운 일에 관심을 가져라. 밥벌이하느라 바빴던 시절 늘 하고 싶었던 일을 이제 할 수 있다. 내 삶에 집중하라.
- 사회라는 감옥의 죄수가 아닌, 사회의 생산자가 돼라. 내 재능을 마음껏 자랑하라.
- 젊음의 비밀은 사랑, 기쁨, 내면의 평화, 웃음이다.
- 나는 필요한 사람이다. 위대한 철학자, 예술가, 과학자, 작가를 비롯한 많은 위인은 80세가 넘어 위대한 업적을 달성했다.
- 나이가 들면 사랑, 기쁨, 평화, 인내, 온유, 선함, 신앙, 유순함 그리고 절제라는 열매를 맺는다.
- 나는 끝없이 무한한 삶이 낳은 아이이며 영원의 계승자다. 나는 훌륭한 사람이다!

부록 | 잠재의식 에센셜 노트 71

1 잠재의식은 언제나 생명을 향해 움직인다. 그러므로 현재의식에만 집중하면 된다. 진실이라고 믿는 전제를 잠재의식에 채워라. 잠재의식은 마음의 습관적인 패턴을 재현한다.

2 믿는 대상이 진짜건 가짜건 결과를 얻을 것이다. 잠재의식은 마음속 생각에 반응한다. 결과를 얻으려면 믿음을 마음속에 있는 생각이라고 여기는 것만으로도 충분하다.

3 잠재의식에 새로운 청사진을 그려 새로운 나로 거듭날 수 있다.

4 잠재의식은 현재의식이 진실이라고 믿는 것을 받아들여서 실현한다.

5 명확한 계획을 세워 잠재의식이 요구를 충족하고 소망을 이룰 수 있게 하자.

6 무슨 일이 있어도 "나는 못 해"라고 말하지 마라. 그 대신 "나는 잠재의식의 힘으로 뭐든지 할 수 있다"라고 말함으로써 해내지 못하리라는 두려움을 극복하라.

7 질병이 나에게 상처를 주거나 해를 끼칠 수 있다고 믿는 건 어리석은 일이다. 온전한 건강과 번영, 평화, 부를 누릴 수 있는 길을 인도해 주리라 믿어라.

8 모든 질병은 마음에서 비롯된다. 정신적인 사고 패턴이 몸의 병을 만들어 낸다.

9 몸을 치유하는 유일한 과정은 믿음이고, 그 치유력은 바로 잠재의식에 있다.

10 나를 치유하는 것이 무엇인지 알아보자. 잠재의식에 올바른 지시를 내리면 마음과 몸이 치유되리라는 것을 깨달아야 한다.

11 믿음은 땅에 심은 씨앗과 같다. 콩 심은 데 콩 나고 팥 심은 데 팥 난다. 씨를 뿌리듯 마음에 아이디어를 심고 물과 비료를 주듯 기대감을 품으면 아이디어가 실현된다.

12 마음의 건설자가 되어 이미 검증된 기술을 활용해 더 의미 있고 더 멋진 인생이라는 건물을 지어 보자.

13 사랑하는 사람이 병으로 고통받고 있다면, 그를 위해 기도할 때 우선 마음을 차분히 하라. 사랑하는 사람이 건강하고 활력이 넘치며 완벽한 상태에 있다고 생각하면 상대방은 우주의 주관적인 마음을 통해 그 생각을 느낄 수 있고, 이는 곧 마음에 나타난다.

14 자연의 힘은 언제나 선하므로 마음도 악하지 않다. 중요한 건 자연의 힘을 어떻게 사용하느냐다. 마음으로 모든 사람을 축복하고 치유하며 영감을 주어라.

15 몸은 11개월마다 다시 탄생한다. 생각을 바꾸고 바꾼 생각을 유지함으로써 몸을 변화시켜 보자.

16 마음이 편안한 상태에서 아이디어를 받아들이면 잠재의식이 작용해 아이디어를 실현한다.

17 졸린 상태에서 잠재의식과 현재의식은 갈등을 피하려고 한다. 그러니 잠들기 전에 원하는 것이 계속 이루어지는 상상을 몇 번이고 반복하라. 편안하게 잠들고 기쁜 마음으로 잠에서 깨어나라.

18 좌절하는 이유는 내면에 충족되지 않은 욕망이 남아 있어서다. 현재의식에 장애물이나 사고를 방해하는 요소가 있다면 잠재의식도 장애물이 있는 것처럼 반응한다. 좋은 일을 스스로 가로막고 있는 셈이다.

19 마음이라는 숨겨진 무대에 올리는 생각만으로도 빛나는 건강과 성공, 행복을 손에 넣을 수 있다.

20 정신과학을 정확하게 사용하면 손쉽게 소망을 이룰 수 있다.

21 의식적으로 확언한 내용을 잠시 후 마음속에서 부정해서는 안 된다. 그러면 확언한 내용이 무효가 된다.

22 시대를 막론하고 위인들의 비밀병기는 잠재의식의 힘을 펼치는 능력이었다. 우리도 똑같이 할 수 있다.

23 의식적으로 확언하는 내용과 진실하다고 느끼는 것은 몸과 마음에 나타나고 사건으로 구현된다. 긍정적인 내용을 확언하면 삶의 기쁨을 누릴 수 있다.

24 상상력은 가장 강력한 능력이다. 사랑스럽고 평판이 좋은 사람을 상상해 보라. 내가 상상하는 모습이 곧 내가 된다.

25 잠재의식의 인도는 감정이고 내면의 인식이며 내가 아는 것을 알고 있다는 압도적 예감이다. 인도는 내면의 촉감이다. 단순한 믿음을 갖고 인도를 따라라.

26 확언이란 그것이 원래 그렇다고 말하는 것이다. 설령 정반대의 증거가 있다고 할지라도 확언한 내용이 사실이라는 마음가짐을 유지하면 기도의 응답을 받는다.

27 잠재의식의 도움을 확실하게 얻어 쉽게 부자가 되어 보자. 이마에 땀을 흘리며 열심히 일해서 부를 축적한다면 무덤에서야 부자가 될 수 있을 것이다.

28 부란 잠재의식의 신념이다. 부유해지리라는 생각을 마음에 심고 키워 나가자.

29 마음에 품고 있는 아이디어가 진정한 부의 원천이다. 나는 수억 원어치의 아이디어를 가지고 있다. 잠재의식은 내가 찾고 있던 아이디어를 줄 것이다.

30 부를 가로막는 장벽은 내 마음속에 있다. 모든 사람과 정신적으로 좋은 관계를 맺음으로써 지금 당장 장벽을 치워 버리자.

31 현재의식과 잠재의식은 궤를 같이해야 한다. 잠재의식은 진짜라고 느끼는 것을 받아들인다. 언제나 현재의식을 지배하는 아이디어나 믿음을 받아들이는 것이다. 그래서 지배적인 아이디어는 가난이 아니라 부가 되어야 한다.

32 "나는 내가 몸담은 분야에서 쉴 새 없이 번영하고 있습니다"라고 자주 확언함으로써 내면의 갈등, 즉 잠재의식과 현재의식의 갈등을 해소할 수 있다.

33 시기와 질투는 부가 흘러들어 오는 걸 막는 장애물이다. 다른 사람이 잘되면 기뻐하라.

34 "더러운 부자"나 "돈을 경멸한다"라고 말하지 마라. 비판하는 대상은 잃기 마련이다. 돈 자체는 좋지도 나쁘지도 않다. 좋다고 생각하면 좋고, 나쁘다고 생각하면 나쁘다.

35 감사하는 마음은 우주의 부와 가까이 있다는 걸 기억해야 한다.

36 "매출이 날마다 늘고 있습니다. 나는 매일 발전하고 진보하며 어제보다 부자가 되고 있습니다"라는 말을 거듭 반복하면 매출이 증가한다.

37 "돈이 충분히 돌지 않아요" "돈이 모자라요" 등의 말을 하는 것은 금액이 기재되지 않은 백지 수표에 서명하는 것과 같다. 그런 말은 손실을 몇 배로 증가시킬 뿐이다.

38 많은 사람이 충분한 돈을 벌지 못하고 수입과 지출 간의 균형을 겨우 맞추며 살아가는 이유는 돈이 나쁘다고 생각하기 때문이다. 무언가를 비난하면 그것은 날개를 달고 멀리 날아가 버린다.

39 소망이 틀림없이 성취되리라고 예견할 때 밀려오는 기쁨과 안도를 느껴 보자. 마음속에 그린 그림 모두는 내가 소망하던 것의 실체이자 보이지 않는 것이 존재한다는 증거다.

40 고대부터 전해 내려오는 문헌, 사원, 화석 등 과거의 여러 흔적을 연구하는 학자들은 과거 장면을 소생시켜 현재에 살아나게 만들 수 있다. 학자들의 잠재의식이 그 일을 도와준다.

41 당혹, 혼란, 두려움을 느끼고 어떤 결정을 내려야 할지 모르겠을 때는 내면의 인도자가 모든 길에서 나를 이끌고 안내해 줄 것이라는 사실을 기억하라. 내면의 인도자는 내게 완벽한 계획을 제시하며 내가 가야 할 길을 보여 줄 것이다.

42 잠재의식은 기대하지 않은 방식으로 나에게 답한다. 서점에 이끌려 들어가 고른 책에서 그토록 원하던 답을 찾게 될 수도 있고, 문제에 대한 답을 제공하는 대화를 우연히 듣게 될 수도 있다. 해답은 예상치 못한 수많은 방식으로 다가온다.

43 잠재의식은 잠드는 법이 없다. 잠재의식은 늘 일하며 생체기능을 조절한다.

44 어떤 문제라도 잠들기 전 잠재의식의 스크린에 그 문제를 띄워 놓으면 잠재의식이 응답해 줄 것이다.

45 잠재의식은 기억 창고다. 잠재의식에는 어린 시절부터 모든 경험이 기록되어 있다.

46 마음은 여러 생각과 결혼한다. 결혼이라는 것은 사실 여러 믿음, 의견, 개념, 신조, 이론, 신념과 정신적·감정적으로 하나가 되는 것이다. 심리학적 관점에서 보면 결혼 상대는 내 생각이자 자기개념, 자기평가, 청사진이다.

47 솔직함, 진정성, 다정함, 진실성은 모두 사랑의 양상이다. 부부는 지극한 솔직함과 진정성을 갖고 서로를 대해야 한다.

48 사랑하고 싶다면 다음 확언을 자주 활용하라. "사랑, 지혜, 조화가 지금 나를 통해 발현되고 있습니다. 내 삶은 평온하고 균형 잡혀 있습니다."

49 연인 관계나 부부 관계에서는 서로가 맞춰나가야 한다. 그렇다고 해서 연인이나 배우자를 바꿔야 한다는 뜻은 아니다. 상대방을 바꾸려 하면 상대방의 자존심과 자존감을 파괴하고 고집과 원망만 키워 관계가 파탄 난다.

50 잠재의식의 놀라운 힘을 발휘한다면 패배 상황에서도 승리하며 일어나 행복을 찾을 수 있다.

51 행복은 살 수 없다. 행복의 왕국은 생각과 느낌 안에 존재한다.

52 가장 행복한 사람은 자기 안에 있는 최대의 능력을 발휘하는 사람이다.

53 마음이 분열된 상태에서는 잠재의식이 활동할 수 없다는 점을 기억하라. 영원한 행복이 내 것이 되리라는 사실에 의구심을 품는다면 행복을 얻을 수 없다.

54 내게는 선택의 자유가 있다. 마음속에 담긴 온갖 것 중 건강, 행복, 평화, 풍요와 관련된 생각을 택해라. 그러면 모든 인간관계에서 엄청난 수확을 걷게 될 것이다.

55 숨겨진 재능을 세상에 떨치고 인류에 공헌하며 지혜와 진리, 아름다움을 세상 모든 사람에게 전하겠다는 인생의 목적과 목표를 방해할 힘을 그 누구에게도 주지 마라.

56 타인과 잘 지내는 법은 바로 사랑이다. 사랑은 이해하고 선의를 베풀며 타인의 신성을 존중하는 것이다.

57 용서의 진정한 의미는 자기 용서다. 용서는 신성한 조화의 법칙과 결을 같이하는 생각

을 하는 것이다. 자책은 지옥(구속과 제약)이며, 용서는 천국(조화와 평화)이다.

58 자기 자신이 원하는 조화, 건강, 평화 등 삶의 모든 축복이 타인에게도 함께하기를 진심 으로 기도하는 것이 용서다.

59 선하고 오래 가는 치유를 받기 위해서는 용서와 선의를 베푸는 정신 상태에 들어가야 한다.

60 생명은 원한을 품지 않는다. 생명은 언제나 용서한다. 자연과의 조화를 생각하며 협조 한다면 생명은 건강, 활력, 조화, 평화를 다시 가져다준다. 부정적이고 해로운 기억, 괴 롭고 나쁜 생각은 생명의 원칙이 내 안에서 자유롭게 흐르는 것을 방해한다.

61 자유와 마음의 평화에 관한 생각을 마음속 깊은 곳까지 받아들이면 잠재의식은 나쁜 습 관을 따르고 싶은 욕망에서 벗어나게 도와준다. 잠재의식의 도움을 받으면 마음이 어떻 게 작동하는지 새롭게 이해한다. 원하는 것을 표현하고 자신의 진정한 모습을 찾는 것 을 도와주는 무한한 자원이 내 안에 있음을 깨닫는다.

62 파괴적인 습관에서 벗어나고 싶다는 간절한 욕망을 갖기만 해도 이미 절반 이상 치유된 다. 나쁜 습관에서 벗어나겠다는 욕망이 그 습관을 그대로 두겠다는 욕망보다 커질 때 완전한 자유가 코앞까지 다가온다는 사실을 확인하면 매우 놀랄 것이다.

63 직장에서 승진하고 싶다면 고용주, 관리자 또는 사랑하는 사람이 승진을 축하하는 모습 을 상상하라. 현실처럼 생생하게 상상하라. 등장인물의 목소리와 행동까지 진짜처럼 느 껴지도록 상상하라. 머릿속에서 이 상상을 자주 떠올리면 기도에 응답을 받는 행복한 경험을 할 것이다.

64 인간의 가장 큰 적은 두려움이다. 실패, 질병, 나쁜 인간관계 등의 원인도 두려움이다. 수많은 사람이 과거, 미래, 고령, 노년기 정신 질환, 죽음을 두려워하지만 두려움은 마음 속 생각이다. 두려움을 느끼는 사람은 결국 자기 생각을 두려워하는 사람이다.

65 잠재의식은 제안을 잘 받아들인다. 잠재의식은 제안의 지배를 받는다. 침착하고 평안한 생각을 하면 현재의식의 생각이 잠재의식에 전해진다. 이는 여러 막을 통과한 다양한 종류의 액체가 서로 혼합되는 삼투 현상과 비슷하다고 볼 수 있다. 긍정적인 생각의 씨 앗을 잠재의식에 심으면 시간이 지날수록 그 씨앗이 쑥쑥 자라 침착하고 평온하며 고요

한 마음 상태에 들어간다.

66 비정상적인 두려움을 마주하면 즉시 관심을 당신이 원하는 것으로 돌려라. 욕망에 몰두하고 또 몰두해라. 주관적인 생각은 늘 객관적인 현실이 된다는 것을 기억해라. 이 태도를 가지면 자신감이 생기고 영혼이 고양될 것이다. 당신을 위해 움직이는 잠재의식의 무한한 힘은 실패할 수가 없다. 그러므로 평화와 확신은 당신 것이다.

67 두려운 마음이 불쑥 떠오를 때나 마음에 걱정, 불안, 의심이 싹틀 때는 상상과 목표에 집중해라. 생각과 상상을 만들어 내는 잠재의식의 무한한 힘을 생각하라. 잠재의식의 힘이 나에게 확신, 에너지 그리고 용기를 줄 것이다. 인내하며 계속해라. 날이 저물고 그림자가 사라질 때까지.

68 잠재의식은 나이 드는 법이 없다. 잠재의식은 세월이 흘러도 나이 들지 않으며 끝없이 영원하다. 잠재의식은 태어난 적이 없으며 죽지도 않는다.

69 "나는 늙었어"라는 말 대신 "나는 신성한 삶의 길 위에서 지혜로워"라고 말하라. 기업 보고서나 신문 기사, 통계 자료에서 고령, 쇠락, 노쇠, 노망, 노년의 무용성에 대해 늘어놓는 말은 모두 거짓이니 거부하라. 이런 선동에 넘어가지 마라. 죽음이 아니라 삶을 확언하라. 행복하고 빛나고 평온하고 튼튼한 자신의 모습을 담은 비전을 그려라.

70 나이 드는 것을 품위 있게 받아들여라. 나이에는 영광, 아름다움, 지혜가 깃들어 있다. 평화, 사랑, 기쁨, 아름다움, 행복, 지혜, 선의, 이해는 절대 늙거나 죽지 않는 성품이다.

71 은퇴는 새로운 모험, 새로운 도전, 새로운 길의 시작이 될 수 있다. 오랫동안 꿈꿔 온 일을 달성하기 위한 시작이 될 수 있다.

저자 소개

조셉 머피 박사는 1898년 5월 20일 아일랜드 카운티코크에 있는 작은 마을에서 태어났다. 그리고 엄격한 가톨릭 가정에서 자랐다. 그의 아버지 데니스 머피는 예수회 교육기관인 아일랜드 국립학교의 부제이자 교사였다. 아버지는 매우 독실한 신자였을 뿐 아니라 예수회 신학생들을 직접 가르친 몇 안 되는 평신도 교사 중 하나였다. 많은 주제에 대한 폭넓은 지식을 보유했던 그는 아들 조셉 머피에게 공부를 향한 열망을 불어넣었다.

당시 아일랜드는 경제 불황기를 겪고 있었기 때문에 많은 가정이 굶주림에 시달렸다. 데니스 머피는 일자리를 계속 유지하기는 했지만, 그의 수입은 가족을 겨우 부양할 수 있을 정도였다.

국립학교에 입학한 머피 박사는 우수한 학생이었다. 사제가 되라는 권유에 따라 박사는 예수회 신학대학교에 입학했다. 그러나 10대 후반이 되자 박사는 예수회의 가톨릭적 정통성에 의문을 품어 신학교를 중퇴했다.

박사는 새로운 아이디어를 탐구하며 더 많은 경험을 하겠다는 목표를 품었다. 보수적인 가톨릭 국가인 아일랜드에서는 이러한 목표를 추구하기 어려웠기에 박사는 가족을 떠나 미국으로 건너갔다.

머피 박사는 단돈 5달러만 손에 쥐고 뉴욕 엘리스 아일랜드 연방 이민국에 도착했다. 미국에서 지낼 곳을 찾아야 했던 박사는 운 좋게도 동네 약국에서 일하는 약사와 방을 함께 쓸 수 있었다. 아일랜드에 살던 시절 집과 학교에서는 모두 게일어를 썼기 때문에 머피 박사의 영어 실력은 그다지 뛰어나지 않았다. 그래서 대부분의 아일랜드 이민자처럼 박사도 일용 노동자로 일해서 집세와 밥값은 벌었다.

머피 박사의 룸메이트였던 약사는 좋은 친구가 되어 주었다. 그러다 친구가 일하던 약국에 약사의 조수로 자리가 생겨 일하기 시작했다. 이후 머피 박사는 학교에서 약학을 공부한 뒤 약사 자격증을 취득했다. 결국 그는 자신이 일하던 약국을 매입해 몇 년 동안 약국을 성공적으로 운영했다.

미국이 2차 세계대전에 참전하자 박사는 미군에 입대해 의료지원 부대에서 약사로 복무했다. 군 복무 기간 동안 그는 종교에 다시 관심을 두고 어마어마한 양의 책을 읽으며 여러 종교의 교리를 공부했다. 제대 후에는 약국으로 돌아가는 대신 미국 전역과 해외 여러 나라를 여행하며 다양한 대학에서 수많은 강의를 들었다.

공부를 하면서 아시아의 여러 종교에 매료된 박사는 좀더 심도 있게 공부하기 위해 인도로 건너갔다. 고대부터 현대에 이르는 위대한 동양 철학자들의 사상을 폭넓게 연구했다. 그 외에 머피 박사에게 가장 큰 영향을 미친 인물은 판사이자 철학자, 의사, 교수를 겸했던 토머스 트로워드 박사였다. 머피 박사는 트로워드 박사에게 철학, 신학, 법학을 배웠다.

여행을 마치고 미국으로 돌아온 머피 박사는 신사고 운동(New Thought Movement)을 지지했다. 신사고 운동은 19세기 후반에서 20세기 초반까지 발전한 운동으로, 삶을 바라보는 새로운 방식을 설교하고 저술하며 실천했다. 신사고 운동은 사람이 생각하며 생활하는 방식을 형이상학적·영적·실용적 접근 방식과 결합해 진정 원하는 것을 달성하는 비결을 밝혀냈다. 신사고 운동 지지자들은 새로운 사고방식을 따르면, 새로운 방법과 더 나은 결과를 끌어낼 수 있으며 삶을 풍요롭게 만들 수 있다고 설파했다.

물론 머피 박사가 이러한 긍정 메시지를 전파한 유일한 목사는 아니다. 당시 신사고 운동이 여러 철학자와 사상가의 지지를 받았던 만큼, 그 영향을 받은 여러 목사와 신도들은 2차 세계대전 이후 수십 년간 많은 교회를 세우고 발전시켰다.

그들의 행보를 따라 머피 박사 역시 로스앤젤레스에 자신의 교회를 설립해 목사가 되기로 했다. 머피 박사는 자신이 세운 조직을 신성과학교회(The Church of Divine Science)라 명명했다. 박사는 비슷한 생각을 나누는 동료들에게 종종 플랫폼을 공유하고 이들과 합동 프로그램을 진행했으며, 희망하는 사람에게 사역사 양성 교육을 제공했다.

비록 소수의 신도를 데리고 목회 활동을 시작했지만, 희망이 담긴 낙관주의적 메시지를 전파하는 박사를 따르는 신도의 수는 빠르게 늘었다. 급기야 신성과학교회 본당의 규모로는 다 감당할 수 없을 정도로 신도가 늘어나, 과거 영화관이었던 윌셔 이벨 극장을 교회 건물로 사용하기 시작했다.

교회를 키웠음에도 그의 설교를 듣고 싶어 예배에 참석하는 사람이 너무 많았기 때문에 곧 새 건물로도 모든 신도를 수용할 수 없는 지경에 이르렀다. 머피 박사와 직원들은 예배에 참석하지 못한 사람들을 위해 밤낮으로 세미나와 강의를 열었다. 이를 통해 1300~1500명의 사람이 예배당에 들어가지 못해도 박사의 가르침을 받을 수 있었다. 1976년까지 윌셔 이벨 극장에 남아 있던 신성과학교회는 이후 캘리포니아주 내 은퇴자 거주 구역 근처에 있는 라구나 힐스로 본당을 이전했다.

머피 박사는 자신의 메시지를 듣고 싶어 하는 수많은 청중을 위해 라디오로 방영되는 주간 토크쇼 프로그램도 신설했다. 매주 방송 청취자는 100만 명 이상이었다.

머피 박사의 수많은 추종자는 그의 말을 단순히 요약한 것 이상의 콘텐츠를 원했기에 강의 녹화본과 라디오 프로그램 녹음본을 제작해 달라고 제안하기에 이르렀다. 처음에는 망설

이던 머피 박사도 결국 한번 해보기로 했다.

당시의 관행에 따라 머피 박사의 라디오 프로그램은 78rpm 레코드판에 녹음되었다. 박사는 레코드판 하나에 담긴 내용을 6개의 카세트테이프를 세트로 제작해 윌셔 이벨 극장 로비의 안내대에 올려놓았다. 테이프는 한 시간 만에 완판되었다. 새로운 모험의 시작을 알리는 사건이었다. 머피 박사의 성경 해석 강연, 청자를 위한 묵상과 기도문을 담은 테이프는 여러 교회와 서점에서도 판매되기 시작했고, 심지어 우편으로 배달해 그의 긍정적 메시지를 멀리까지 전할 수 있었다.

교회가 성장함에 따라 머피 박사는 자신이 담당하는 프로그램과 저서 연구 및 집필을 보조할 전담 직원을 추가 채용했다. 가장 유능했던 직원은 박사의 행정 비서였던 진 라이트 박사였다. 상사와 부하직원이었던 둘은 연인으로 발전해 결혼까지 이어졌고, 평생 동반자로서 함께 풍요로운 삶을 살았다.

1950년대 당시에는 대형 출판사들이 영적인 영감을 주는 글을 출판하는 데 관심이 없었다. 머피 부부는 로스앤젤레스의 소규모 출판사 몇 군데를 통해 30~50쪽 분량의 소책자를 제작해 권당 1.5~3달러에 판매했다. 판매량이 늘어 2~3쇄를 찍자 대형 출판사들도 그제서야 이 분야에 시장 수요가 있음을 인지하고, 자사 카탈로그에 머피 박사의 책을 추가했다.

머피 박사의 명성은 이제 책, 카세트테이프, 라디오 방송 등 다양한 매체를 통해 로스앤젤레스 밖으로 뻗어 나갔고, 전국에서 강연 요청이 빗발쳤다. 박사는 종교적 내용뿐 아니라 삶의 가치관, 사고방식 등을 주제로 하여, 서양 철학에서 동양철학에 이르기까지 세계의 모든 위대한 철학자들의 가르침을 쉽게 풀어서 설명해주는 강연을 했다. 그 강연은 이제 미국을 넘어 전 세계까지 확장되었다.

머피 박사는 운전을 배운 적이 없었기에 여러 강연 장소를 다니며 바쁜 일정을 소화할 수 있도록 도와줄 사람이 필요했다. 박사의 행정 비서이자 훗날 아내가 된 진 라이트는 머피 박사의 강연 일정을 조정하고 출장을 준비하는 업무 또한 수행했다.

이를 계기로 머피 부부는 전 세계 여러 나라를 자주 여행했다. 박사가 가장 좋아했던 출장 겸 휴가 프로그램 중 하나는 크루즈에서 개최하는 세미나였다. 크루즈 세미나는 일주일 이상 진행되었고, 세미나를 하며 머피 박사는 여러 나라를 방문할 수 있었다.

머피 박사가 가장 보람 있게 수행한 활동 중 하나는 교도소를 방문해 수감자들과 이야기를 나누는 일이었다. 수년에 걸쳐 많은 전과자가 박사에게 편지를 보내왔다. 박사의 말이 어떻게 자신의 삶을 진정으로 변화시켰으며, 의미 있는 삶에 대한 어떤 가르침을 얻었는지가 쓰여 있었다.

머피 박사는 미국과 유럽을 거쳐 많은 국가를 여행했다. 박사는 오직 한 분이자 '스스로 있는 자I Am'인 하나님을 향한 신앙을 바탕으로 잠재의식의 힘과 삶의 원리를 이해하는 일의 중요성을 강조하며 강연했다.

머피 박사가 쓴 소책자가 크게 명성을 얻자 그는 더욱 자세하고 긴 책을 쓰기 시작했다. 아내는 글쓰기 스타일에서 머피 박사에게 통찰력을 주었다. 아내는 박사가 연필이나 펜을 세게 쥐고 글을 썼기 때문에 공책의 다음 장에 남은 흔적만 봐도 글의 내용을 알아볼 수 있을 정도라고 말한 적이 있다.

머피 박사는 글을 쓰는 동안 무아지경에 빠진 듯 보였다. 박사는 아무런 방해를 받지 않으며 하루에 4~6시간씩 사무실에 틀어박혀 글을 썼고, 그날 쓸 글을 마무리했다 싶으면 "오늘은 충분히 썼다"라고 말하며 사무실 밖으로 나왔다. 매일 그랬다. 그날 시작한 일을 끝내면 다음 날 아침까지 사무실에 들어가지 않았다. 일하는 동안 음식을 먹거나 음료를 마시지도 않았다.

박사는 사무실에 수많은 참고문헌을 쌓아 두고 자기 생각을 글로 써 내려갔다. 아내는 박사가 글을 쓰다 방해받지 않도록 방문객과 전화 문의를 응대했고, 교회 활동과 기타 활동에 필요한 물품들을 관리했다.

머피 박사는 사람들에게 쉽게 설명하는 방법을 늘 연구했다. 기술이 발전하며 오디오 분야에 새로운 변화가 일어나는 것을 본 박사는 강연 내용 중 일부를 카세트테이프와 레코드 그리고 CD 등 적절한 방식을 활용해 전파했다.

박사가 제작한 CD와 카세트테이프에는 개인이 인생에서 접하는 문제 대부분을 해결해주는 도구에 대한 설명이 담겨 있었다. 박사의 설명대로 따르면 목표했던 바가 전부 이뤄진다는 것이, 이를 경험한 여러 사람들의 증언들이 오랜 시간 동안 쌓이며 모두 증명되었다.

박사가 전하는 핵심 메시지는 모든 문제의 해결책은 바로 문제 안에 있다는 것이다. 외부 요소로는 생각을 바꿀 수 없다. 즉 한 사람의 마음은 그 사람의 것이다. 더 나은 삶을 살려면 외부 환경이 아니라 마음을 바꿔야 한다. 자신의 현실을 만들어 내는 운명의 주인은 바로 자신이다. 변화할 힘은 개인의 마음속에 있으며, 잠재의식의 힘을 사용하면 더 나은 변화를 끌어낼 수 있다.

머피 박사는 30권 이상의 책을 저술했다. 그중 가장 유명한 저서인 《잠재의식의 힘》은 1963년 출간 직후 베스트셀러로 등극했다. 《잠재의식의 힘》은 역사상 가장 뛰어난 자기계발서라는 찬사를 받았다. 세계 곳곳에서 판매되고 있는 《잠재의식의 힘》의 누적 판매량은 이미 수백만 권을 넘은 지 오래다.

이번에 발간되는 한국어판 조셉 머피 시리즈(총 5권)는 머피 트러스트에서 인정받은 유일한 공식 저서로서, 펭귄랜덤하우스에서 출간한 10권을 각각 주제별로 묶어 5권으로 새롭게 재편집한 것이다. '잠재의식의 아버지'라 불리며 잠재의식을 활용한 다양한 기법의 선구자로 알려진 저자의 대표작들을 총망라한 이번 시리즈는 1년 이상의 준비 기간을 거쳐 한국 독자에게 선보였다.

조셉 머피 박사는 1981년 12월 세상을 떠났다. 아내 진 머피 박사는 조셉 머피 박사의 사후에도 사역을 계속해 나갔다. 진 머피 박사는 1986년 한 강연에서 고인이 된 남편의 말을 인용하며 그의 철학에 담긴 메시지를 전파했다.

"모든 사람에게 내면에 있는 신성한 근원과 힘에 대해 알려 주고 싶습니다. 힘은 내 안에 있으며, 내가 나 스스로를 구원할 수 있음을 가르쳐 주고 싶습니다. 저는 많은 사람에게 다가가고 싶습니다. 힘겹게 길을 걷는 노인에게, 재능과 능력을 억압당한 채 과중한 의무를 짊어진 청년에게 다가가고 싶습니다. 저는 사람들이 의식의 각 단계와 수준을 제대로 이해함으로써 내면의 경이로움을 배우도록 돕고 싶습니다."

옮긴이 조율리

글로하나 출판번역 에이전시에서 영어, 스페인어, 독일어 번역가로 활발하게 활동하고 있다. 한국외국어대학교에서 국제통상학·스페인어를 전공하고 동 대학 통번역대학원을 거쳐 독일 하이델베르크대학교 석사 과정을 졸업했으며 캐나다 킹스턴대학교에서 영어 연수를 마친 뒤 주한멕시코 대사관에서 통번역사로 근무했다. 독일에 거주하면서 심리학 학사를 취득하고 스페인 AULASIC 의학번역 석사 과정을 졸업했으며 코칭과 심리 관련 과정을 다수 수료했다. 현재 언어 전문기업 플루마(PLUMA)를 이끌고 있으며, 역서로 《조셉 머피 부의 초월자》《조셉 머피 성공의 연금술》《조셉 머피 영적 성장의 비밀》《조셉 머피 끌어당김의 기적》《브레이브》《돈의 감정》《스토아 수업》《너무 과한데 만족을 모르는》(공역)이 있다.

조셉 머피 잠재의식의 힘
삶의 기적을 일으키는 내면의 보물창고

초판 1쇄 발행 2023년 2월 22일
초판 14쇄 발행 2024년 8월 14일

지은이 조셉 머피
옮긴이 조율리
펴낸이 김선식

부사장 김은영
콘텐츠사업2본부장 박현미
책임편집 김현아 **디자인** 마가림 **책임마케터** 문서희
콘텐츠사업5팀장 김현아 **콘텐츠사업5팀** 마가림, 남궁은, 최현지, 여소연
마케팅본부장 권장규 **마케팅1팀** 최혜령, 오서영, 문서희 **채널1팀** 박태준
미디어홍보본부장 정명찬 **브랜드관리팀** 안지혜, 오수미, 김은지, 이소영
뉴미디어팀 김민정, 이지은, 홍수경, 변승주, 서가을
지식교양팀 이수인, 염아라, 석찬미, 김혜원, 백지은, 박장미, 박주현
편집관리팀 조세현, 김호주, 백설희 **저작권팀** 한승빈, 이슬, 윤제희
재무관리팀 하미선, 윤이경, 김재경, 임혜정, 이슬기
인사총무팀 강미숙, 지석배, 김혜진, 황종원
제작관리팀 이소현, 김소영, 김진경, 최완규, 이지우, 박예찬
물류관리팀 김형기, 김선민, 주정훈, 김선진, 한유현, 전태연, 양문현, 이민운
외부스태프 조창원

펴낸곳 다산북스 **출판등록** 2005년 12월 23일 제313-2005-00277호
주소 경기도 파주시 회동길 490 다산북스 파주사옥
전화 02-704-1724 **팩스** 02-703-2219 **이메일** dasanbooksdasanbooks.com
홈페이지 www.dasan.group **블로그** blog.naver.com/dasan_books
종이 신승지류유통 **인쇄** 한영문화사 **제본** 국일문화사 **코팅·후가공** 평창P&G

ISBN 979-11-306-4211-6 (04190)
      979-11-306-2671-0 (세트)

다산북스(DASANBOOKS)는 독자 여러분의 책에 관한 아이디어와 원고 투고를 기쁜 마음으로 기다리고 있습니다. 책 출간을 원하는 아이디어가 있으신 분은 다산북스 홈페이지 '투고원고'란으로 간단한 개요와 취지, 연락처 등을 보내주세요. 머뭇거리지 말고 문을 두드리세요.

'조셉 머피 잠재의식의 고전' 시리즈는 머피 트러스트에서 인정받은
유일한 공식 저서이며, 미국의 펭귄랜덤하우스에서 출간한 10권을
각각 주제별로 묶어 총 5권으로 재편집한 것이다 21세기의 감성을
반영하기 위해 고전을 개정한 이 시리즈는 번역부터 편집까지 1년
이상 걸려 공들여 만든 국내 최초의 번역본이다.

조셉 머피 부의 초월자

: 무한의 부를 창조하는 잠재의식의 힘

528쪽 | 22,000원

'잠재의식의 아버지'라고 불리는 '조셉 머피'의 책 중에서도 부
에 관련된 3권의 책을 합본한 것이다. 내 인생에 부가 들어오는
것을 가로막는 물질적·정신적·감정적 장벽을 극복하고, 잠재의
식을 통해 부를 끌어들이는 방법과 사례들을 알려준다. 특히 이
책은 조셉 머피를 처음 접하는 독자들을 위해 확언, 시각화, 거
울 기법 등 잠재의식을 이용하는 다양한 방법을 쉽게 알려주며,
100가지가 넘는 사례들을 통해 검증된 73가지 확언과 부·성
공·인간관계·건강에 도움이 될 추천 확언이 담겨 있다.

조셉 머피 성공의 연금술

: 일에서 최고의 잠재의식을 깨우는 자기 확신의 힘

296쪽 | 18,000원

조셉 머피가 40년간의 연구를 바탕으로 일과 비즈니스에 관한
잠재의식의 법칙을 최초로 집대성했다. 목표, 설정, 자신감 향상,
두려움을 마주하는 법 등 성공에 대한 자기 확신의 힘을 극대화
하는 방법부터 사람을 끌어들이는 법, 역동적인 팀을 이끄는 법,
효과적인 의사소통과 시간 관리, 위기를 극복하는 법, 평범한 사
람이 위대한 리더가 되는 법까지 직장에서 맞닥뜨릴 수 있는 다
양한 문제들을 잠재의식으로 지혜롭게 다루는 법을 소개한다.